全国高等院校物流专业“十三五”精品规划系列教材

物流统计学

（第2版）

蔡定萍　主编

中国财富出版社

图书在版编目（CIP）数据

物流统计学 / 蔡定萍主编 .—2 版 .—北京：中国财富出版社，2018.6（2025.7 重印）
（全国高等院校物流专业“十三五”精品规划系列教材）
ISBN 978 - 7 - 5047 - 6709 - 7

Ⅰ.①物… Ⅱ.①蔡… Ⅲ.①物流—物资统计学—高等学校—教材 Ⅳ.①F251.3

中国版本图书馆 CIP 数据核字（2018）第 174172 号

策划编辑 郑欣怡 **责任编辑** 郑欣怡
责任印制 荀 宁 **责任校对** 孙丽丽 **责任发行** 敬 东

出版发行 中国财富出版社
社　　址 北京市丰台区南四环西路 188 号 5 区 20 楼 **邮政编码** 100070
电　　话 010 - 52227588 转 2048/2028（发行部） 010 - 52227588 转 321（总编室）
010 - 68589540（读者服务部） 010 - 52227588 转 305（质检部）
网　　址 http://www.cfpress.com.cn
经　　销 新华书店
印　　刷 北京九州迅驰传媒文化有限公司
书　　号 ISBN 978 - 7 - 5047 - 6709 - 7/F·2918
开　　本 787mm×1092mm 1/16 **版　　次** 2018 年 8 月第 2 版
印　　张 15.25 **印　　次** 2025 年 7 月第 4 次印刷
字　　数 343 千字 **定　　价** 42.00 元

第2版前言

《物流统计学》是全国普通高等院校物流管理与物流工程专业教学指导意见配套规划教材。自第1版出版以来，为高校物流管理专业学生、物流企业统计工作者、物流企业经营管理人员以及工商企业统计工作者学习物流统计的理论与方法提供了帮助。

在第1版的基础上，《物流统计学》第2版主要做了以下几个方面的改动。①在结构方面，为使教材能更紧凑、更精练，更好地阐述物流统计的理论与方法，让读者能理论联系实际，从统计的角度了解我国“十二五”时期物流运行发展的现状，对第1版部分章节的编排做了调整。将第一章物流统计学导论中的第三节物流统计分析的基本方法删去，改为第三节我国“十二五”时期物流运行发展的现状，在第二章物流统计信息的采集中删去了第一节物流统计调查与整理。②在内容方面，一方面，增加了一些物流统计分析的方法，并与时俱进地将第1版中的陈旧内容用最新的资料来取代；另一方面，对各章的内容进行了一些修改。因此，修订后的《物流统计学》具有新颖性、系统性、理论密切联系实际的特点。

本教材若有不当之处，恳请读者批评指正。

作　者

2018年1月

第1版前言

2009年3月，国务院《物流业调整和振兴规划》（国发〔2009〕8号）有关政策措施中指出："进一步完善物流业统计调查制度和信息管理制度，建立科学的物流业统计调查方法和指标体系。加强物流统计基础工作，开展物流统计理论和方法研究。认真贯彻实施社会物流统计核算与报表制度。积极推动地方物流统计工作，充分发挥行业组织的作用和力量，促进物流业统计信息交流，建立健全共享机制，提高统计数据的准确性和及时性。"

物流统计是国家宏观统计的重要组成部分，是发展现代物流的一项重要的基础性工作。通过物流统计核算，及时、全面、准确地反映物流活动的规模、结构、发展水平、比例关系以及对国民经济的影响程度，是监测、分析物流运行状况，制定物流产业政策和发展规划的重要依据；认真组织做好企业物流统计工作，可使企业管理建立在对物流市场及企业自身正确认识的基础之上，增强企业决策的准确性和科学性。

为配合自2006年起定期开展的社会物流统计核算工作，作者编写了本书。

全书共七章，主要内容包括物流统计学导论、物流统计信息的采集、物流市场预测、物流投入统计、物流成本统计、物流产出统计、物流企业经营状况的综合评价等。本书既可作为物流管理专业本科生、专科生的必修教材，也可作为物流企业统计工作者、物流企业经营管理人员提高统计素养的首选读物，还可作为工商企业统计工作者核算企业物流量及企业物流成本的参考用书。

本书在编写过程中借鉴了国内同行的最新研究成果，如国家发改委经济运行局、国家统计局贸易外经司、中国物流与采购联合会编写的《社会物流统计手册》，冯耕中等撰写的《企业物流成本构成与计算》，吴志惠编写的《采购经理指数体系》等，在此表示诚挚的谢意。

由于作者水平有限，本书难免存在不妥之处，恳切希望读者提出宝贵意见，使其日臻完善。

作　者

2009年9月

目　录

第一章　物流统计学导论 …… 1

第一节　物流统计学的研究对象与职能 …… 1
第二节　物流统计的地位与作用 …… 11
第三节　我国“十二五”时期物流运行发展的现状 …… 23

第二章　物流统计信息的采集 …… 33

第一节　物流统计信息内容概述 …… 33
第二节　物流统计信息的采集方法 …… 38

第三章　物流市场预测 …… 49

第一节　定性预测法 …… 49
第二节　定量预测法 …… 53

第四章　物流投入统计 …… 69

第一节　劳动力投入统计 …… 69
第二节　劳动对象投入统计 …… 88
第三节　劳动资料投入统计 …… 95

第五章　物流成本统计 …… 109

第一节　物流成本的概念及分类 …… 109
第二节　社会物流总费用的核算 …… 113
第三节　企业物流成本的计算 …… 122
第四节　物流成本控制 …… 156

第六章　物流产出统计 …… 162

第一节　物流实物量统计 …… 162

第二节　物流价值量统计 …… 175
第三节　物流企业利润统计 …… 188
第四节　物流服务质量统计 …… 197

第七章　物流企业经营状况的综合评价 …… 204

第一节　物流企业经营状况综合评价概述 …… 204
第二节　物流企业经营状况综合评价统计指标体系设计 …… 210
第三节　物流企业经营状况综合评价方法 …… 217
第四节　物流企业经济效益综合评价实例 …… 223

参考文献 …… 231

附录 1　标准正态分布概率度表 …… 232

附录 2　t 分布临界值表 …… 234

第一章　物流统计学导论

教学目的与要求

物流统计是国家统计的重要组成部分，是发展现代物流的一项重要的基础性工作。通过物流统计核算，能及时、全面、准确地反映物流活动的规模、结构、发展水平、比例关系以及对国民经济的影响程度，是监测、分析物流运行状况，制定物流产业政策和发展规划的重要依据；认真组织做好企业物流统计工作，可使企业管理建立在对物流市场及企业自身正确认识的基础之上，增强企业决策的准确性和科学性。通过本章的学习，要求学生：①掌握物流统计学的研究对象与职能；②掌握物流统计在企业经营管理中的作用；③了解物流统计与国民经济管理的关系；④掌握物流统计的主要研究内容；⑤掌握物流统计分析的基本方法。本章内容将为以下各章的学习奠定基础。

第一节　物流统计学的研究对象与职能

一、物流统计学的研究对象与职能

（一）物流统计学的研究对象

物流统计学是将统计学理论与方法运用到物流领域，研究物流经济活动过程中数量关系和内在规律性的方法论科学。物流统计学通过对物流活动过程的评价和分析，从数量上反映物流活动的规模、结构、发展水平、比例关系，反映物流活动的发展规律以及对国民经济发展的影响。物流统计是国民经济统计的重要组成部分，是监测、分析物流运行状况，制定物流产业政策和发展规划的重要基础，也是现代物流企业的一项重要的基础性工作。

物流统计学的研究对象是物流领域在一定时间、地点、条件下的经济活动的数量方面，包括物流领域经济活动的数量表现、数量界限和数量关系。通过对物流领域经济活动数量方面的研究，来揭示物流领域经济活动现状、相互联系状况、变动的规律和发展的趋势。

研究物流领域经济活动的数量方面，具体来说就是用科学的统计方法收集、整理、分析物流领域经济活动的实际数据，并通过统计所特有的统计指标和统计指标体系，表明物流领域经济活动的规模、水平、发展速度、比例和经济效益等。

(二)物流统计的职能

在市场经济条件下，物流统计的服务对象分别为物流企业决策管理层、物流行业管理层和政府统计机构等。物流统计的职能包括信息职能、咨询职能和监督职能。其中，信息职能是物流统计最根本的职能。

1. 物流统计的信息职能

物流领域的经济活动是以信息为先导的。在市场经济条件下，社会经济是一个非常复杂庞大的开放式动态系统，决策者的正确决策必须建立在准确、及时、全面的统计信息基础之上。物流统计的信息职能就是要求物流统计能及时地、系统地采集、整理、筛选、输入、处理、编辑、传递、存储、输出与物流经济活动相关的统计数据，形成完备的物流统计数据库，发挥物流统计信息的主导作用。

物流统计的信息职能可具体化为：

(1) 收集、整理、提供、积累物流业经济活动所需要的外部市场环境信息；

(2) 收集、整理、提供、积累物流企业经济活动的投入产出信息；

(3) 按统计法的规定，向上级主管部门和政府统计机构提供物流经济活动的有关统计信息。

2. 物流统计的咨询职能

物流统计的咨询职能就是要求物流统计能充分利用已掌握的丰富的统计信息资源，运用科学的分析方法和先进的技术手段，深层次、多领域地开展统计分析和专题研究，为科学决策和管理服务。

物流统计的咨询职能可具体化为：

(1) 及时圆满地完成决策层交办的统计专题研究课题，促进物流资源的合理配置，提高物流运作效率和控制物流成本；

(2) 根据已掌握的信息，对物流业面临的机遇和有可能出现的危机做出判断，为科学决策提供重要依据；

(3) 对物流业发展中的一些敏感问题、重要问题进行专题研究，为决策者提供咨询建议和对策方案。

3. 物流统计的监督职能

物流统计的监督职能是指在掌握大量的以数量描述为基本特征的物流信息的基础上，密切关注物流业的运行状况，对其进行全面、系统的定量分析，从而促进物流产业按照客观规律的要求，持续、稳定、协调发展，提高物流管理水平。

物流统计的监督职能可具体化为：

(1) 全面、及时、准确地反映物流领域经济活动状况，并对其实施全面、系统的定量检查，对其进行监测和预警，以便物流业决策管理层及时调控，保障物流业生产经营最终目标的顺利实现；

(2) 按统计法的规定接受政府统计调查，执行上报统计资料义务，为政府宏观监控服务。

在物流统计的三大职能中，信息职能是基础，是保证咨询职能和监督职能得以有效发挥的基本前提；咨询职能是信息职能的延续和深化；监督职能则是在信息职能、咨询职能基础上的进一步拓展，通过信息反馈来评判、检验决策方案是否科学、可行，并及时对决策执行过程中出现的偏差提出矫正意见，以保障物流经济活动最终目标的实现。

随着我国融入经济全球化以及对外开放程度的不断提高，我国物流业在面临机遇的同时，也将面临国内、国外两个市场的激烈竞争。针对物流业所面临的新形势，物流统计应充分发挥其“信息、咨询、监督”职能，积极为物流业生产经营管理服务。物流企业统计应为企业决策者提供生产经营管理所需的数据信息，并利用这些数据信息资源深层次、多领域地展开企业经济活动的综合分析和专题研究，为企业经营管理决策服务。

(三) 物流统计学与相关课程的关系

从课程性质来说，物流统计学是一门专业课，它与相关的专业基础课必然有着特定的联系。物流行业统计是国家宏观统计的重要组成部分，物流企业统计是微观统计。从企业经济核算的角度来看，物流企业统计所阐述的是统计核算，同时企业还有会计核算和业务核算，三种核算间也是存在必然联系的。因此，在学习物流统计学之前，概要地了解这门课程与一些相关课程的关系是有必要的。

1. 物流统计学与统计学的关系

物流统计学与统计学的关系是具体运用与基础理论方法的关系。

统计学（原称统计学原理）属于统计学基础理论，它所阐述的是对社会经济现象的数量进行描述、分析、推断的基本理论与方法。这些理论与方法在物流统计学中有大量的应用。与统计学原理不同的是，物流统计学并不重复介绍统计学的理论及各种方法的原理、公式推导与证明，而是应用这些理论与方法去分析研究物流业的具体经济问题。物流统计学所注重的是对特定的经济现象使用合适的统计方法去进行分析研究，并注重分析研究结果的经济意义，而不是方法本身。

2. 物流统计学与国民经济统计学的关系

物流行业统计是国家宏观统计的重要组成部分，物流企业统计是微观统计。物流企业统计与国民经济统计的关系是微观统计与宏观统计的关系。

国民经济统计学（或称经济统计学）属于宏观层次的经济统计学课程，它所研究的是国民经济整体的活动，从统计主体看，国民经济统计学是从综合统计部门或宏观经济管理部门的角度观察分析问题的，物流行业统计是国家宏观统计的重要组成部分。物流企业统计学则属于微观统计，是从企业或者说是经济活动参与者的角度来观察分析问题的。

企业经济活动是国民经济活动的基础。因此，从统计内容上看，宏观经济统计与微观经济统计都涉及生产、流通、消费、投资等内容。但是具体的统计方法和统计指标有所不同，因为企业的生产经营活动具有自己的特点。比较而言，物流统计学侧重统计指标的具体计算方法，而国民经济统计学则侧重宏观的规模、结构、比例等方面的分析。

3. 物流统计学与专业统计学的关系

物流统计学与专业统计学的关系是个别与一般的关系。

劳动统计学、物资统计学、投资统计学、能源统计学等都属于专业统计学。其分析研究的现象，如劳动力资源与使用，物资的购、销、调、存，投资来源、规模、结构、成果与效益，以及能源的资源、生产、运输、分配、消费等。既有宏观层次的问题，也有微观层次的问题；既有物流业的问题，也有工业、商业等其他行业的问题；既有生产与流通环节的问题，也有分配与消费环节的问题。物流统计学中涉及了劳动统计、物资统计、投资统计和能源统计等方面的内容，但只是与物流活动有关的部分，而不是各个行业、各个层次、各个环节的全部内容。也就是说，物流统计学所涉及的与专业统计相关的内容只是这些专业统计学的个别内容。

4. 物流统计学与会计学的关系

物流企业的统计核算与会计核算有着密切的关系。

首先，资金筹集运用过程统计部分也就是财务统计的许多指标直接取自有关的财务报表或会计科目的总账、明细账；其次，物流企业的成本统计、成本控制、成本分析等需要会计资料；再次，物流企业的产出成果如产值、增加值的计算时，也要从企业会计报表中取得有关资料；最后，对企业生产经营情况的综合评价也是以财务统计指标为主。因此，要顺利学习掌握物流统计学的内容，就应当具备一定的会计学基础知识。

（四）物流统计资料的分析方法

统计分析是指就经过统计整理后的系统数据作进一步的研究，使统计信息量倍增，能反映企业经营的实际状况，并从中找出企业所关心问题的变化规律。常用的统计分析方法有以下两种。

1. 描述统计分析方法

（1）基本特征指标计算法。

基本特征指标计算法又分为两种。

第一种方法是指将同一时期或同一时间、同一现象、同一总体不同总体单位的横截面数据进行整理，计算平均指标和标志变异指标、静态相对数指标，包括算术平均数、调和平均数、几何平均数、众数、中位数、全距、标准差、标准差系数、计划完成相对数、结构相对数、比例相对数、比较相对数和强度相对数。在上述统计指标中，结构相对数、算术平均数、标准差特别重要，因为它们是研究变量概率、数学期望、方差的基础。

第二种方法是指将不同时期或不同时点的同一现象、同一总体、同一总体单位的纵列面的数据予以计算，求出序时平均数、增长量、平均增长量、年距增长量、发展速度、平均发展速度、增长速度、平均增长速度等。

(2) 图示法。

图示法是将统计数据以图形的方式加以表示。横截面的数字可以用饼形图、直方图、频数（频率）图、累计频数（频率）图等表示，以反映变量的静态分布特征；纵列面的数据可以用曲线图、K 线图、柱状图、点状图等表示，以反映变量的动态变化趋势。

(3) 指数分析法。

指数分析法是利用总量指标指数体系和总平均指标指数体系等研究多因素构成的复杂现象，分析各因素的变动对总量指标或总平均指标的影响方向和影响程度。

2. 统计推断分析方法

推断技术是统计的一个重要方法，充分体现了统计预测的科学性和重要性。常见的推断方法有以下三种。

(1) 抽样估计法。

抽样调查是依据样本和总体的关系，根据随机原则在总体中抽取样本单位，利用样本指标数值对总体数值做出推断、比较（包括大样本统计推断技术和小样本统计推断技术），最后再用假设检验、方差分析等方法对估计予以确认。

(2) 时间序列分析法。

当数据积累相当一段时间后，就可选用序时平均法、移动平均法、指数平滑法、季节变动法、长期趋势模拟法、时间序列分解法等方法对其进行研究，以揭示现象过去和现在的运行规律，估计将来的变化趋势。

(3) 相关回归分析法。

当各种数据积累相当丰富后，就可进行相关回归分析，以研究变量之间相互关系的形式和密切程度。包括绘制散点图，进行单相关、复相关分析；一元回归、多元回归、线性回归、非线性回归、逐步回归、自回归、滞后变量回归拟合等。

二、物流统计的基本任务

物流统计是通过对物流运行和发展情况进行统计调查、统计核算、统计分析，为国家制定和落实物流业发展规划及制定相关政策提供依据，为物流企业与企业物流部门经营决策提供依据。认真组织做好物流统计工作，对加强物流基础管理、增强决策的准确性和科学性、推进物流现代化进程等都具有十分重要的意义。

物流统计工作的基本任务：

1. 为国家制定和落实物流业发展规划及制定相关政策提供依据

一个国家的物流发展水平如何，物流对国民经济的影响有多大，客观上需要一套科学合理的物流统计指标体系对物流运行水平和质量进行定量分析。物流统计在宏观层面上的基本任务，就是通过物流统计调查、统计核算与统计分析，准确、及时、全面、系统地反映物流发展情况，从数量上反映物流活动的规模、结构、水平、比例关系以及对国民经济的影响程度，为国家制定和落实物流业发展规划及制定相关政策提供依据。对带有苗头性、倾向性、趋势性的变化，物流统计应及早作出预测，以便决策部门及时采取相应措施，保证物流的高效畅通。

2. 为物流企业与企业物流部门经营决策提供依据

物流企业属服务性行业，它为有物流需求的客户提供物流服务。在市场经济条件下，物流企业处于激烈的市场竞争之中。物流企业要想在竞争中取胜，就必须了解市场、了解自己、了解竞争对手的有关情况，只有做到知己知彼，才能百战不殆。因此，物流统计除必须掌握本企业生产经营活动的投入产出信息外，还必须对企业的外部市场环境进行调查分析，掌握丰富的市场信息，才能为企业正确的经营决策提供依据。而且，物流企业的经营状况也必然依靠信息流反馈给物流企业决策管理人员，以便决策者及时调整物流企业生产经营活动中出现的偏差，保证物流企业生产经营最终目标的实现。同理，工业、贸易等行业物流部门的经营决策也需要物流统计数据作为决策支持，为其经营管理服务。

三、物流统计研究的主要内容

(一) 物流业外部环境统计

物流业的外部环境是指物流业经济活动的外部条件，是不受物流业控制但与物流业经济活动相关的各种外界因素，包括宏观环境和市场环境。宏观环境由影响物流业的社会约束力量构成，主要包括自然环境、政治环境、经济环境、技术环境、人口环境、文化环境等。市场环境是指与物流业购销活动直接相关的影响因素，由物流业的供应者、消费者、中间商和竞争者构成。物流业必须正确认识客观环境及其变化，开展物流业外部环境的调查与分析，弄清外部环境变化会给物流业带来的机遇和危机，以便采取正确的措施，抓住机遇，规避危机，使物流业得到长足的发展。同时，物流企业必须了解竞争对手的情况及本企业的竞争实力，采取正确的竞争策略，才能争取主动权，克敌制胜。反映物流业外部环境的统计内容主要有物流服务市场供需状况、企业物流服务市场供应销售状况、物流企业市场竞争能力以及物流业要素市场统计信息等。

(二) 物流业内部环境统计

物流业内部环境是指物流业生产经营已拥有的要素水平和产出水平，包括人、财、物、信息等各个方面。企业内部环境统计主要包括物流投入统计和物流产出统计。

1. 物流投入统计

物流业的投入是生产三要素——劳动力、劳动对象和劳动资料的投入，研究其投入数量关系的是相应的劳动力投入统计、劳动对象投入统计以及劳动资料投入统计；研究其综合投入的内容则是物流成本统计。

物流业要想在竞争环境中求得生存和发展，就必须合理配置和使用人力资源。劳动力投入统计主要包括劳动力数量统计、劳动力素质统计、劳动时间利用统计和劳动报酬统计；劳动对象是进行物流活动不可缺少的条件，物流统计应及时准确地反映原材料的收、支、存情况，为合理安排生产经营和组织原材料的供应提供依据；劳动资料的配备是物流业进行经济活动的物质条件之一，物流设施设备的统计分析包括物流基础设施统计、设备数量统计以及设备利用统计；物流成本直接关系物流业的市场竞争力，研究成本水平，分析成本水平的变动因素，剖析成本升降的内因和外因，以便采取措施，挖掘潜力，可以增强物流业的竞争力。

2. 物流产出统计

物流业的产出数量可以反映国内物流市场的规模及在一定程度上反映物流需求的增长变化；正确统计物流业的产出数量还对评价物流企业的经济效益、认识物流企业的竞争能力、调整物流企业生产经营策略具有重要意义。反映物流业产出的内容有实物量指标、价值量指标、服务质量指标和利润指标。涉及货物运输实物量、仓储实物量、社会物流总额、社会物流业务总收入、物流企业主营业务收入、物流企业总产出、物流企业增加值、物流企业利润、物流服务质量等统计指标的计算与分析。

（三）物流企业经营状况综合评价

物流企业经济活动全过程是一个复杂的系统，既受企业内部机制的制约，又受企业外部环境包括市场、政策、竞争对手等诸多因素的影响。对物流企业经营状况的综合评价不仅能够从总体上对企业生产经营活动做出明确的定量评价，而且能够解决企业生产经营状况的纵向对比和横向对比问题，解决多个企业生产经营状况的考核和排序问题，促使企业寻找差距，采取措施，迅速提高自己的经济实力和竞争能力。同时，可为物流行业管理部门考核、评价、比较、掌握企业生产经营状况提供科学的依据。物流企业经营状况综合评价的内容主要有物流企业经营状况综合评价统计指标体系构建、基准值和权数的确定方法以及综合评价方法等。

四、社会物流统计制度的建立与发展①

（一）社会物流统计制度的建立

伴随我国现代物流业的迅速发展，有关部门和企业对物流统计数据的需求越来越迫切。

① 国家发改委经济运行局，国家统计局贸易外经司，中国物流与采购联合会．社会物流统计手册［M］．北京：中国物资出版社，2007.

中国物流与采购联合会．“十二五”中国物流统计报告［M］．北京：中国财富出版社，2016.

但由于没有建立系统的物流统计制度，没有可供发布的统计数据资料，缺乏量化依据，很多思路建立在定性认识基础上，很难在促进物流业发展政策的形成上产生实质性影响。物流企业在经营中因没有掌握市场需求而存在盲目性。有时为了分析问题，只能利用现有的货运量、货运周转量等指标，因为运输是物流过程中实现货物空间位移的中心环节，用这两个指标来衡量物流规模有一定的科学性，但却不能真实反映物流的全貌。也有国内外研究机构、大专院校的研究人员根据GDP和社会消费品零售总额、生产资料销售总额、进出口总值等国民经济核算指标，结合国际经验来估算我国的物流规模、需求量等，但这仅仅是从宏观上对物流需求的简单估算，与我国物流实际情况有很大差距。同时，因为不同的研究人员采用不同的数据比例估算，造成同一个指标有多种结果，如物流总费用与GDP的比例，从百分之十几到百分之三十不等，其间的差额较大，给理论分析带来了困难，使实际工作无所适从。这种状况与我国物流业的快速发展不相适应。研究建立适应我国社会主义市场经济特点的社会物流统计指标体系，既是一个理论问题，又是一个现实问题。

从2002年以来，中国物流与采购联合会、中国物流信息中心在了解研究国外物流统计情况的基础上，开展了有关我国物流统计指标体系与方法制度的调查研究。2003年8月，国家发展和改革委员会经济运行局会同国家统计局贸易外经司，在京召开了关于建立社会物流统计指标体系的座谈会，听取了中国物流与采购联合会对物流统计指标体系的研究与设想，并就建立我国社会物流统计指标体系、统计范围、统计方法以及工作思路等问题进行了深入研讨，并对开展社会物流统计工作提出了指导性意见。这次会议直接推动了我国社会物流统计制度的建立与实施。会后，在国家发展和改革委员会（以下简称国家发改委）、国家统计局直接指导下，中国物流与采购联合会和中国物流信息中心组织力量，着手设计我国社会物流统计指标体系与方法。

2004年年初，中国物流与采购联合会、中国物流信息中心提出了一套能基本反映我国社会物流发展运行情况的统计指标体系和核算方法，并就此对我国“八五”时期以来的有关物流发展运行情况进行了试核算和分析，对我国物流发展现状与趋势得出了初步的定量概念和观点。2004年5月，国家发改委经济运行局组织有关专家对中国物流与采购联合会、中国物流信息中心提交的《我国社会物流统计核算与报表制度》（试行方案）进行了评审。评审专家认为《社会物流统计核算与报表制度》（试行方案）研究方法科学，研究成果具有较强的可操作性，填补了国内物流研究的空白。专家组建议对方案进行适当修改后，由国家发改委、国家统计局、中国物流与采购联合会三家联合尽快组织实施。

2004年10月，国家发改委、国家统计局联合印发了《关于组织实施（社会物流统计制度及核算表式（试行））的通知》（发改运行〔2004〕2409号），标志着我国社会物流统计核算与报表制度正式建立。2006年，经国家统计局批准，社会物流统计核算试行制度转为正式制度。同年4月，国家发改委下发了《关于组织实施社会物流统计核算与报表制度的通知》（发改运行〔2006〕625号），决定定期开展社会物流统计核算工作。社会物流统计核算工作由国家发改委、中国物流与采购联合会组织实施，并会同国家统计局发布，具体工作委托中国物流与采购联合会承担。中国物流信息中心作为中国物流与采购联合会的科技信息部门，具体实施这一工作。

（二）我国社会物流统计核算的发展现状

《社会物流统计核算与报表制度》建立后，根据制度要求，中国物流信息中心系统地核算了我国1991年以来各年度的物流统计数据，随着核算工作的进一步深入，逐步形成了按季度核算的制度。2005年4月，国家发改委、国家统计局、中国物流与采购联合会第一次对外联合发布我国物流运行情况，受到社会各界广泛关注。从此，我国社会物流领域有了公开、正式的统计数据，缓解了社会上一度出现的物流数据混乱的现象，填补了我国物流统计工作的空白，为各级政府及时监测、了解国内物流运行情况，制定中长期物流发展规划和发展政策，加强和改善宏观调控提供了重要依据。

在定期发布我国物流统计宏观核算数据的同时，根据社会物流统计核算与报表制度，从2006年开始，国家发改委、中国物流与采购联合会组织开展了一年一次的全国重点企业物流统计调查工作。该调查采用重点调查方式，依据国家统计局经济普查名单，按行业、地区代表性原则，选择一批物流、工业、批发贸易业企业进行。通过重点企业物流统计调查，了解了国内煤炭、水泥、钢铁、石油石化、机械、有色金属、纺织、烟草等工业企业和批发贸易行业的物流运行状况、物流业务构成及发展趋势、物流费用水平、物流装备状况等，了解了物流企业的业务规模、发展水平、收入与效益等经营情况，为更加深入地掌握我国物流发展趋势，更加系统地分析我国经济总体运行质量、社会物流成本变化趋势、社会物流效益增长以及我国物流发展存在的问题等提供了更加全面的第一手资料。2005年12月，由国家发改委、国家统计局、中国物流与采购联合会联合在北京举行了新闻发布会，会上发布了全国重点企业物流统计调查报告。

2006年9月，国家发改委经济运行局、国家统计局贸易外经统计司、中国物流与采购联合会在江苏省南京市联合召开了“全国物流统计工作会议”。这是全国物流统计核算与报表制度建立以来，首次召开的全国物流统计工作会议。各省市物流牵头单位、统计局以及物流协会代表100多人参加了会议。全国物流统计工作会议的召开，推动了我国物流统计工作的不断深入与完善。会议结束以后，各地认真贯彻会议精神，积极推动本地区物流统计工作的开展。

2008年7月2日，中国物流与采购联合会、商务部产业损害调查局在京正式启动物流行业产业损害预警机制。建立物流行业产业损害预警机制，维护物流产业安全，是摆在我国现代化物流业面前的现实问题，也是在开放的条件下维护国家经济安全必须要解决的大问题。

国务院2009年3月10日印发的《物流业调整和振兴规划》中，对物流统计工作提出要求：进一步完善物流业统计调查制度和信息管理制度，建立科学的物流业统计调查方法和指标体系。加强物流统计基础工作，开展物流统计理论和方法研究。认真贯彻实施社会物流统计核算与报表制度。积极推动地方物流统计工作，充分发挥行业组织的作用和力量，促进物流业统计信息交流，建立健全共享机制，提高统计数据的准确性和及时性。

2013 年 3 月 5 日，中国物流与采购联合会在北京召开了中国物流业景气指数（LPI）发布会，自此，中国物流业景气指数将于每月 5 日上午 9 时通过媒体对外发布。中国物流业景气指数体系主要由业务总量、新订单、从业人员、库存周转次数、设备利用率、平均库存量、资金周转率、主营业务成本、主营业务利润、物流服务价格、固定资产投资完成额、业务活动预期 12 个分项指数和一个合成指数构成。其中，合成指数由业务总量、新订单、从业人员、库存周转次数、设备利用率 5 项指数加权合成。中国物流业景气指数调查丰富了物流统计指标体系，增强了观察、预测、分析我国物流业运行发展趋势的新视角，为进一步加强物流运行与国民经济的关联性研究奠定了基础，为指导企业生产经营与投资活动提供了依据。

《物流业发展中长期规划（2014—2020）》提出要加强统计工作。提高物流业统计工作水平，明确物流业统计的基本概念，强化物流统计理论与方法研究，科学划分物流业统计的行业类别，完善物流业统计制度和评价指标体系，促进物流统计台账和会计核算科目建设，做好社会物流总额和社会物流成本等指标的调查统计工作，及时准确反映物流业的发展规模和运行效率，构建组织体系完善、调查方法科学、技术手段先进、队伍素质优良的现代物流统计体系，推动各省（区、市）全面开展物流统计工作，进一步提高物流统计数据质量和工作水平，为政府宏观管理和企业经营决策提供参考数据。

2015 年 6 月 12 日，中国物流与采购联合会发布了中国公路物流运价指数。该指数由中国物流与采购联合会和广东林安物流集团联合调查。于每月 2 日上午 9 时发布月指数，每周五上午 9 时发布周指数。该指数体系既有按时期范围划分的周指数、月指数、季指数和年指数，也有按对比基期划分的环比指数、定基指数和同比指数，还有按车型、线路、区域划分的各类指数。中国公路物流运价指数的建立和发布，顺应了中国公路物流市场提质增效、有序发展的客观需求，是贯彻《物流业发展中长期规划 2014—2020》的具体举措，丰富和完善了现行物流统计指标体系，增加了观察、分析我国公路物流行业运行发展趋势的新视角。

2016 年 10 月 25 日，中国物流与采购联合会在北京召开中国电商物流运行指数（ELI）发布会。中国电商物流运行指数由中国物流与采购联合会和京东集团联合调查，中国物流与采购联合会于每月 2 日上午 9 时对外发布。

今后很长一个时期，我国物流业将继续保持较快的增长态势，这将对物流统计工作提出更高的要求。要充分利用现有统计基础，在继续完善统计核算与企业调查相结合的同时，推动各省区市物流统计报表制度的建立和物流统计核算工作的开展，进一步加强企业物流统计调查工作，完善统计指标体系，提高物流统计分析与研究水平，使我国物流统计工作迈上一个新的台阶。

第二节　物流统计的地位与作用

一、物流企业统计与物流企业管理

（一）物流企业定义

我国国家标准《物流术语》（GB/T 18354—2006）对物流（Logistics）是这样规定的："物品从供应地向接收地的实体流动过程。根据实际需要，将运输、储存、装卸搬运、包装、流通加工、配送、信息处理等基本功能实施有机结合。"

从物流服务对象这一角度，可将物流划分为企业物流与社会物流。

企业物流是围绕企业经营的物流活动，是指在企业生产经营过程中，物品从原材料供应，经过生产加工，到成品销售，以及伴随生产消费过程所产生的废旧物资的回收和再利用的完整循环活动。企业物流按企业业务性质不同可分为生产企业物流和流通企业物流。

社会物流一般指流通领域所发生的物流，又称为宏观物流。社会物流是企业外部的所有物流活动的总称，即超越企业内部的以社会为范畴，以面向社会为目的的物流。社会物流的标志是伴随商业活动而发生的，也就是说物流过程和所有权的更迭是相关的。

就物流科学的整体而言，可以认为主要研究对象是社会物流。

物流是一类普遍的经济活动，分布在各行各业，从事物流活动的可以是制造业、商贸企业、运输企业、仓储企业、物流企业、自然人等。

对物流企业基本范围的界定，在研讨过程中曾提出三种口径的选择：第一种口径是要完全符合现代物流的理念，要能为客户制订物流方案，提供物流一体化全程服务的企业才能算是物流企业，按照这种口径，物流企业的范围将会过窄；第二种口径是所有从事运输、仓储业务的企业都可以算是物流企业，按照这种口径，物流企业的范围又会过宽；第三种口径是把前两者结合起来，既考虑传统的运输、仓储主业，又必须按照现代物流理念和本质要求发展现代物流业务。从实际情况看，无论范围过宽还是过窄，都不利于我国现代物流企业加快发展，第三种口径与我国物流业发展的实际相符合。

2005 年 3 月 24 日发布，2005 年 5 月 1 日开始实施的中华人民共和国国家标准《物流企业分类与评估指标》（GB/T 19680—2005）对物流企业是这样界定的："至少从事运输（含运输代理、货物快递）或仓储一种经营业务，并能够按照客户物流需求对运输、储存、装卸、包装、流通加工、配送等基本功能进行组织和管理，具有与自身业务相适应的信息管理系统，实行独立核算、独立承担民事责任的经济组织，非法人物流经济组织可比照适用。"

根据物流企业以某项服务功能为主要特征，并向物流服务其他功能延伸的不同状况，国家标准将物流企业划分为运输型物流企业、仓储型物流企业、综合服务型物流企业。

运输型物流企业应同时符合以下要求：

(1) 以从事货物运输业务为主，包括货物快递服务或运输代理服务，具备一定规模；

(2) 可以提供门到门运输、门到站运输、站到门运输、站到站运输服务和其他物流服务；

(3) 企业自有一定数量的运输设备；

(4) 具备网络化信息服务功能，应用信息系统可对运输货物进行状态查询、监控。

仓储型物流企业应同时符合以下要求：

(1) 以从事仓储业务为主，为客户提供货物储存、保管、中转等仓储服务，具备一定规模；

(2) 企业能为客户提供配送服务以及商品经销、流通加工等其他服务；

(3) 企业自有一定规模的仓储设施、设备，自有或租用必要的货运车辆；

(4) 具备网络化信息服务功能，应用信息系统可对货物进行状态查询、监控。

综合服务型物流企业应同时符合以下要求：

(1) 从事多种物流服务业务，可以为客户提供运输、货运代理、仓储、配送等多种物流服务，具备一定规模；

(2) 根据客户的需求，为客户制订整合物流资源的运作方案，为客户提供契约性的综合物流服务；

(3) 按照业务要求，企业自有或租用必要的运输设备、仓储设施及设备；

(4) 企业具有一定营运范围的货物集散、分拨网络；

(5) 企业配备专门的机构和人员，建立完备的客户服务体系，能及时、有效地提供客户服务；

(6) 具备网络化信息服务功能，应用信息系统可对物流服务全过程进行状态查询和监控。

需要强调的是，该国家标准特别突出了现代物流企业的物流管理与物流服务的本质要求，无论是从事运输活动的企业还是从事仓储活动的企业，若缺乏物流的延伸服务、不能满足客户的物流需求、不符合物流企业国家标准中“运输型物流企业”“仓储型物流企业”的内涵规定，就只能是单纯的运输企业或仓储企业，而不是运输型物流企业或仓储型物流企业。

（二）物流企业统计是现代物流企业管理的重要基础

在市场经济条件下，物流企业独立经营，分散决策，接受市场调节。社会经济、环境的发展变化，影响、制约着物流企业的生产经营活动。例如，国际形势、社会变动、政府的方针政策、经济动向、市场状况等，都会对物流企业产生直接或间接的影响，不同的市场主体在利益的导向下，按照平等原则开展经营活动，进行市场竞争，优胜劣汰。因此，物流企业必须使自己的生产经营活动与社会经济活动协调吻合，紧密衔接，以适应环境的要求和变化，并对整个社会经济体系起积极的推动作用。

物流企业管理是指对物流企业的经济活动施行的管理。具体来说，是指根据商品流通的客观规律要求，合理地组织人、财、物、信息等因素，对物流企业生产经营活动进行计划、组织、指挥、协调、控制、激励和监督，以求用最少的消耗，实现既定的经营目标，取得最好的经济效益。

物流企业管理有以下几种功能。

1. 计划职能

计划职能是指通过调研、预测，对企业的经营目标、经营方针做出决策，制订长期计划和短期计划，确定实现计划的措施和方法，并将计划指标层层分解到各个部门、各个环节。

2. 组织职能

组织职能是指把企业经营活动的各个要素、各个环节和各个方面，从劳动的分工和协作上，从纵横交错的相互关系上，从时间和空间的相互衔接上，合理地组织起来，形成一个有机整体，从而有效地进行生产经营活动。

3. 指挥职能

指挥职能是指对企业各层次、各类人员的领导或指导，保证企业生产经营活动的正常进行和企业既定目标的实现。

4. 协调职能

协调职能是指协调企业内部各层次、各职能部门的工作，协调各项生产经营活动，使它们能建立良好的协作关系，消除工作中的脱节现象和矛盾，以便有效地实现企业经营目标。协调可分为上、下级工作人员和上、下级职能部门之间活动的纵向协调以及同层次各职能部门之间活动的横向协调。

5. 控制职能

控制职能是指按预订计划或目标、标准进行检查，考察实际完成情况与原定计划的差异，分析原因，采取对策，及时纠正偏差，保证计划目标实现。

物流企业管理是社会化大生产的必然产物，是微观经济活动的重要组成部分。用科学的方法进行物流企业管理，可以保证物流企业生产经营活动顺利进行，使其实现其既定目标，在市场经济竞争中立于不败之地。

物流企业统计工作是一项调查研究活动。物流企业统计是在科学理论的指导下，运用统计方法，根据所收集整理的统计资料，对物流企业的经济活动条件、过程、生产经营成果以及物流企业其他有关情况，进行分析研究，掌握情况，揭露矛盾，找出原因，提出矛盾解决的方法，从而达到对事物本质及各有关经济规律的认识。

物流企业经营管理需要的信息，主要来自市场与物流企业内部两个方面。而对市场信息和物流企业内部信息的采集、处理、分析、传输等则须由物流统计来承担。同时，也只有借助科学的统计方法才能描述与推断纷繁复杂的市场状况，也就是说，只有建立完善的统计信息系统，才能满足物流企业对生产经营信息的需求。

物流企业统计是现代物流企业管理的一个重要基础，现代物流企业管理离不开物流企业统计。物流企业统计可以为物流企业决策者提供生产经营管理所需的数据信息，并利用这些数据信息资源深层次、多领域地展开企业经济活动的综合分析和专题研究，为企业经营管理决策服务。

第一，企业的生产经营活动是以信息为先导的，经营信息是物流企业决策的依据，而物流企业统计数据是企业经营信息的重要组成部分，物流企业可根据它做出配置资源、调整结构、开拓市场等管理举措。

第二，在市场经济条件下，物流企业处于激烈的市场竞争之中。物流企业要想在竞争中取胜，就必须了解市场、了解物流服务市场的需求量与供应量。物流市场需求量的预测需要利用统计方法建立预测模型、检验预测结果，并对物流市场需求量做出预测报告。

第三，物流企业投资决策需要利用统计方法对各种备选方案做出风险估计。

第四，对物流企业的经营状况进行综合评价，有助于物流企业挖掘自身潜力，提高经济效益；有助于物流企业完善和提高自身的管理水平。对物流企业的综合评价必须建立在科学合理的统计指标体系及综合评价方法基础之上。

综上所述，物流企业管理必须以物流企业统计为依托，才能使物流企业管理建立在对市场经济正确认识的基础之上，物流企业管理的科学性、有效性才能充分发挥，现代物流企业制度改革的目标才能得以实现。物流企业管理离不开物流企业统计，物流企业统计为现代物流企业管理服务。

（三）物流企业统计的职责

物流企业统计机构是物流企业统计职能和任务得以实现和完成的必要条件，其设置既要与企业的组织机制相匹配，又要把切实履行统计职能和完成统计任务作为第一宗旨。物流企业可根据自己企业的规模和性质来设置统计机构。在大型物流企业中，一般设置4～5级统计机构或岗位，分别是综合统计、专业统计与基层单位（事业部、营业部、班组）统计。

1. 综合统计部门的职责

综合统计部门是物流企业统计的核心机构，是物流企业统计业务活动的最高组织者和管理者，它必须配备熟悉物流企业业务范围、精通管理技能的统计高级专门人才出任物流企业统计负责人，并配备若干名统计专业和计算机专业人才。其职责是：

（1）设置物流企业统计工作网络。

物流企业统计工作网络是由物流企业统计工作的所有节点和统计数据上溯、反馈的分支路径构成的。物流企业综合统计部门必须根据物流企业生产经营范围和管理的需要设置主营、附营分支和各专业领域的不同层次的统计工作机构或岗位，并制定相应的工作规程和职责范围。物流企业综合统计部门借此网络实施领导、组织、协调、控制物流企业统计工作。

（2）确定统计工作内容。

物流企业综合统计部门工作的内容十分广泛、繁杂。其主要内容为：一是建立健全原始记录、统计台账、物流企业内部报表制度等基本工作，包括建立完善物流企业统计指标体系、收集信息、确定统计调查方法、填报各种报表、内部报表体系的审核、颁发日常统计工作规程、确保统计质量；二是设计科学、合理、经济的市场调查、市场预测、投资决策、经营控制、综合评价的统计方法。

（3）履行对企业最高决策层直接负责以及遵守统计法履行向上报送统计资料义务的职责。

对物流企业内部，综合统计部门的职责为：一是按时向决策层提供各种统计报表，如日报、周报、月报、季报、半年报和年报等；二是收集并储存各种有关信息，随时满足决策层的随机查询与检索；三是收集并掌握企业生产经营的活动热点和难点问题，及时提出对策，供决策层参考；四是严格企业统计数据管理，切实执行“数出一门”制度，保证统计数据的统一性和准确性。对物流企业外部，综合统计部门的职责主要是认真填报政府统计机构、上级主管部门的报表以及协作单位之间相互提供的报表。要保证统计报表的真实性，并按时上报。

（4）提高企业统计人员素质。

统计人员素质直接影响物流企业统计工作水平，因此，要经常向各层次统计工作人员和管理人员进行现代统计知识的培训，提高统计工作人员的业务水平和管理人员的认知水平，以增强物流企业的竞争能力和延伸物流企业统计的业务领域。

（5）建立物流企业经济信息中心。

建立统计实时数据库和历史数据库，以计算机联网装备统计工作网络，实现统计工作现代化。同时，开发统计软件，对统计资料进行深加工，提高统计资料的质量与数量。

2. 专业统计部门或岗位的职责

物流企业的专业统计部门或岗位是设置在企业职能部门内，专门从事职能部门管理领域统计工作的机构或岗位。物流企业专业统计一般分列为生产（经营）、质量、劳动人事、物资、能源、设备、供销、财务成本、技改措施、安全环保、技术开发、生活管理等部门的统计工作，在这些部门中应设专职统计人员或兼职统计人员，其职责范围主要根据本部门的业务范围来确定，主要包括以下内容：

（1）收集、积累本专业领域数据资料，并进行加工整理，登录台账。

（2）执行本部门领导和综合统计部门下达的企业内部报表制度和统计任务。

(3) 填制各种专业报表，报送综合统计部门报出或经综合统计部门审核后自报上级对口专业职能部门。

(4) 开展专业领域统计分析。

(5) 指导、监督下级对口专业统计。

3. 基层单位统计部门或岗位的职责

物流企业的基层单位是指隶属于物流企业，并直接从事生产或营业的非独立法人机构及其以下的各种组织，例如营业部、车间、班组等。这些单位必须根据需要设置统计岗位。由于这些单位是最基层部门，它应由熟悉本单位生产或业务的经济管理类或工程技术类专业人才专任或兼任，其职责主要包括：

(1) 收集、积累本单位生产或业务范围的数据资料，并进行加工整理，登录台账，编制本单位内部报表。

(2) 开展本单位统计分析，配合本单位领导实施管理。

(3) 填制上一层次下达的各种内部报表，并按统计工作网络分别逐层上报。

二、物流统计与国民经济管理

(一) 物流统计是国家宏观统计的重要组成部分

物流业是顺应社会化大生产要求，运用信息技术和供应链管理技术，对分散的运输、储存、装卸、搬运、包装、流通加工、配送、信息处理等基本功能进行有机整合和一体化运作而形成的新兴产业，是融合运输业、仓储业、货代业和信息业等的复合型服务产业，是国民经济的重要组成部分，涉及领域广，吸纳就业人数多，促进生产、拉动消费作用大，在促进产业结构调整、转变经济发展方式和增强国民经济竞争力等方面发挥着重要作用。随着经济全球化和信息化步伐的加快，物流业已成为衡量一国现代化水平和综合国力的重要标志。

为了解我国物流活动的规模、结构和发展水平，及时反映我国物流运行状况，为各级政府部门制定有关物流发展政策和发展规划，加强宏观管理和决策提供依据，2004 年 10 月，国家发改委、国家统计局联合印发了《关于组织实施〈社会物流统计制度及核算表式(试行)〉的通知》，标志着我国社会物流统计核算与报表制度正式建立。2006 年，经国家统计局批准，社会物流统计核算试行制度转为正式制度。同年 4 月，国家发改委下发了《关于组织实施社会物流统计核算与报表制度的通知》，决定定期开展社会物流统计核算工作。《社会物流统计核算与报表制度》从国家级的层面出发，对全国的物流活动进行统计调查与核算。自从物流统计核算与调查制度实施以来，我国的社会物流统计数据已连续多年正式对外发布，这些物流统计数据，相对客观地反映了我国物流运行的实际情况，澄清了社会上一度出现的物流数据混乱的局面，对掌握我国现代物流发展趋势、加强物流宏观调控发挥了积极的推动作用。

物流统计是国家宏观统计的重要组成部分，是发展现代物流的一项重要的基础性工作。国家现代物流产业政策规划的制定、贯彻实施，以及政策实施效果的监测反映等，都需要一套科学、准确、系统、全面、灵活的物流统计指标体系、方法体系和组织实施体系来保证。2009 年 3 月，国务院《物流业调整和振兴规划》（国发〔2009〕8 号）有关政策措施中指出："进一步完善物流业统计调查制度和信息管理制度，建立科学的物流业统计调查方法和指标体系。加强物流统计基础工作，开展物流统计理论和方法研究。认真贯彻实施社会物流统计核算与报表制度。积极推动地方物流统计工作，充分发挥行业组织的作用和力量，促进物流业统计信息交流，建立健全共享机制，提高统计数据的准确性和及时性。"通过物流统计核算，及时、全面、准确地反映物流活动的规模、结构、发展水平、比例关系以及对国民经济的影响程度，是监测、分析物流运行状况，制定物流产业政策和发展规划的重要依据。认真组织做好物流统计工作，对加强物流基础管理、增强决策的准确性和科学性、推进物流现代化进程具有十分重要的意义。

一个国家的物流发展水平如何，物流对国民经济的影响有多大，都必须要有一个比较合理的物流统计指标体系对物流运行水平和质量进行经济定量分析。物流发展越快，对国民经济影响越大，对物流统计数据的需求就越迫切。例如，采购经理指数（PMI）是国际通行的宏观经济监测体系，涵盖生产与流通、制造业与非制造业等领域，对国家经济活动的监测和预测具有重要作用。中国制造业采购经理指数于 2005 年 7 月 6 日正式发布，填补了我国采购领域统计的空白，非制造业采购经理指数在经过一年的运行后，于 2008 年 1 月 18 日正式发布，采购经理指数调查已列入国家统计局的正式调查制度。

（二）采购经理指数（PMI）

1. 采购经理指数概述

采购经理指数（Purchasing Managers' Index，PMI）。它是在对采购经理调查基础上汇总而成的系列经济指标，涵盖生产与流通、制造业与非制造业等领域，是国际上通行的宏观经济监测指标体系之一，对国家经济活动的监测和预测具有重要作用。

从国际上看，PMI 是一套月度发布的综合性的经济先行指标体系，分为制造业 PMI、服务业 PMI，目前也有一些国家建立了建筑业 PMI。服务业 PMI 指数体系包括商业活动、投入品价格指数、费用水平、雇员、未来商业活动预期等指数，但因其建立时间不长，尚未形成综合指数。

制造业 PMI 最早起源于美国 20 世纪 30 年代，经过几十年的发展，该体系现包含生产量、新订单、雇员、供应商配送、库存、采购量、积压订单（现有订单）、价格（采购品价格、产成品价格）等商业活动指标，如表 1－1 所示。

表 1-1　　制造业 PMI 指标体系

PMI 综合指数构成		其他扩散指数
指标	权重（%）	采购量
生产量	25	积压订单（现有订单）
新订单	30	出口订单
雇员	20	价格（采购品价格、产成品价格）
供应商配送	15	库存（采购品库存、产成品库存、用户库存）
库存	10	进口

注：上述指标除综合指数是各国统一的以外，其他扩散指数各国并非全部采用，而是根据本国情况选择性采用。

以上各项指标指数基于对样本企业采购经理的月度问卷调查所得数据合成得出，再对生产量、新订单、雇员、供应商配送与库存五项指数加权计算得到制造业 PMI。

制造业 PMI 每项指标均反映了制造业的现实情况，综合指数则反映制造业的整体增长或衰退。制造业 PMI 在 50%以上，反映制造业经济总体扩张；低于 50%，通常反映制造业经济总体衰退。

目前，已有美国、英国、日本、新加坡等 22 个国家和地区制定了 PMI。有关机构已开始建立全球指数和欧元区指数，PMI 及其商业报告已成为世界经济运行活动的重要评价指标和世界经济变化的“晴雨表”。

2. 采购经理指数的特征

(1) 及时性与先导性。

由于采取快速、简便的调查方法，中国物流与采购联合会自 2017 年 3 月起，将每月中国制造业和非制造业 PMI 和分析报告由以前次月 1 日 9 点发布改为当月最后一天 9 点发布，所选的指标具有先导性，已成为监测经济运行及时、可靠的先行指标，得到政府、商界与广大经济学家、预测专家的普遍认同。

(2) 综合性与指导性。

PMI 指标体系尽管指标不多，但涵盖了经济活动的多个方面，其综合指数反映了经济总体情况和总的变化趋势，而各项指标又反映了企业供应与采购活动的各个侧面，有助于详细分析行业发展走势的成因，为国家宏观经济调控和指导企业经营提供了重要依据。

(3) 真实性与可靠性。

PMI 问卷调查直接针对采购与供应经理，取得的原始数据不做任何修改，直接汇总并采用科学方法计算，同时它还进行季节性调整，消除季节性波动、法规制度和法定假日等因素变化所造成的影响，保证了数据来源的真实性，具有相当的可靠性。

(4) 科学性、合理性。

首先，样本选择涵盖了不同行业，按照各行业对 GDP 贡献的大小选取一定数量的企业，贡献大的行业样本多；反之，则少。其次，考虑地理分布，样本企业具有足够的地域代表性。最后，考虑企业规模，不同规模的企业均有代表。在首次抽样之后，样本基本确定下来，但每年度或每半年要对样本进行抽查，如果企业、采购经理发生变化，会予以及时调整。

(5) 简单、易行。

PMI 调查采用非定量的问卷形式，被调查者对每个问题只需做出定性的判断，在（比上月）上升、不变或下降三种答案中选择一种。既不涉及商业秘密，又明确易答。PMI 数据采集和加工的简单易行，保证了它作为预测工具的连续性、及时性和可靠性。

3. 中国采购经理指数

(1) 建立中国 PMI 的重要意义。

采购经理指数是国际通行的宏观经济监测体系，涵盖生产与流通、制造业与非制造业等领域，对国家经济活动的监测和预测具有重要作用。建立中国采购经理指数的重大意义在于以下几个方面。

第一，有利于与国际接轨。中国加入 WTO 之后，日益成为世界采购中心与制造中心，中国经济发展成为世界经济发展的主要推动力，中国经济形势如何已是全球关注的焦点，中国需要 PMI，世界也需要中国的 PMI。建立中国 PMI 将在两个方面与国际接轨：一是调查方法与统计方法的接轨；二是数据的可比性。

第二，有利于国家经济与产业经济的宏观调控与预测。PMI 是各国特别是发达国家反映经济活动快速的、及时的先行指标。通过 PMI，可以及时监测和预测经济与商业活动中出现的问题和趋势，使政府对宏观经济的走向建立在科学的基础上。

第三，有利于指导企业的采购、生产、经营等活动。PMI 调查涉及企业生产、采购、库存、销售、价格等多个环节，反映了企业全面的商业活动，PMI 以及基于 PMI 的商务报告对企业实际经营活动具有极强的指导作用，使企业特别是大企业集团的战略决策与业务调整有一个可靠的依据。

中国采购经理指数包括制造业 PMI 与非制造业 PMI。制造业商务报告用来公布制造业 PMI 的综合指数和各项扩散指数，表明制造业经济总体走势；非制造业商务报告反映非制造业经济总体走势。

(2) 中国制造业 PMI 的计算过程。

① PMI 资料收集。中国 PMI 在统计调查方法和数据的可比性上实现与国际接轨。中国制造业采购经理指数体系的编制，在指数调查与编制方法方面，既遵循了国际通行的做法，又兼顾了中国的具体国情。

在调查方法方面，采用 PPS（即按与企业规模成比例的不等概率抽样）分层抽样方法，确定727家样本企业，保证了调查单位的代表性。

在样本的确定方面，按照各工业行业对制造业增加值的贡献度，确定了各行业的样本数。在此基础上，考虑了区域分布、企业类型。在发达国家中，PMI主要调查的是私人公司，但在中国的经济中，国有企业依然占较大比例。因此，为确保企业的代表性，在调查样本中，以大中型企业为主，股份有限公司、有限责任公司、外资企业、国有企业的比重分别占35.6%、27.6%、20.5%和12.6%。在地区分布上，东部企业占63.6%，中部占23.6%，西部占12.8%，反映了经济区域的代表性。

在数据收集方面，改变传统统计报表模式，利用现代化计算机手段和网络技术，采用联网直报方式，大大减轻基层统计工作人员负担，提高了统计数据采集的效率和质量。

在调查的组织方面，采取了中国物流与采购联合会和国家统计局合作的方式，具备了三方面的有利条件：一是有统计法为保障；二是企业调查队拥有全国的调查渠道；三是企业调查队自1998年开始作全国经济调查，具有丰富的调查经验和高素质的人员队伍。同时，由省市级调查队负责催报，对被调查对象连续跟踪，发生变化随时调整，保证了数据的来源准确、可靠。

② PMI计算与汇总。中国制造业采购经理指数体系共包括11个指数：新订单、生产、就业、供应商配送、存货、新出口订单、采购、产成品库存、购进价格、进口、积压订单。调查结果以百分数形式表示。PMI大部分指数是正指数，即其数值的扩张与经济增长的方向一致。例如，生产上升表示经济增长。但供应商配送时间为逆指标，配送时间加快，表示经济形势趋于下滑。

PMI计算过程如下。

第一步，计算11个指数（也称扩散指数）。

首先，根据企业采购经理对每个调查问题的回答（本月与上月的比较），分别计算回答“上升”“持平”或“下降”的采购经理所占比重；

其次，将“上升”的比重赋值为1，“持平”比重赋值为0.5，“下降”的比重赋值为0，进行汇总，得到对应指标的指数。这种计算的根据是，认为回答持平的人有一半倾向于“升高”，另一半倾向于“降低”。汇总后的指数高于50%，表示该项指数比上月增长，低于50%表示比上月下降。与50%的距离，显示了一个指标增长或下降的程度。

扩散指数具有先行指数的特性，反映了经济活动各个层面的变化趋势及变化幅度。

例如，在新订单问题中回答“升高”的占20%，回答“持平”的占70%，回答“降低”的占10%，则：

新订单指数＝1×20%＋0.5×70%＋0×10%＝55%

计算结果表明新订单指数比上月增长。

PMI范围及其代表含义如表1-2所示。

表 1-2　　PMI 范围及其代表含义

指数变化范围	代表含义		
	方向（趋势）	变化率	影响
＜43%	下降，收缩	下降率加快	比上月坏，加速下降
43%～47%	下降，收缩	下降率加快	比上月坏，下降
47%～50%	下降，收缩	从增长转为下降	比上月坏，停止上升
50%～53%	上升，增长	增长率较慢	比上月好，低速增长
53%～56%	上升，增长	增长率较慢	比上月好，加速增长
＞56%	上升，增长	增长率快	比上月好，高速增长

第二步，计算制造业 PMI。

制造业 PMI 是一个综合指数，计算方法全球统一。根据各指标对 GDP 的先行影响程度，选取新订单、生产、就业、供应商配送、存货五项指数作为计算制造业 PMI 的主要指标，分别赋予不同的权数来加权汇总。5 个扩散指数的权重分别是：新订单（O）30%、生产（P）25%、就业（E）20%、供应商配送（I）15%、存货（D）10%。同时，还需要引入政府部门提供的季节因子（SAF），则最后的计算公式为：

$$制造业PMI=(O/SAF_o)\times 0.3+(P/SAF_p)\times 0.25+(E/SAF_e)\times 0.2+(I/SAF_i)\times 0.15+(D/SAF_d)\times 0.10 \quad (1-1)$$

制造业 PMI 在 50%以上，反映制造业经济总体扩张；低于 50%，反映制造业经济总体衰退。

例如，2017 年 3 月，中国物流与采购联合会发布的中国制造业 PMI 为 51.8%，比上月微升 0.2 个百分点，表明我国制造业经济运行呈回升态势，与上半年经济数据显示的经济走势比较一致。

（3）中国非制造业 PMI。

中国非制造业 PMI，由商务活动、新订单、新出口订单、积压订单、存货、中间投入价格、收费价格、从业人员、供应商配送时间、业务活动预期 10 项扩散指数构成。由于没有合成指数，国际上通常用商务活动指数来反映非制造业经济发展的总体情况，一般来说该指数达到 50%以上，反映非制造业经济总体上升或增长；低于 50%，反映非制造业经济下降或回落。

例如，2017 年 3 月，中国物流与采购联合会发布的中国非制造业 PMI 为 55.1%，与上月相比回升 0.9 个百分点，说明非制造业经济发展呈扩张态势。

我国 2016 年 1 月—2017 年 12 月 PMI 如表 1-3 所示。

表 1－3　　我国 2016 年 1 月—2017 年 12 月 PMI　　单位：%

时间	制造业		非制造业	
	指数	同比增长	指数	同比增长
2016 年 1 月	49.4	－0.80	53.5	－0.37
2016 年 2 月	49.0	－1.80	52.7	－2.23
2016 年 3 月	50.2	0.20	53.8	0.19
2016 年 4 月	50.1	0.00	53.5	0.19
2016 年 5 月	50.1	－0.20	53.1	－0.19
2016 年 6 月	50.0	0.40	53.7	－0.19
2016 年 7 月	49.9	－0.20	53.9	0.00
2016 年 8 月	50.4	1.41	53.5	0.19
2016 年 9 月	50.4	1.20	53.7	0.56
2016 年 10 月	51.2	2.81	54.0	1.69
2016 年 11 月	51.7	4.23	54.7	2.05
2016 年 12 月	51.4	3.42	54.5	0.18
2017 年 1 月	51.3	3.85	54.6	2.06
2017 年 2 月	51.6	5.31	54.2	2.85
2017 年 3 月	51.8	3.19	55.1	2.42
2017 年 4 月	51.2	2.20	54.0	0.93
2017 年 5 月	51.2	2.20	54.5	2.64
2017 年 6 月	51.7	3.40	54.9	2.23
2017 年 7 月	51.4	3.01	54.5	1.11
2017 年 8 月	51.7	2.58	53.4	－0.19
2017 年 9 月	52.4	3.97	55.4	3.17
2017 年 10 月	51.6	0.78	54.3	0.56
2017 年 11 月	51.8	0.19	54.8	0.18
2017 年 12 月	51.6	0.39	55.0	0.92

资料来源：东方财富网（2018 年 1 月 1 日）。

从表 1－3 可以看出，2016 年 1 月、2 月、7 月我国的制造业 PMI 分别为 49.4%、49.0%、49.9%，低于 50%，说明 2016 年 1 月、2 月、7 月我国制造业经济总体衰退，2016 年 8 月以后，我国的制造业 PMI 均大于 50%，说明我国制造业经济自 2016 年 8 月以来呈总体扩张态势；我国非制造业 PMI 2016 年以来均大于 50%，说明两年来我国非制造业经济发展一直呈扩张态势。

第三节 我国“十二五”时期物流运行发展的现状[①]

2015年是“十二五”规划的收官之年。回望过去的五年，我国经济进入新常态，经济增速放缓，结构调整加快，发展动能转换。在经济下行压力不断加大的情况下，物流业保持了中高速增长，市场规模持续扩大，需求结构加快调整，运行效率有所提升，基础设施扩容提档，物流服务体系基本形成。

一、物流需求规模持续扩大、结构加快调整

（一）社会物流需求进入调整转型期

“十二五”时期，我国社会物流总额为966万亿元，是“十一五”时期的2.2倍，年均增长8.7%，保持中高速增长。与此同时，在经历了2000年以来的高速增长之后，我国社会物流总额增速自2012年后一路放缓，2015年回落至5.8%，进入调整转型期。

“十二五”时期社会物流总额增速比“十一五”时期回落12个百分点，比“十五”时期回落16个百分点。

2015年社会物流总额为219.2万亿元，按可比价格计算，比2014年增长5.8%，增速回落2.1个百分点。

（二）物流需求结构加快调整

1. 工业物流需求结构优化

“十二五”时期，我国坚持走新型工业化道路，带动工业品物流总额高速增长。“十二五”时期，工业品物流总额为888万亿元，是“十一五”时期的2.2倍，年均增长9.2%，增速比“十一五”时期回落12.5个百分点，比“十五”时期回落16.9个百分点。

工业品物流总额占社会物流总额的比重呈上升趋势，由2011年的90.7%，提高到2015年的93%，这表明工业品物流总额依旧是拉动社会物流总额的主要动力。

从构成情况看，工业物流需求结构优化。其中，技术密集型工业和战略性新兴产业，以及消费品制造业快速增长，占比不断提高，而高耗能行业及上游采矿业占比逐年下降。

2013—2015年，高技术产业物流总额占全部规模以上工业的比重分别为9.9%、10.6%和11.8%；消费品制造业物流总额占比分别为24.5%、25.1%和26.1%，呈逐年上升趋势；装备制造业物流总额占比最高，2015年为31.8%；高耗能行业及上游采矿业占比逐年下降，2013—2015年，六大高耗能行业每年占比分别为28.9%、28.4%和

① 中国物流与采购联合会．“十二五”中国物流统计报告［M］．北京：中国财富出版社，2016.

27.8%，采矿业每年占比分别为12.4%、11%和8.6%，表明工业经济发展过度依赖资源的状况正在得到改善。

2. 国际物流需求规模增速放缓

近年来，我国进口物流总额需求放缓，按可比价格计算，增速由2011年的4.3%，回落到2015年的0.2%。

“十二五”时期全国进口物流总额为57.3万亿元，是“十一五”时期的1.5倍，年均增长2.1%，增速比“十一五”时期回落8.4个百分点，比“十五”时期回落25.9个百分点。

“十二五”时期，全国海关共监管进出口货物182.06亿吨，总值124.88万亿元，分别比“十一五”时期增长43.09%、48.64%。

“十二五”时期，我国货物进出口年均增长7%左右，增速放缓，但高于全球贸易3%左右的年均增速，仍然保持相对较高的水平。

3. 民生物流需求加快增长

“十二五”时期，在扩大内需战略的带动下，消费的基础性作用得到较好发挥，特别是消费结构升级带动了与民生相关的物流需求潜力有序释放，逐渐成为拉动物流需求增长的动力。

国家统计局数据显示，社会消费品零售总额2012年突破20万亿元之后，2015年又跃上30万亿元大关，位居世界第二位。消费品市场规模从10万亿元到20万亿元用了4年，而从20万亿元到30万亿元只用了3年。2013—2015年社会消费品零售总额年均增长12.0%，高于同期国内生产总值（GDP）名义增长3.8个百分点，2011—2014年，最终消费对经济增长的年均贡献率为54.8%，高于投资贡献率7.8个百分点。

在消费需求的带动下，“十二五”时期单位与居民物品物流总额呈现加快增长态势，同比增速由2011年的18.3%，提高到2012年的23.5%，2015年的35.5%。与此同时，单位与居民物品物流总额占比呈上升趋势，由2011年的0.16%，提高到2015年的0.23%，显示出单位与居民物品物流总额对社会物流总额增长的贡献增强。

“十二五”时期单位与居民物品物流总额为1.6万亿元，是“十一五”时期的2.8倍，年均增长19.8%。

（三）单位GDP物流需求系数有所下降

2008年以来，我国单位GDP的物流需求系数不断上升，2013年达到3.48的较高水平。2014年单位GDP的物流需求系数为3.35，2015年为3.24，连续两年呈现下降态势，显示出创造单位GDP所需的物流规模有所下降。由此表明，我国经济发展进入新阶段，传统的依靠“高物耗、高物流”的增长模式正在发生积极转变，经济结构调整的效应逐步显现。

二、物流运行成本加速回落、效率有所提升

(一) 社会物流总费用进入加速回落期

1. 社会物流总费用规模扩张速度放缓

随着物流需求规模增速的放缓，社会物流总费用扩张速度明显减缓，增速由2011年的18.5%，降为2012年的11.4%，2013年的9.5%，2014年的6.9%，2015年降至2.8%，进入加速回落期。

“十二五”时期，社会物流总费用为49万亿元，是“十一五”时期的1.8倍，年均增长6.5%，增速比“十一五”时期回落9.7个百分点，比“十五”时期回落6.7个百分点。

2015年，社会物流总费用为10.8万亿元，比2014年增长2.8%，同比增速回落4.1个百分点。其中，运输费用5.8万亿元，同比增长3.1%，回落3.5个百分点；保管费用3.7万亿元，同比增长1.6%，回落5.4个百分点；管理费用1.4万亿元，同比增长5.0%，回落2.9个百分点。

2. 社会物流总费用与GDP的比率有所下降

社会物流总费用与GDP的比率是一个国际通行的统计指标，可以用来反映一国物流成本高低、经济运行质量以及全社会物流运行效率。指标的含义是“实现一个单位的GDP所需要耗费的物流费用”。“十二五”时期，我国社会物流总费用与GDP的比率回落较为明显，2015年该比率为16.0%，较2014年下降0.6个百分点，较2006年下降2.4个百分点，一定程度上显示出我国物流运行效率有所提升，国民经济发展的质量和效益有所提高。

3. 社会物流总费用结构变化明显

从构成看，1991年以来，运输费用占社会物流总费用的比重在50%～60%，但整体呈下降走势，2015年运输费用占总成本的比重为53.3%，较2006年下降1.1个百分点。

保管费用占社会物流总费用的比重在30%左右，但整体呈上升走势。2015年保管费用占总成本的比重为34.1%，较2006年上升1.5个百分点。

管理费用占社会物流总费用的比重在10%～17%，整体呈下降走势。2015年管理费用占总成本的比重为12.6%，较2006年下降0.4个百分点。

(二) 工商业与物流业进入深度融合期

1. 行业物流效率显著改善

“十二五”时期，工业、批发和零售行业的物流费用率虽有波动，但整体呈现下降走势。据中国物流信息中心重点企业调查显示，2014年，工业、批发和零售行业的物流费用率为8.3%，是近年来的最低水平，比2013年下降0.1个百分点，比2011年下降0.1

个百分点，比 2008 年下降 1 个百分点，显示出行业整体物流效率不断提升。其中，工业企业物流费用率为 8.9%，下降 0.2 个百分点；批发和零售企业物流费用率为 7.7%，下降 0.1 个百分点。

2. 物流外包水平稳中趋升

2014 年，工业、批发和零售业企业对外支付的物流成本比上年增长 11.0%，占企业物流成本的 65.3%，同比提高 2.4 个百分点。

三、物流市场规模平稳增长、能力有所增强

(一) 物流市场规模进入平稳增长期

随着我国现代物流业的快速发展，物流社会化、专业化程度提高，物流市场规模进一步扩大，但增速趋缓。物流业总收入增速由 2011 年的 20.9%，回落至 2014 年的 6.8%，2015 年降至 5.0%。“十二五”时期物流业总收入 34.2 万亿元，是“十一五”时期的 1.8 倍，年均增长 4.7%，进入平稳增长期。

(二) 物流服务能力有所增强

1. 物流企业快速成长

第三次经济普查数据显示，截至 2013 年，我国物流企业法人单位 22.8 万个，比 2008 年增长 74.9%，年均增长 15.0%。2013 年年末物流企业法人营业收入为 4.5 万亿元，比 2008 年增长 102.4%，年均增速达 19.3%。

2. 物流能力有所增强

“十二五”时期，传统运输企业、仓储企业加速向现代物流企业转型，形成了一批所有制多元化、服务网络化和管理现代化的物流企业。物流服务覆盖国民经济各细分行业，针对不同行业的产品特性及对物流需求的特殊要求，制造业物流、商贸物流、电子商务物流和国际物流等领域专业化、社会化服务能力不断增强，服务水平不断提升。

3. 行业集中度有所提高

“十二五”时期，我国物流企业资产重组和资源整合步伐进一步加快，物流产业的集约化程度不断提高。2015 年，我国 50 强物流企业的主营业务收入共达 8400 亿元，占物流业总收入的比重为 11.5%，比 2014 年提高了 0.3 个百分点。

四、物流企业整体“微利”经营

(一) 物流企业经营进入分化期

1. 物流企业业务量结构分化

2006 年以来，物流企业运输业务量增速呈震荡走势，波动幅度较大。2011 年以后则

逐步回落，2014 年物流企业货运量比上年增长 1.7%，增幅同比回落 2.7 个百分点；货物周转量比上年增长 4.4%，增幅同比提高 0.1 个百分点。

2006 年以来，物流企业配送量、流通加工量保持较快增长，2011—2014 年年均增长 19.8%和 14.1%，增速比“十一五”时期回落 7.2 个和 2.8 个百分点，但比同期货运量分别高 14.8 个和 9.7 个百分点。

2011—2014 年物流企业货物吞吐量年均增长 10.5%，比“十一五”时期加快 2 个百分点。

分行业看，2014 年仓储企业吞吐量比 2013 年增长 17.8%，装卸搬运和运输代理企业增长 22.3%，邮政企业增长 25.7%，增幅较 2013 年同期有所提高。

2. 物流业务收入结构分化

2014 年以来，大宗物流需求有所放缓，煤炭、钢铁等产能过剩行业转型升级步伐不断加快，原材料、产成品物流需求量有所下降；同时由于物流服务价格下降及货运量、货物周转量增速放缓，传统物流业务收入进入低速增长。其中，运输收入增长 4.0%，低于 2006—2014 年年均增速 3 个百分点；仓储收入增长 5.3%，回落 4.4 个百分点。与此同时，新业态、新商业模式推动物流创新领域较快增长，成为物流企业发展的亮点。与电商相关的新业态增长势头强劲，服务价格虽总体较为平稳，但是业务量及收入保持了较快增长，2014 年配送、流通加工收入分别增长 13.6%和 9.7%。

从收入构成看，运输、仓储收入占比超六成，货代业务收入占 13.9%，配送和流通加工收入合计 5.1%。从变化情况看，运输收入占比下降 0.1 个百分点，仓储收入提高 0.04 个百分点，配送和流通加工分别提高 0.4 个和 0.1 个百分点。

3. 新兴行业物流业务收入增长快于传统行业

从不同行业看，随着电子商务、网上购物物流的发展，物流市场细分和服务创新，以及快递、公路零担货运、冷链物流、废弃资源回收物流等领域的发展，物流企业增值服务成为经营的主流模式。数据显示，2014 年运输企业物流业务收入比上年同期仅增长 2.7%，增速明显低于全部物流企业平均水平；装卸搬运、仓储及快递企业则保持较快增长，比上年同期分别增长 8.4%、9.3%和 20%，均高于物流企业平均水平。

在运输业企业中，道路运输、水上运输传统方式物流业务收入增速相对较低，比 2013 年增长 0.7%和 1.7%；航空运输、管道运输企业则增速较快，比 2013 年增长 23.0%和 7.0%；铁路运输企业受改革等因素影响，物流业务收入同比下降 5.7%。

4. 消费物流业务收入增长快于大宗物流业务

从物流服务对象来看，物流企业服务对象分化较为明显，大宗商品、建材、电子、快消品等各个市场的需求调整不断推进。钢铁、煤炭等传统工业品的大宗商品、危化品物流企业收入比 2013 年分别下降 3.8%和 6.5%；服务汽车、快消品物流企业收入平稳，比

2013年分别增长12.1%和5.8%；而与高新技术产业相关的电子设备物流企业收入虽占份额较小，但增速明显高于服务于传统行业的物流企业，增速为30.3%。

（二）物流企业进入“微利”经营阶段

1. 物流业务成本增速小幅回落，人工成本加快上涨

2014年物流企业物流业务成本比2013年增长2.0%，增幅同比回落5.1个百分点。其中，受货运量增速放缓及下半年油价跌幅较大等因素影响，运输成本比2013年下降2.2%；受仓储用地日趋紧缺及费用上涨等因素影响，仓储成本保持较快增长，比2013年增长11.6%，增速同比提高0.2个百分点。

2014年物流企业人员报酬比上年增长10.9%，增速连续三年提高；物流人员报酬占物流业务收入比例随之明显上升，2014年为9.7%，同比提高0.7个百分点，比2011年提高1.6个百分点。

2. 利润增速明显减缓

2014年物流企业经营环境依然较为严峻，劳动力等刚性成本持续上涨，物流企业加快转型、变革与调整，增值服务成为盈利的新模式。在此背景下，物流企业2014年物流业务利润小幅增长，比2013年增长5.0%，但增速同比回落4.3个百分点。

从不同行业看，受铁路改革等因素影响，铁路运输企业主营业务利润比2013年下降15.7%；道路运输企业主营业务利润同比增长4.7%，增速同比回落1.1个百分点；水上运输企业供需失衡矛盾依然较为突出，全年保持微弱增长，同比增长2.1%，年增速与2013年基本持平。

3. 收入利润率普遍回落

2014年物流企业平均收入利润率为6.7%，比2013年同期下降1.2个百分点。

从物流企业类型看，2014年综合型企业收入利润率为8.9%，同比下降0.2个百分点；仓储型企业为6.9%，同比提高0.4个百分点；运输型企业为3.3%，同比下降2.3个百分点。

五、物流设施扩容提档，技术驱动物流创新发展

（一）物流业固定资产投资进入增速平稳期

2015年，交通运输、仓储和邮政业等物流相关行业固定资产投资额超过4.5万亿元，同比增长14.3%；其中，交通运输铁、公、水、航4大领域合计完成建设投资2.51万亿元，虽同比仅增长6.4%，增速较2014年回落1.6个百分点，但规模依然较大。在完成的交通运输建设投资中，公路和铁路约占总投资的91%，仍然占据重要份额，是投资增长的核心驱动力。

（二）物流基础设施进入加速完善期

“十二五”时期，根据国家物流体系的总体规划，交通、仓储、邮政等物流相关固定资产投资继续保持较快增长，基础设施方面投入的年增长率远远超过了国家基本建设投入的年增长率。截至 2015 年 11 月，交通运输、仓储、邮政等物流相关固定资产投资额超过 4.2 万亿元，“十二五”前四年平均增速超过 15%，有效带动物流基础设施不断完善，各项物流设施较“十一五”时期明显提升，物流运作条件大为改善。

1. 运输物流设施稳步增长

铁路营业里程稳步增长。2015 年年末全国铁路营业里程达到 12.1 万公里，比 2014 年年末增长 8%。“十二五”时期超过 52 万公里，是“十一五”时期的 1.3 倍，年均增长 6.5%，增速比“十一五”时期年均加快 2.2 个百分点。高速铁路从无到有，取得重大成绩。2015 年年末，高铁营业里程达到 1.9 万公里，比上年年末增长 0.3 万公里。总里程相当于世界其他国家总量之和，位居世界第一。

公路网进一步扩大。“十二五”时期，公路总里程超过 450 万公里，其中，高速公路里程 12.35 万公里，覆盖 90%以上的 20 万以上城镇人口城市。

内河航道里程稳步增长。“十二五”时期，内河航道里程达到 62.9 万公里，比“十一五”时期增长 1.8%。2015 年年末，全国内河航道通航里程 12.7 万公里，比 2014 年年末增加 721 万公里。

2. 物流企业基础设施水平显著提升

从仓储设施总规模看，2014 年重点调查物流企业使用仓储面积总计 4562.5 万平方米。其中，自有仓储面积总计 3055.3 万平方米，租用仓储面积总计 1507.2 万平方米。从仓储设施平均拥有量看，2014 年重点调查物流企业平均仓储面积为 173.6 万平方米。其中，物流企业平均自有仓储面积 101.8 万平方米，占 58.7%；租用仓储面积 71.8 万平方米，占 41.3%。

从运输设施看，2014 年重点调查物流企业装卸设备平均拥有量为 177 台，货运车辆平均为 538 辆，其中，普通货车 232 辆，专用货车 306 辆。专用车辆所占比重较高，一定程度上反映出物流企业从同质化和以价格为主的竞争逐渐转向差异化和质量竞争，在专业化程度上明显提升。

（三）技术驱动物流创新发展

“十二五”时期，物联网、云计算、大数据等新兴技术在物流行业得到推广应用。2015 年由菜鸟网络牵头，国内主流快递企业全部普及电子面单，快递基础业务的信息化管理水平进一步提升。

2014 年，条码和电子标签等技术在物流业务中的应用程度继续提升。其中，条码使用率达到 62.43%，较 2013 年增长 4.22%；电子标签使用率达到 40.58%，较 2013

年增长 2.58%；而电子单证使用率为 46.13%，与 2013 年相比略有下降。物流信息技术总体上的发展趋势是毋庸置疑的，物流信息技术的创新应用是推进物流信息化发展的重要手段。

监测结果表明，物流企业与外部主体业务信息交换中，以电子数据交换（EDI）和互联网等为代表的信息化交换方式逐渐成为市场主导，使用率由 2013 年的 65.07%上升至 69.71%；而传统方式（电话、传真等）由原先的 34.93%下降至 30.29%。信息交换方式的变革直接影响着物流业务进行中信息交换速率和准确度的提升。

六、物流服务价格总体低位运行

2015 年，受固定资产投资增速下滑、工业经济增速趋缓、行业产能过剩等因素影响，而海运、公路等物流供给能力过剩又较为明显，因而物流服务价格总体低位运行。

（一）公路物流价格震荡走低

2015 年全年指数波动频繁，除 6 月运价指数在 100 基点以下，其他月份均于 100 基点以上震荡。2014 年全年平均值为 108.8 点，同比下降 7.7%；2015 年平均值为 106.3 点，同比下降 2.5%，从各季度看，一季度为年内高点 110.9 点；二季度为 106.2 点；三季度最低为 103.9 点；四季度低位回升为 104.5 点。

（二）沿海散货价格持续下跌

1. 沿海运输市场供需矛盾未见明显改善，运价持续低位

2015 年沿海散货运力增长进一步放缓，但运力过剩程度依然严重。运输市场行情低位震荡，运价在 2014 年低位的基础上继续下行，运输、港口企业甚至上游煤炭、钢铁企业均面临较大的生产经营压力。上海航运交易所发布的 2015 年的中国沿海（散货）综合运价指数平均为 852.55 点，同比下跌 13.9%。

2. 各主要货类运输价格回落明显

2015 年，煤炭市场需求不足与产能过剩、进口总量依然较大的矛盾愈加突出，全社会库存持续高位，市场价格大幅下跌。据中国物流信息中心统计数据显示，2015 年累计煤炭平均价格下降 16.41%。在此背景下，煤炭运输市场运力供给未见明显减少，供求矛盾有所加剧。运价水平持续走低，明显低于往年。2015 年 10 月 15 日，上海航运交易所发布的中国沿海煤炭运价指数为 394.46 点，是历史最低水平。沿海煤炭运价指数 2015 年平均为 510.08 点，同比大幅下跌 18.2%。

2015 年我国钢铁行业举步维艰，在总体需求低迷的情况下，金属矿石运输市场持续低位震荡走势，散货运力供给过剩程度持续加剧，金属矿石运价难有反弹动力，持续低迷。2015 年 11 月 13 日，金属矿石货种运价指数 619.60 点，为历史新低。2015 年中国沿海（散货）金属矿石货种运价指数平均为 728.86 点，同比下跌 18.6%。

2015年中国沿海（散货）成品油货种运价指数平均为1222.45点，同比增长0.2%。12月平均指数为1229.50点，较年初上涨1.2%。虽运价略有上涨，但由于原油价格一路下跌，加上国内经济下行压力较大，需求不足长期存在，沿海成品油运输延续总体平稳的走势。

本章小结

本章主要介绍了物流统计的研究对象与任务、物流统计在物流企业经营管理中的作用、物流统计与国民经济管理的关系、物流统计的主要研究内容、物流统计中常用的分析方法等。通过本章的学习，可为以下各章的学习奠定基础。

物流业是国民经济的重要组成部分，在促进产业结构调整、转变经济发展方式和增强国民经济竞争力等方面发挥着重要作用。物流对国民经济的影响的测定与分析，国家现代物流产业政策规划的制定以及政策实施效果的监测反映等，都需要一套科学、准确、系统、全面、灵活的物流统计指标体系、方法体系和组织实施体系来保证。物流发展越快，对国民经济影响越大，对物流统计数据的需求就越迫切。

现代物流企业管理离不开统计，物流统计可以为企业决策者提供生产经营管理所需的数据信息，并利用这些数据信息资源深层次、多领域地展开企业经济活动的综合分析和专题研究，为企业经营管理决策服务。

物流统计学的研究对象是物流领域在一定时间、地点、条件下的经济活动的数量方面，包括物流领域经济活动的数量表现、数量界限和数量关系。通过对物流领域经济活动数量方面的研究，来揭示物流领域经济活动现状、相互联系状况、变动的规律和发展的趋势。

物流统计的职能包括信息职能、咨询职能和监督职能。其中，信息职能是物流统计最根本的职能。物流统计工作的基本任务是：为国家制定和落实物流业发展规划及制定相关政策提供依据；为物流企业与企业物流部门经营决策提供依据。

物流统计的主要内容有物流业外部环境统计、物流业内部环境统计以及物流企业经营状况的综合评价等。物流业的外部环境是指物流业经济活动的外部条件，是不受物流业控制但与物流业经济活动相关的各种外界因素，包括宏观环境和市场环境。物流业内部环境是指物流业生产经营已拥有的要素水平和产出水平，包括人、财、物、信息等各个方面。企业内部环境统计主要包括物流投入统计和物流产出统计。

思考与练习

1. 物流统计与物流企业管理之间有何关系？
2. 物流统计与国民经济管理之间有何关系？

3. 物流统计的研究对象是什么?
4. 物流统计的基本任务是什么?
5. 物流统计的研究内容是什么?
6. 物流统计常用的分析方法有哪些?

第二章　物流统计信息的采集

教学目的与要求

物流统计应充分发挥其“信息、咨询、监督”职能，通过物流统计调查为物流业决策者提供物流业的发展规律与发展趋势以及物流生产经营管理所需的统计信息，并利用这些统计信息资源深层次、多领域地展开物流活动的综合分析和专题研究，为物流业的发展与物流经营管理决策服务。通过本章的学习，要求学生：①掌握物流企业产出市场统计信息内容、要素市场统计信息内容、投入产出统计信息内容以及经济效益统计信息内容；②掌握宏观物流统计信息的采集源以及物流企业统计信息的采集源。

第一节　物流统计信息内容概述

随着我国融入经济全球化，以及对外开放程度的不断提高，我国物流企业在面临机遇的同时，也将面临国内、国外两个市场的激烈竞争。针对物流业所面临的新形势，物流统计应在认真填报政府统计机构、上级主管部门等合法统计报表的同时，积极为物流业生产经营管理服务。物流统计应为决策者提供物流业的发展规律与发展趋势以及物流生产经营管理所需要的物流业外部环境统计信息和内部环境统计信息，并利用这些统计信息资源深层次、多领域地展开物流活动的综合分析和专题研究，为物流业的发展以及物流生产经营管理决策服务。

一、物流业外部环境统计信息内容

物流业属于服务性行业，它专为有物流需求的客户提供物流服务。在市场经济条件下，物流企业处于激烈的市场竞争之中。物流企业要想在竞争中取胜，就必须了解市场、了解自己、了解竞争对手的有关情况，只有做到知己知彼，才能百战不殆。因此，物流企业必须对企业的外部市场环境进行统计调查，获取相关统计信息，才能做出正确的生产经营决策。物流业外部市场可分为两种：一种是物流服务要进入的销售市场，简称产出市场；另一种是物流业生产经营必须购买的各种生产要素市场，简称要素市场。

（一）物流业产出市场统计信息内容

在市场经济条件下，物流业决策者必须对其物流服务所要进入的销售市场有清楚的认识。物流统计只有准确了解物流市场的需求量、供应量、本企业在市场中的地位、主要竞争对手在市场中的地位等信息，才能为决策者做出正确的投资建设和生产经营决策提供依据。因此，物流业产出市场的分析，主要是分析物流服务需求市场、物流服务供应市场、本企业物流服务的供应销售状况、本企业的市场竞争能力以及主要竞争对手的竞争能力等。

1. 反映物流服务市场供需状况的统计指标

反映物流服务市场供需状况的统计指标主要有物流服务需求总量、物流服务供应总量、物流服务市场供需差额、物流服务市场供需比率等。

物流服务需求总量是指一定时期内市场对物流服务的总需求量，它反映物流服务市场容量的大小。反映物流需求总量的指标主要有社会物流总额、货物运输量、货物周转量、仓储容量、货物存储量、货物配送量等。

物流服务供应总量是指一定时期内各物流企业、工商企业、运输企业、仓储企业等可向市场提供的物流服务总量，它反映物流服务总的生产规模。

物流服务市场供需差额是物流服务供应总量与物流服务需求总量之差，是反映市场供需平衡关系的绝对指标。当供需差额大于0时，说明供大于求，企业不宜进入该领域；当供需差额小于0时，说明求大于供，企业可以考虑进入该领域。且供需差额负值越大，越应进入该领域。

物流服务市场供需比率是物流服务供应总量与物流服务需求总量之比，是反映市场供需平衡关系的相对指标。当供需比率大于1时，说明供大于求，企业不宜进入该领域；当供需比率小于1时，说明求大于供，企业可以考虑进入该领域。且供需比率越趋近于0，企业越应考虑进入该领域。

对物流服务市场供需状况的统计分析可掌握物流服务市场的需求与供应状况及其发展变化规律，为监测、分析物流运行状况，制定物流产业政策和发展规划提供依据；为制定企业未来的发展战略、市场战略和竞争战略提供依据。

2. 反映本企业物流服务市场供应销售状况的统计指标

反映本企业物流服务市场供应销售状况的统计指标主要有物流服务供应量、物流服务销售量、物流服务适销率等。

物流服务供应量是指一定时期内企业可向市场提供的物流服务量，包括企业可向市场提供的货物运输量、货物周转量、仓储面积、货物流通加工量、货物配送量等。

物流服务销售量是指一定时期内企业实际销售的物流服务量，包括企业已向市场提供的货物运输量、货物周转量、货物仓储面积、货物流通加工量、货物配送量等。

物流服务适销率是指企业物流服务销售量与物流服务供应量之比，反映本企业物流服务的适销程度。该指标的数值越接近 1，说明企业的经营能力利用得越充分。

3. 反映物流企业市场竞争能力的统计指标

反映物流企业市场竞争能力的统计指标主要有市场占有率、主营业务收入增长率、合同履约率等。

市场占有率是指一定时期内物流企业的物流服务收入与市场物流服务总收入之比，反映企业在市场上所处的地位，是反映企业竞争能力的一项重要指标。

主营业务收入增长率是指物流企业报告期主营业务收入增长额与基期主营业务收入之比，反映主营业务收入的增长程度，是企业应极为关注的一个指标。

合同履约率是指企业按期实际交货量与合同规定交货量之比，反映物流企业的商业信誉，是反映企业市场竞争力的重要指标。

在分析本企业竞争能力的同时，还应计算主要竞争对手的市场竞争能力指标，做到“胸中有数”，为企业制定市场战略和竞争战略提供依据。

（二）物流业要素市场统计信息内容

物流业的生产经营活动离不开三大要素：劳动力、劳动对象和劳动资料。而三大要素的投入又离不开资金。因此，对劳动力、劳动对象和劳动资料的需求与供应的充分了解，对资金市场的充分了解，也是物流业投资决策、生产经营的先决条件。

1. 反映劳动力要素市场的统计指标

反映劳动力要素市场的统计指标主要有物流业所需从业人员的市场需求状况指标、物流业对各类从业人员的需求状况指标、物流业从业人员流动状况指标。

物流业所需从业人员的市场需求状况指标包括物流业各类从业人员的市场供应量、需求量及供需比率。供需比率是指某类人员的市场需求量与供应量之比。

物流业对各类从业人员的需求状况指标包括物流业的计划需求数、实际聘用数及需求满足率，其中，需求满足率是实际聘用数与计划需求数之比。

物流业从业人员流动状况指标包括物流业从业人员流入量、流出量、净流入量和流动率指标，其中，净流入量是指报告期物流业从业人员的流入量与流出量之差，流动率是指报告期物流业从业人员的流动数与报告期物流业从业人员的平均人数之比。

2. 反映劳动对象要素市场的统计指标

反映劳动对象要素市场的统计指标主要有原材料供应量、原材料需求量、原材料收入量、原材料需求满足率。

原材料供应量是指一定时期内市场某种原材料的供应总量。

原材料需求量是指一定时期内市场某种原材料的需求总量。

原材料收入量是指一定时期内实际收到并办理入库手续的某种原材料数量。

原材料需求满足率是指一定时期内原材料的收入量与其需求量之比，用以衡量购买的原材料对生产的保证程度。

3. 反映劳动资料要素市场的统计指标

反映劳动资料要素市场的统计指标主要有物流业生产经营领域所需设备的性能、价格、生命周期；物流业生产经营领域所需设备的市场供应量、市场需求量等。

4. 反映资金市场的统计指标

资金市场的统计指标主要用以管理控制企业的资金运作，以求充分发挥各类资金的效用，并用以预警企业资金运作的临界水平，以及时调整投资建设规模和生产经营策略。反映资金市场的统计指标主要有资金需求总量、资产总量、负债总量、借款总量、资金需求满足率、资产借款率等。

资金需求总量是指企业投资规划与生产经营所需全部资金的数量。满足资金需求总量的途径有自有资金的积累、发行股票和负债。

资产总量是指企业筹资告一段落后，由股权权益和负债组成的资金总额，通过投资建设、购置和留存现金等形成的资产总额。

负债总量是指企业除股东权益以外的债权人权益，包括长期负债和短期负债。

借款总量是指企业从银行或其他金融机构借入的金额，偿还期限在一年以上的属长期借款，偿还期限在一年以内的属短期借款。

资金需求满足率是指资产总量占资金需求总量的比率。该指标大于等于1时，说明企业筹资成功，具备了投资建设、生产经营的资金能力；该指标小于1时，说明企业筹资失败，只具备部分投资建设、生产经营的资金能力，必须继续积极组织筹资。

资产借款率是指企业借款总额占全部资产的比重。资产借款率的大小取决于资产负债率和负债借款率的变化，当企业资产负债率较小时，即企业的经营风险较小时，企业可扩大借款规模支持经营运作；反之，企业应压缩借款规模，相对降低经营风险。

二、物流业内部环境统计信息内容

（一）物流业投入产出统计信息内容

一定的生产经营成果是用一定的劳动消耗和劳动占用换来的。因此，物流统计既要统计物流业的生产经营成果，也要统计相应的劳动消耗和劳动占用。投入产出统计是物流统计的重点统计内容。

本教材将在第四章、第五章、第六章详细介绍物流业的投入产出统计分析方法，故在此不介绍投入产出统计指标的计算公式。

1. 物流业投入统计信息内容

物流业投入统计指标反映劳动力、劳动对象、劳动资料三大要素的投入规模和使用状况，只有将有限的投入充分利用，才能获得较好的经济效益。

（1）劳动力投入统计指标。

在生产的三大基本要素中，劳动力是具有决定性作用的一个要素。劳动力的规模、素质、组织安排的合理性和利用的充分性等，都将对物流业的生产经营和经济效益产生直接影响。劳动力投入统计指标主要包括劳动力投入数量统计指标、劳动力素质统计指标、劳动时间利用统计指标以及劳动报酬统计指标。

劳动力投入数量统计指标主要有从业人员期末人数、从业人员报告期平均人数等。

劳动力素质统计指标主要有从业人员平均文化程度、工人平均技术等级、管理人员平均素质等。

劳动时间利用统计指标主要有出勤率、出勤工时利用率、制度工时利用率等。

劳动报酬是指在报告期内直接付给本单位全部从业人员的劳动报酬总额，劳动报酬统计指标具体包括计时工资、计件标准工资、奖金和计件超额工资、津贴和补助、加班加点工资和其他工资等。

（2）劳动对象投入统计指标。

物流业在将物品从生产地送到客户手中的过程中，根据实际需要，将运输、储存、装卸、搬运、包装、流通加工、配送、信息处理等基本功能实施有机结合。因此，物流业的生产经营过程同时也是消耗物质资料的过程。如物流业的生产经营过程需消耗燃料、润滑油、包装材料等，这些都是物流成本的构成项目。因此，物流业应合理节约使用物质消耗材料和能源，从而降低成本，提高经济效益。物流统计应及时准确反映物质消耗材料和能源的收、支、存情况，为企业合理安排生产经营和组织物质消耗材料和能源的供应提供依据。反映劳动对象投入的统计指标主要有原材料及能源收入量、原材料及能源消费量、原材料及能源拨出量、原材料及能源库存量等。

（3）劳动资料投入统计指标。

物流业的劳动资料主要包括其使用的各种机器设备、运输设备、装卸搬运设备、仓储设备、自动分拣设备、集装单元化器具、包装设备、房屋、工具器具等。物流业的劳动资料是进行物流活动、提高物流系统效率的主要手段。

反映物流业劳动资料投入的统计指标主要有固定资产原值、固定资产净值、仓库数量、仓库面积、各类设备数量、实有设备使用率、使用设备完好率、设备能力利用率等。

2. 物流业产出统计信息内容

物流业投入各种生产要素的目的就是为了获取产出。在市场经济条件下，物流业应以利润为中心，凭借物流产出参与市场竞争。因此，正确统计物流业的产出数量对认识物流业的竞争能力、调整物流业生产经营策略具有重要意义。反映物流业产出状况的统计指标有实物量指标、价值量指标、物流服务质量指标等。

(1) 实物量指标。

实物量指标是反映物流产出的最基本的指标，能较直观地反映物流业的运输能力、储存能力、配送能力以及流通加工能力等，是反映物流业生产经营规模的重要指标。物流服务实物量指标主要有货物运输量、货物周转量、货物存储量、货物配送量、货物流通加工量等。

(2) 价值量指标。

价值量指标具有广泛的综合性和概括性。物流业价值量指标主要有：社会物流总额、物流相关行业业务收入、物流业增加值、物流企业总产出、主营业务收入额、利润等。

(3) 物流服务质量指标。

现代物流管理的实质就是以顾客满意为基础，向物流需求方有效地、迅速地提供物品。因此，必须重视物流服务质量的管理。反映物流服务质量的统计指标主要有：仓库管理质量指标、运输服务质量指标以及配送服务质量指标等。

反映仓库管理质量的统计指标主要有物品收发正确率、物品完好率、库存物品缺损率、货损货差赔偿费率等。

反映运输服务质量的统计指标主要有正点运输率、货物完好送达率、运输损失率等。

反映配送服务质量的统计指标主要有缺货率、延误率、货损货差率等。

(二) 物流企业经济效益统计信息内容

在市场经济条件下，经济效益是物流企业的生存之本。物流企业只有在其投入产出比率在同行中占据领先地位才能在市场竞争中立于不败之地。对物流企业的经济效益进行全面、正确的定量反映，并做出科学、客观的评价，这对于物流企业更好地认识自身的经济效益水平，寻求提高物流企业经济效益的措施和途径，具有十分重要的意义。

物流企业经济效益评价统计指标体系应能反映物流企业的盈利能力、营运能力、产出效率以及发展能力。

反映物流企业盈利能力的统计指标主要有总资产贡献率、净资产收益率等。

反映物流企业营运能力的统计指标主要有应收账款周转率、总资产周转率、流动资产周转率等。

反映物流企业产出效率的统计指标主要有成本费用利润率、全员劳动生产率等。

反映物流企业发展能力的统计指标主要有资本保值增值率、主营业务增长率等。

第二节　物流统计信息的采集方法

物流统计最根本的职能是信息职能。实现信息职能的核心在于准确、及时、全面地收集、整理、提供、积累物流业生产经营所需要的一切信息。只有这样，才能为决策者提供正确的决策依据，产生预期的效用。因此，物流统计工作者不仅要熟悉现代物流业在市场经济运行中所需信息的领域、项目及内容，而且必须利用科学的统计方法采集信息，利用先进的技术手段分析所采集的信息。这样，从宏观层面来说，才能采集到能满足做好社会物流统计工作、加强物流基础管理、增强物流宏观决策的准确性和科学性的统计信息；从微观层面来说，才能采集到能满足物流企业经营管理需要的统计信息。

一、物流统计信息的来源

（一）宏观物流统计信息的来源

社会物流统计分析是指运用统计分析方法对物流经济活动，从定性与定量相结合的角度进行研究的活动。通过对社会物流统计资料的科学分析和综合研究，有利于掌握物流产业经济活动的特征和内在规律，达到对社会物流活动的理性认识。

社会物流统计分析所需的有效资料一般包括政府的重大经济政策与措施、生产统计资料、金融物价统计资料、贸易统计资料、每年国民收入统计与景气动向、突发性非经济因素等。这些资料来源主要有：

（1）电视、广播、报纸、杂志等发布的世界经济动态与国内经济大事。

（2）政府部门与经济管理部门，省、市、自治区公布的各种经济政策、计划、统计资料和经济报告，各种统计年鉴等。如《中国统计年鉴》《中国经济年鉴》《中国物流年鉴》《经济白皮书》等。

（3）各主管公司、行业管理部门收集和编制的统计资料。

（4）部门与企业内部的原始记录。

（5）各预测、情报和咨询机构公布的数据资料。

（6）国家和省市领导人报告或讲话中的统计数字和信息等。

我国社会物流统计调查涉及的相关行业有铁路货物运输业，道路货物运输业，水上货物运输业，航空货物运输业，管道运输业，装卸搬运业，货运代理业，仓储业，国家邮政，其他寄递服务，配送、流通加工、包装业，商务服务业等。这些物流相关行业是宏观物流统计信息的调查对象，有义务为政府统计部门及中国物流与采购联合会物流信息中心提供有关统计信息。物流各相关行业的统计范围如下。

1. 铁路货物运输业

指铁路货运及相关的调度、信号、机车、车辆、检修、工务等活动。

2. 道路货物运输业

指所有道路的货物运输，包括普通货运、特殊货运及专用货运。

3. 水上货物运输业

指从事水上货物运输的活动，包括远洋货运、沿海货运及内河货运。

4. 航空货物运输业

指以货物或邮件为主的航空运输活动，包括专营货物、邮件等航空运输活动以及客运同机以运货为主的航空运输活动。

5. 管道运输业

指通过管道对气体、液体等的运输活动，包括原油、成品油、天然气等管道运输活动。

6. 装卸搬运业

指货物的装卸活动，包括港口内独立的非船舶装卸服务、机场内独立的非飞机装卸服务、火车站内独立的非火车装卸服务以及道路运输货物装卸服务等。

7. 货运代理业

指专门从事托运和货运委托业务的企业，主要起到衔接货主和运输企业的中介作用，包括公路、水路、铁路、航空等单项货物运输代理，各种联运代理以及为客户提供货物、运输、装卸、仓储及相关服务的物流代理服务。

8. 仓储业

指专门从事货物仓储、货物运输中转仓储的活动，包括谷物、棉花等农产品仓储，冷库、易燃品储藏库，各类物资仓库、堆场以及商业流通仓库等。

9. 国家邮政

指国家邮政局系统提供的邮政货物收集、运输、发送服务。

10. 其他寄递服务

指国家邮政系统以外的单位为客户提供的包裹、小件物品的收集、运输、发送服务。

11. 配送、流通加工、包装业

指在批发、零售环节中根据用户的需要进行配送、流通加工、包装业务服务的企业。如包装、计量、组装等作业和商品的分包、保鲜、贴商标、加盖印记等服务。

12. 商务服务业

指有偿或按协议为客户提供的包装服务。

（二）物流企业统计信息的来源

物流企业的统计信息主要来自两方面，一是物流企业外部信息，二是物流企业内部信息。

1. 物流企业外部信息的来源

（1）物流企业外部间接统计信息的采集源。

企业外部间接统计信息是指公开出版和不公开出版的各种年鉴和资料汇编，即经前人收集、整理、加工过的现有统计资料，故又称为次级统计资料或第二手统计资料。间接统计信息来源非常丰富，采集方便、费用低廉、可信度高。尤其是政府部门出版的统计资料具有权威性、系统性、连续性、准确性等特点，能满足物流企业对非时效性统计信息的需要，特别是能满足现代物流企业对宏观统计信息的需求。但是，间接统计资料的编集意图、分类体系是按照编者自己的目的和意图编写的，不可能完全适用于物流企业对统计信息的需求。因此物流企业统计必须对间接统计资料进行再加工整理，使其成为符合本企业特定需求的统计信息。

企业外部间接统计信息的采集源包括：政府部门的统计机构、图书馆、档案馆、行业协会、学术团体、高等院校、研究机构、国际财团、专业咨询机构以及公开出版的报纸、杂志等。在当今信息时代，国际、国内的信息网络为物流企业提供了相当便捷的间接统计信息的采集手段，通过联网可以随时检索国内外的权威数据库。我国国家统计局的商业综合统计数据库，国家经济信息中心的国家宏观经济数据库、中国物流与采购联合会物流信息中心等都可为物流企业提供大量的统计信息。

（2）物流企业外部直接统计信息的采集源。

企业外部直接统计信息是指物流企业派统计人员或委托专业调查公司采集来自调查对象的原始记录并经整理汇总所得的统计资料。直接统计信息又称为初级统计资料或第一手统计资料。直接统计信息主要来源于市场调查。由于直接统计信息是物流企业统计部门根据特定需要直接从物流服务的客户市场和物流服务的供应市场采集的，所以，采集到的大量的统计信息具有很强的针对性、适用性、时效性。但是，直接统计信息的采集需要投入较多的人力和时间，故费用相对较高。

直接统计信息的调查采集对象包括：物流市场的物流服务需求者和物流服务供应者。

2. 物流企业内部统计信息来源

（1）物流企业内部间接统计信息的采集源。

物流企业内部有三大核算，即会计核算、业务核算、统计核算。其中，会计核算是以货币为最终计量单位，连续系统记录企业经济活动全过程与成果，并予以计算、报告的一种核算方式。会计核算的主要任务是填制和审核会计凭证、设置账户和记账、计算成本和费用、清产核资、编制会计报表等。会计核算侧重于报告期企业资金运作的核算，用以反映和监督企业经济活动，是企业生产经营管理的根本手段。业务核算是对企业经济业务和技术业务分别进行记录和计算，从而取得核算资料的一种核算方式。物流企业经济业务核算一般包括与外界发生往来的供销业务结算、企业内部生产经营活动产生的工料费业务结算等。物流企业技术业务核算则是指生产经营活动中有关技术方面的各种记录及其计算。业务核算的主要任务是填制各种原始凭证、登录经济业务和技术业务台账、提供经济分析和技术分析基础数据、编制技术经济报表等。业务核算侧重于报告期企业劳动力、材料物资、设备、技术、信息等要素运作的核算，用以反映和监督企业生产经营活动，是企业生产经营管理的重要手段。

会计核算、业务核算、统计核算从不同方面反映了物流企业的经营、管理以及技术状况，是企业内部间接统计信息的采集源。具体来说，企业内部间接统计信息的采集源包括本报告期的会计核算资料和业务核算资料、本报告期以前各期的会计核算和业务核算资料以及本报告期以前各期的统计核算的历史资料。

物流企业内部间接统计信息中的会计核算资料由物流企业财务会计部门提供，业务核算资料由物流企业其他各相关职能部门提供，统计核算的历史资料由物流企业统计信息中心或综合统计部门提供。因此，包括统计职能部门在内的所有职能部门既是间接统计信息的生产者，又是间接统计信息的消费者。

(2) 物流企业内部直接统计资料的采集源。

物流企业内部直接统计资料是指由物流企业统计部门、各职能部门直接派统计人员或由生产经营现场记录核算岗位的工作人员在物流企业生产经营现场直接记录、计算的数据信息。例如：领料单、派工单、加工单、物流工作量记录单、货物入库单、货物出库单、工时记录单、出勤记录单、发票、收据等原始记录。即按一定表式对生产经营管理活动所作的最初记录。这些原始资料经分门别类，按时间顺序登录，整理在专门的账册或表卡中，则形成不同层次的各种统计台账。然后，根据生产经营管理的需要，编制成不同层次、不同种类的统计报表。物流企业内部直接统计资料是企业统计核算的重要信息来源，但因需投入较多的人力和时间，故费用相对较高。

二、原始记录与统计台账

物流企业的原始记录和统计台账，是编制物流企业统计报表的重要基础。

(一) 原始记录

1. 原始记录的特点

原始记录是通过一定的表格方式，对企业各项生产经营活动所做的最初的数字（或文字）记录。它是企业各项生产经营活动的客观反映，是未经过加工整理的第一手资料。原始记录有如下特点：

(1) 广泛性，它记载着企业生产经营活动的各个方面的情况。

(2) 真实性，它如实、准确地登记生产经营活动中发生的具体事实。

(3) 经常性，它要对企业生产经营活动进行及时、经常的登记。

(4) 涉及面广，它由参加各项生产经济经营活动的人员分别记录。

2. 原始记录的作用

(1) 原始记录是企业进行经济核算的依据，也是统计核算、会计核算、业务核算的共同资料来源。原始记录是否准确、及时、全面，直接关系到各种统计报表、会计报表、技术经济报表的数据质量。

(2) 原始记录是企业实行经营决策和科学管理的基础。经营决策，需要了解和掌握有关生产经营各个方面的信息；科学管理，需要通过各项制度、各种定额和计划工作，把企业的各项经营活动、各个环节科学地组织起来，有秩序地进行生产经营活动。所有这些都离不开原始记录。

(3) 原始记录是贯彻企业内部各项经济责任制的依据。实行企业内部各项经济责任制，一般都要围绕企业生产经营的最终目标，设计一整套生产技术和经营管理的中间目标。然后分系统、分层次地分解下去，形成许多小目标和小指标，而考核这些小指标、小目标时都需要有健全的原始记录为依据。

3. 原始记录的管理

原始记录的管理，应遵循统一领导、分工负责的原则。统一领导，是指原始记录的制定、颁发、管理、改进、贯彻应由企业的综合统计部门和会计部门共同负责，会同有关职能部门、基层单位有计划地进行，以保证企业原始记录的统一和协调。分工负责，是指企业各个职能部门分别负责和管理本部门范围内的原始记录的填写、检查，以及汇总整理工作。

物流企业原始记录设计举例（见表 2-1、表 2-2）。

表 2-1　　××物流企业货物入库单

供货商名称：　　　　　　年　　月　　日

运单号	货物名称	规格型号	单位	实收数量	单价（元）	总金额（元）	备注

表 2-2　××物流企业收发货物路单

发日：　第____号　收日：

序号	货物号码	原寄单位	接收单位	件数	单价（元）	金额（元）	备注
1							
2							
3							
4							
5							
6							
7							
合计							

寄发人签章：　接收人签章：

（二）统计台账

1. 统计台账的特点

统计台账是根据统计整理和统计分析的要求而设置的一种汇总资料和积累资料的账册。统计台账的特点如下：

（1）统计台账的资料的来源，不仅来源于原始记录，还来自各种计算表、汇总表等；

（2）统计台账按时间顺序，对统计资料进行系统的登记；

（3）统计台账是企业统计人员为积累统计资料，开展统计分析而设置的一种工具。

2. 统计台账的作用

（1）统计台账把统计资料的加工和整理工作分散在平时来做，做到日清月结，按时汇总，防止忙中出错，以保证准确、及时地编制各种统计报表；

（2）统计台账把统计资料加以分类、综合，按日、月、季和全年进行登记，既便于系统地积累资料，又能适应开展分析研究的多方需要。

物流企业统计台账设计举例（见表 2-3、表 2-4）。

表 2-3　××物流公司××项目物流费用统计台账

2017 年		订单号	运单号	目的地	件数	重量	配送费		提货费（元）	仓储费（元）	应扣款（元）	结算款合计（元）
月	日						费率	金额（元）				
8	1											
8	2											

续 表

2017年		订单号	运单号	目的地	件数	重量	配送费		提货费（元）	仓储费（元）	应扣款（元）	结算款合计（元）
月	日						费率	金额（元）				
8	3											
8	4											
8	5											
8	6											
8	7											
⋮	⋮											
8	31											

表 2－4　　××物流公司××项目配送结算统计台账

2017年		省内配送件数	金额（元）	省外配送件数	金额（元）	合计	
月	日					件数	金额（元）
8	1						
8	2						
8	3						
8	4						
8	5						
8	6						
8	7						
⋮	⋮						
8	31						

三、物流企业统计报表

物流企业统计报表是定期搜集和整理本企业经济活动资料的主要调查方法，是根据原始记录或统计台账的资料汇总编制的。物流企业统计报表可分为企业内部综合统计报表和企业上报政府统计机构和主管部门的统计报表。通过企业统计报表，对收集到的资料进行汇总加工、综合整理和分析研究，可为企业决策者了解企业经营状况、编制计划、改善经营、预测决策提供可靠依据；可按统计法规定，为政府统计机构和主管部门提供本企业经济活动资料。

物流企业内部综合统计报表举例（见表 2－5、表 2－6）。

表 2－5　　××配送中心库存日报表

填表时间：　年　月　日

货物名称	生产批号	单位	入库数量	出库数量	库存数量	本月累计入库数量	本月累计出库数量

业务受理员：　　　　　　　　库管员：

表 2－6　　××物流中心主营业务收入月报

年　月　　　　单位：元

客户名称	运输收入	仓储收入	流通加工收入	配送收入	包装收入	合计

物流企业上报政府统计机构和主管部门的统计报表举例（见表 2－7）。

表 2－7 **物流企业经营情况**

表　　号：物流统调 1－2 表
制表机关：国家发展和改革委员会
　　　　　中国物流与采购联合会
批准机关：国家统计局
文　　号：国统制〔2015〕148 号
有效期至：2016 年 12 月

201　年 1—　月

法人单位名称：
组织机构代码：□□□□□□□□－□

指标名称	计量单位	代码	本期	上年同期	指标名称	计量单位	代码	本期	上年同期
货运量	吨	01			流通加工成本	万元	20		
周转量	吨公里	02			包装成本	万元	21		
配送量	吨	03			信息及相关服务成本	万元	22		
流通加工量	吨	04			货代业务成本	万元	23		
包装量	吨	05			一体化物流业务成本	万元	24		
装卸搬运量	吨	06			仓储成本	万元	25		
吞吐量	吨	07			运输成本	万元	26		
物流业务收入	万元	08			其中：燃油成本	万元	27		
其中：配送收入	万元	09			装卸搬运成本	万元	28		
流通加工收入	万元	10			管理成本	万元	29		
包装收入	万元	11			物流人员劳动报酬	万元	30		
信息及相关服务收入	万元	12			物流业务利润额	万元	31		
货代业务收入	万元	13			物流业务营业税金及附加	万元	32		
一体化物流业务收入	万元	14			资产总计	万元	33		
仓储收入	万元	15			流动资产合计	万元	34		
运输收入	万元	16			负债合计	万元	35		
装卸搬运收入	万元	17			固定资产折旧	万元	36		
物流业务成本	万元	18			固定资产投资完成额	万元	37		
其中：配送成本	万元	19							

单位负责人：　　　　填表人：　　　　电话：　　　　报出日期：201　年　月　日

说明：1. 本表由本制度选定的物流业独立法人企业填报，去年同期数据只限本年度新增企业填报；
2. 物流企业经营情况表主要调查物流企业的物流经营活动情况；
3. 本表为月报，月度报送时间为次月 10 日前，12 月报表报送时间为年后 1 月底前；
4. 审核关系（略）。

本章小结

本章主要介绍了物流统计信息内容以及物流统计信息的采集源与采集方法。

物流统计最根本的职能是信息职能。实现信息职能的核心在于准确、及时、全面地收集、整理、提供、积累物流业生产经营所需要的一切信息。物流业生产经营管理需要掌握物流业外部环境统计信息和内部环境统计信息。

物流业外部市场统计信息可分为两种：一种是物流服务要进入的销售市场的信息，简称产出市场信息；另一种是物流业生产经营必须购买的各种生产要素市场的信息，简称要素市场信息。物流业内部统计信息包括企业投入产出统计信息和企业经济效益统计信息。

物流统计信息的来源分为宏观物流统计信息的来源和物流企业统计信息的来源。宏观物流统计分析所需的有效资料一般包括政府的重大经济政策与措施；生产统计资料；金融物价统计资料；贸易统计资料；每年国民收入统计与景气动向；突发性非经济因素等。物流企业的统计信息来源主要来自两方面，一是物流企业外部信息，二是物流企业内部信息。物流企业外部统计信息的来源包括企业外部间接统计信息的采集源以及企业外部直接统计信息的采集源。物流企业内部统计信息来源包括企业内部间接统计信息的采集源和企业内部直接统计资料的采集源。

思考与练习

1. 物流业生产经营管理需要掌握哪些信息？
2. 物流业外部市场统计信息包括哪些内容？
3. 物流业内部统计信息包括哪些内容？
4. 简述物流统计信息的来源。
5. 简述宏观统计信息的来源。
6. 我国社会物流统计调查涉及的相关行业有哪些？
7. 企业统计信息来源有哪两种分类，各有什么特点？
8. 企业外部直接统计信息的采集源和间接统计信息的采集源各包括哪些对象？

第三章 物流市场预测

教学目的与要求

预测是对未来现象或状态的变化作出估计，是一门重要的实用科学。科学的预测基于对客观规律的深刻认识，正确探求和揭示客观现象的内在联系和变动趋势，是企业掌握市场未来的发展趋势、制定企业未来发展战略的必要手段。物流市场预测则是对物流企业供应市场、需求市场以及物流发展趋势等进行预测。物流市场预测的方法很多，基本上可以归纳为定性分析法和定量分析法两大类。正确的物流市场预测可以向物流企业提出风险警示，为物流企业制订应急方案提供依据，使物流企业既可以抓住市场机会，也可以避开市场风险，减少风险给物流企业经营活动造成的不良影响，使物流企业准确了解新的利润增长点，提高物流企业资源的有效使用水平，避免资源的浪费，有利于提高物流企业经营效率。通过本章的学习，要求学生：①掌握定性预测法中的头脑风暴法及德尔菲法，以便在资料缺乏或难于进行定量分析时应用于中长期预测；②熟练掌握基本的定量预测法，如时间序列预测法及回归预测分析法，以便在掌握物流企业投入产出市场统计信息、全面了解物流企业经营状况的基础上，正确探求和揭示客观现象的内在联系和变动趋势，对物流企业的物流供应市场、需求市场以及物流发展趋势等进行预测。

第一节 定性预测法

定性预测法是常用的统计分析方法。它通过调查研究，利用直观材料，根据预测者的主观判断和综合分析能力，对现象的未来状况进行预测分析，又称为判断预测法、直观预测法、经验预测法等。

定性预测法具有简便易行、经费少、时间短、效率高的优点，在对预测对象的性质判断及其发展趋势大方向预测方面，都有比较好的效果。但由于定性预测法主要是凭借预测者的个人主观判断，存在对预测者的依赖性大、缺乏足够的数据信息和相互交流、在预测结果上不够精确、缺乏说服力的缺陷。因此，定性预测法适合在资料缺乏或难于进行定量预测时应用，一般适用于中长期预测。

常用的定性预测方法有头脑风暴法、德尔菲法、主观概率法、决策树法等。本章主要介绍头脑风暴法和德尔菲法。

一、头脑风暴法

头脑风暴法是一种通过专家小组会议形式，使每位与会专家畅所欲言，鼓励大家提出新思想、新观点、新方法，并促使大家讨论、争鸣和交流，以便相互启发，使与会专家产生更多更好的主意和想法。这种方法的实质是通过相互讨论，产生思维共振，激发与会专家的灵感，激发大家的创见性，以获得有价值的具有新意的观点、思想和创意。

头脑风暴法可分为直接头脑风暴法和质疑头脑风暴法。直接头脑风暴法是根据一定的规划，通过共同讨论具体问题，发挥宏观智能结构的集体效应，进行创造性思维活动的一种集体评估、预测的方法。质疑头脑风暴法是一种同时召开两个专家会议，集体产生设想的方法。第一个会议完全遵从直接头脑风暴法的原则，而第二个会议则是对第一个会议提出的设想进行质疑。

组织头脑风暴会议，一般应注意遵守以下原则。

(1) 与会专家的选择与会议分析的决策问题的性质既要一致，同时又要注意选择具有不同特长的专家参加。如与会专家中，既要有方法论学者，又要有擅长理论分析的专家，还要包括有丰富实践经验的专家。

(2) 与会专家最好互不相识，会上不公布专家所在的单位、年龄、职称和职务，让每一位与会专家感觉到大家都是平等的，便于大家在讨论时不会因某些已知的信息（如其他与会专家的职务、职称等）而影响自己观点和思想的表达和陈述。

(3) 要创造自由的、无拘无束的会议环境。会议主持人应说明会议的召开方式及特点，使与会专家没有任何顾虑，做到畅所欲言，最大限度地激发头脑思维，使与会专家真正产生思维共鸣与相互启迪。

(4) 鼓励与会专家对已经提出的想法进行修正和完善。

(5) 主持人还应在适当的时候做诱导性发言，尽量启发专家的思维，引导与会专家开展讨论和提出质疑。

【例 3-1】 某大型物流企业对新设一个配送中心的配送量进行预测，邀请甲、乙、丙三位专家开会，要求各位专家针对新设一个配送中心的月配送量可能出现的好、一般、较差三种状态发生的概率、状态值做出预测。为计算简单起见，特设计只邀请三位专家，三位专家月配送量（单位：万吨）预测意见如表 3-1 所示。

表 3-1　　三位专家月配送量预测意见

专家姓名	状态值						期望值（万吨）
	好（万吨）	概率	一般（万吨）	概率	较差（万吨）	概率	
甲	60000	0.2	55000	0.6	50000	0.2	55000
乙	58000	0.3	54000	0.5	39000	0.2	52200
丙	62000	0.1	58000	0.5	50000	0.4	55200

解：将三位专家的预测意见整理为一个综合预测值。

$$预测值=\frac{55000+52200+55200}{3}\approx 54133\text{（万吨）}$$

头脑风暴法的缺点：一是影响因素复杂，在专家会议上，专家可能出于对社会因素、人际关系因素、情感因素的考虑而不能畅所欲言，从而影响预测结果；二是由于对预测者的依赖性大、缺乏足够的数据信息和相互交流等，存在预测结果上不够精确、缺乏说服力的缺陷。

二、德尔菲法

德尔菲法是在专家个人判断和专家会议方法的基础上发展起来的一个直观预测方法。其实质上是一种专家预测意见分析法，通过选定与预测分析课题有关的领域和专家，与专家建立直接信函联系，通过信函（通常设计成调查表格或问卷）收集专家意见，然后加以综合、整理，再匿名反馈给各位专家，再次征求意见，这样反复经过四五轮，逐步使专家的意见趋于一致，最后获得结论性的意见。

德尔菲法的一般预测程序如下。

第一步：提出要求，明确预测目标，用书面通知被选定专家、专门人员。这里，选择专家是关键。一般指掌握某一特定领域知识和技能的人且专家人数不宜过多，以8～20人为宜。要求每一位专家讲明有什么特别资料可用来分析这些问题以及这些资料的使用方法。同时，也向专家提供有关资料，并请专家提出进一步需要哪些资料。

第二步：专家接到通知后，根据自己掌握的知识和经验，对物流市场的未来发展趋势提出自己的预测，并说明依据和理由，书面答复主持预测的单位。

第三步：主持预测单位或领导小组根据专家的预测意见加以归纳整理，对不同的预测值，分别说明其依据和理由（根据专家意见，但不注明是哪个专家的意见），然后再寄给各位专家，要求专家修改自己原有的预测，以及提出还有什么要求。

第四步：专家在接到第二次通知后，就各种预测意见及其依据和理由进行分析，再次进行预测，提出自己修改的预测意见及其依据和理由。如此反复征询、归纳、修改，直到意见基本一致为止，修改的次数，根据需要决定。一般进行到第四轮，专家的预测意见会趋于一致。在此基础上，主持单位可以得到关于物流市场预测问题的最终结论意见。

德尔菲法具有以下三个特点。

一是反馈性。反馈性表现在多次作业、反复、综合、整理、归纳和修正，但不是漫无边际，而是有组织、有步骤地进行。

二是匿名性。由于专家是背靠背提出各自的意见的，因而可避免心理干扰影响。把专家看成是一架电子计算机，脑子里储存着许多数据资料，通过分析、判断和计算，可以确定比较理想的预测值。

三是统计性。对各位专家的估计和预测数进行统计，然后采用平均数或中位数统计出量化结果。

德尔菲法的最大优点是简明直观，操作容易，其预测的准确性和可靠性都比较令人满意，实际应用价值较高。

【例 3-2】 某配送中心聘请了 9 位专家预测该配送中心的小天鹅洗衣机月配送量，预测组织者发给各位专家书面资料，让他们提出个人对洗衣机月配送量的预测意见。经过三次反馈，得出结果如表 3-2 所示。

表 3-2　　专家意见反馈综合表　　单位：台

专家编号	第一次判断			第二次判断			第三次判断		
	最低	可能	最高	最低	可能	最高	最低	可能	最高
1	1000	1500	1800	1200	1500	1800	1100	1500	1800
2	400	900	1200	600	1000	1300	800	1000	1300
3	800	1200	1600	1000	1400	1600	1000	1400	1600
4	1500	1800	3000	1200	1500	3000	1000	1200	2500
5	200	400	700	400	800	1000	600	1000	1200
6	600	1000	1500	600	1000	1500	600	1200	1500
7	500	600	800	500	800	1000	800	1000	1200
8	500	600	1000	700	800	1200	700	800	1200
9	800	1000	1900	1000	1100	2000	600	800	1200
平均数	700	1000	1500	800	1100	1600	800	1100	1500

(1) 如果按照 9 位专家第三次判断的平均值计算，则预测该配送中心的小天鹅洗衣机月配送量为：

$$\frac{800+1100+1500}{3}=1133\text{（台）}$$

(2) 将最可能月配送量、最低月配送量和最高月配送量分别按 0.50、0.20 和 0.30 的概率加权平均，则预测该配送中心的小天鹅洗衣机月配送量为：

$$1100\times0.50+800\times0.20+1500\times0.30=1160\text{（台）}$$

(3) 用中位数计算。

首先，可将第三次判断预测值由低到高排序如下。

最低月配送量（台）：600　600　600　700　800　800　1000　1000　1100。

最可能月配送量（台）：800　800　1000　1000　1000　1200　1200　1400　1500。

最高月配送量（台）：1200　1200　1200　1200　1300　1500　1600　1800　2500。

其次，分别确定以上三组数据的中位数，即处于各组数据中点位置的那些变量值。最可能月配送量、最低月配送量和最高月配送量的中位数分别为1000台、800台、1300台。最后，将最可能月配送量、最低月配送量和最高月配送量的中位数1000台、800台、1300台按0.50、0.20和0.30的概率加权，则预测该配送中心的小天鹅洗衣机月配送量为：

1000×0.50＋800×0.20＋1300×0.30＝1050（台）

德尔菲法也存在一些缺点：一是预测的主持人需要进行多次专家预测意见的收集和反馈，反复进行文字、图表和资料的整理，费时费力；二是如果预测方案或意见征询调查表格设计不合理，则会给预测工作带来很大困难。

第二节　定量预测法

定量预测法是根据历史数据，应用数理统计方法，预测现象的发展状况，或是利用现象内部因素发展的因果关系，推测现象未来变化的趋势。

定量预测的方法很多，常用的有回归预测法、时间序列分解法和趋势外推法、时间序列平滑预测法、景气预测法、灰色预测法等。本章主要介绍时间序列预测法和回归预测法。

一、时间序列预测法

时间序列预测法是将历史数据按时间顺序排列起来，构成时间序列，并以此为依据，推算现象未来的发展状况。时间序列分析法承认现象发展的连续性，并认为过去的状况会延续到未来。由于这种方法是把时间顺序作为随机变量序列，将一段时间的数据加以算术平均或加权算术平均，因而排除了偶然性因素数据的干扰和影响，显示现象未来发展的趋势。它着重研究现象发展的内因，因而只能在外界影响比较稳定的条件下使用，适用于短期预测。

常用的时间序列预测法有简单算术平均法、加权算术平均法、移动平均法、指数平滑法、季节指数法和趋势方程法。

（一）简单算术平均法

简单算术平均法是一种最简单的时间序列预测法，主要适用于那些变化比较稳定的现象。其基本思路是把现象前几个月（或日、周、旬、季、年等）的数值的平均值，作为后一个月的预测值。

设x_t为第t期的发生值，$t=1$，2，…，n，则第（$t+1$）期的预测值y_{t+1}可以由下式确定：

$$y_{t+1}=\frac{x_t+x_{t-1}+\cdots+x_{t-n+1}}{n}\qquad(t\geqslant n)\qquad(3-1)$$

式（3－1）中，n是用于进行平均的相连的发生值的个数，它直接影响预测值的大小。一般来说，n越多，平滑的效果越强，预测值越挨近序列的总平均值；n越少，平滑的效果越弱，预测值越远离序列的总平均值。

简单算术平均法的预测特点主要有两个：一是只能够预测紧挨着的后一个时间段的数值；二是在求预测值时，把用于进行平均的相连的发生值平等看待，不考虑随时间发展的变化趋势。

【例 3-3】 经调查得出某商场 2017 年前八个月用户的配送车次如表 3-3 所示，试预测该商场 9 月的配送车次。

表 3-3　　某商场 2017 年前八个月用户的配送车次

月份 t	1	2	3	4	5	6	7	8
配送车次 x_t	10	12	11	10	8	9	10	12

从表 3-3 可以看出，该商场 2017 年前八个月用户的配送车次是一个变化比较稳定的数列，可以用简单算术平均法。

若 $n=3$，则：

$$y_9=\frac{x_8+x_7+x_6}{3}=\frac{12+10+9}{3}\approx 10.3$$

若 $n=4$，则：

$$y_9=\frac{x_8+x_7+x_6+x_5}{4}=\frac{12+10+9+8}{4}=9.75$$

若 $n=5$，则：

$$y_9=\frac{x_8+x_7+x_6+x_5+x_4}{5}=\frac{12+10+9+8+10}{5}=9.8$$

可见，n 的取值不同，预测的结果也是不同的。由于最后几个月的配送车次呈上升趋势，所以 9 月的预测结果取最大的为好，取 $y_9=10.3$。又因为配送次数属离散变量，只能取整数，所以，最终预测结果是该商场 9 月的配送车次为 11 车次。

（二）加权算术平均法

在采用简单算术平均法求预测值时，是把用于进行平均的相连的发生值平等看待，没有考虑现象随时间发展的变化趋势，当现象存在明显变化趋势时，会影响预测结果的准确性。如【例 3-3】中，某商场根据前几个月的配送车次数据预测 9 月的配送车次时，越靠近 9 月的数据对预测 9 月的配送车次的作用要更大一些；而越远离 9 月的数据对预测 9 月的配送车次的作用要更小一些。也就是说，某商场 9 月配送车次的预测值应当比较靠近 8 月、7 月、6 月的数据，而比较偏离 1 月的数据。因此，在进行预测时，应考虑到这一因素。

为了弥补简单算术平均法的不足，可采用加权算术平均法。

所谓加权算术平均法，就是考虑到现象随时间发展的变化趋势，对用于进行平均的相连的发生值，根据它们各自对于预测值的重要程度分别设置重要度权数，然后，将它们加权平均来求得预测值的预测方法。

若设 n 个发生值的权数分别为 f_1、f_2、…、f_n，则采用加权算术平均法来计算预测值时，可采用下列公式：

$$y_{t+1}=\frac{f_1x_t+f_2x_{t-1}+\cdots+f_nx_{t-n+1}}{f_1+f_2+\cdots+f_n}\qquad(t\geqslant n)\qquad(3-2)$$

加权算术平均法的预测特点主要有两个：一是适用于渐增或渐减的数列；二是只能由前 n 期的数值求出后一期的预测值。

【例 3-4】 根据【例 3-3】资料，采用加权算术平均法进行预测。

若取 $n=3$，8 月、7 月、6 月数据的权数分别为：$f_1=3$、$f_2=2$、$f_3=1$，即越靠近 9 月的序列值权数越高，则：

$$y_9=\frac{f_1x_8+f_2x_7+f_3x_6}{f_1+f_2+f_3}=\frac{3\times12+2\times10+1\times9}{3+2+1}\approx10.83$$

若取 $n=4$，8 月、7 月、6 月、5 月数据的权数分别为：$f_1=4$、$f_2=3$、$f_3=2$、$f_4=1$，则：

$$y_9=\frac{f_1x_8+f_2x_7+f_3x_6+f_4x_5}{f_1+f_2+f_3+f_4}=\frac{4\times12+3\times10+2\times9+1\times8}{4+3+2+1}=10.4$$

若取 $n=5$，8 月、7 月、6 月、5 月、4 月数据的权数分别为：$f_1=5$、$f_2=4$、$f_3=3$、$f_4=2$、$f_5=1$，则：

$$\begin{aligned}y_9&=\frac{f_1x_8+f_2x_7+f_3x_6+f_4x_5+f_5x_4}{f_1+f_2+f_3+f_4+f_5}\\&=\frac{5\times12+4\times10+3\times9+2\times8+1\times10}{5+4+3+2+1}\\&=10.2\end{aligned}$$

由于对用来进行平均的相连的发生值，根据它们各自对于预测值的重要程度分别设置了权数，因此，与前一个例子的预测值相比，后一个例子的预测值分别都有所升高。

（三）移动平均法

在简单算术平均法和加权算术平均法中，只能由前 n 期的数值求出后一期的预测值，一次只能够预测一个时期的数值。因此，难以预测比较长远时段的预测值和发展变化规律。如果要预测比较长远时段的预测值和发展变化规律，可以采用移动平均法预测。

所谓移动平均法就是利用序时平均的方法，对原有时间序列逐项移动，计算一系列序时平均数，从而形成一个派生的序时平均数时间序列，以反映现象发展变化的长期趋势。移动平均法假定预测现象的未来状况只与较近几期状况有关，因而只选用近期的几个数据加以算术平均，以预测下期的数据。

移动平均法可分为一次移动平均法和二次移动平均法两种。一次移动平均法适用于移动平均的项数为奇数项；二次移动平均法适用于移动平均的项数为偶数项。本章主要介绍一次移动平均法。

假定，已知近三个月数据分别为 x_1、x_2、x_3，那么，第四个月的预测值 y_4 为：

$$y_4=\frac{x_3+x_2+x_1}{3}$$

同理，第五个月的预测值 y_5 为：

$$y_5=\frac{x_4+x_3+x_2}{3}$$

如此顺序移动，就可以得出不同月份的预测值。如果收集的历史数据比较多，也可以采用将 5 个月或 7 个月的数据予以移动平均。预测模型如下：

$$y_{t+1}=\frac{x_t+x_{t-1}+x_{t-2}+\cdots+x_{t-n+1}}{n} \tag{3-3}$$

根据计算出来的移动平均值来求预测值时，针对不同情况可分别采用不同的方法。

1. 短序列移动平均法（数列一般低于 20 个数据）

【例 3-5】 原始数据资料取自表 3-3，若取 $n=3$，则移动平均法预测计算过程如表 3-4 所示。

表 3-4 移动平均法预测计算表

时间 t	配送车次 x_t	移动平均值 M_t	预测值 y_{t+1}
(1)	(2)	(3)	(4)
1月	10	—	—
2月	12	11	—
3月	11	11	—
4月	10	9.7	11
5月	8	9	11
6月	9	9	9.7
7月	10	10.3	9
8月	12	—	9
9月	—	—	10.3

2. 长序列移动平均法（数列一般大于 20 个数据）

采用长序列移动平均法进行预测的步骤是：首先，对原始时间序列修匀，形成移动平均值时间序列 M_t，由移动平均值序列 M_t 求出其变化趋势值 a_t，再由变化趋势值 a_t 求出变化趋势值的平均值序列 $\bar{a}_t$，最后根据 M_t 和 $\bar{a}_t$ 来求得预测值，并计算实际值 x_t 与移动平均值 M_t 之间的偏差 δ_t。

M_t 的变化趋势值序列 a_t 可由下式求出：

$$a_t = M_t - M_{t-1} \tag{3-4}$$

变化趋势值的平均值序列 $\bar{a}_t$ ，可由下式求得：

$$\bar{a}_t = \frac{a_t + a_{t-1} + \cdots + a_{t-n+1}}{N} \quad (t \geqslant n) \tag{3-5}$$

最后，可利用下式求出距离 t 时段为 T 的任意一个时段的预测值 y_{t+T}：

$$y_{t+T} = M_t + T \cdot \bar{a}_t \tag{3-6}$$

【例 3 - 6】 调查某仓储企业月仓储收入的数据如表 3 - 5 所示，现预测 2018 年 2 月和 2018 年 7 月的仓储收入。

取移动平均项数 $n=5$，则移动平均法预测计算过程如表 3 - 5 所示。

表 3 - 5　　长序列移动平均法计算表

观察期		仓储收入（万元）	$n=5$			δ_t
			M_t	a_t	$\bar{a}_t$	
(1)		(2)	(3)	(4)	(5)	(6)
2016 年	1 月	40.0	—	—	—	—
	2 月	42.0	—	—	—	—
	3 月	46.0	45.0	—	—	1.0
	4 月	47.0	49.0	4.0	—	2.0
	5 月	50.0	53.0	4.0	—	3.0
	6 月	60.0	58.0	5.0	4.8	2.0
	7 月	62.0	63.0	5.0	4.8	1.0
	8 月	71.0	69.0	6.0	4.8	2.0
	9 月	72.0	73.0	4.0	3.8	1.0
	10 月	80.0	77.0	4.0	3.2	3.0
	11 月	80.0	77.0	0.0	2.4	3.0
	12 月	82.0	79.0	2.0	1.8	3.0
2017 年	1 月	71.0	81.0	2.0	1.6	10.0
	2 月	82.0	82.0	1.0	2.2	0
	3 月	90.0	85.0	3.0	2.0	5.0
	4 月	85.0	88.0	3.0	1.4	3.0
	5 月	97.0	89.0	1.0	1.4	8.0
	6 月	86.0	88.2	−0.8	0.48	2.2
	7 月	87.0	88.8	0.6	0.16	1.8
	8 月	86.0	87.4	−1.4	0.08	1.4

续 表

<table>
<tr><td colspan="2" rowspan="2">观察期</td><td rowspan="2">仓储收入
(万元)</td><td colspan="3">$n=5$</td><td rowspan="2">δ_t</td></tr>
<tr><td>M_t</td><td>a_t</td><td>$\bar{a}_t$</td></tr>
<tr><td colspan="2">(1)</td><td>(2)</td><td>(3)</td><td>(4)</td><td>(5)</td><td>(6)</td></tr>
<tr><td rowspan="4">2017 年</td><td>9 月</td><td>88.0</td><td>88.0</td><td>0.6</td><td>—</td><td>0</td></tr>
<tr><td>10 月</td><td>90.0</td><td>88.6</td><td>0.6</td><td>—</td><td>1.4</td></tr>
<tr><td>11 月</td><td>89.0</td><td>—</td><td>—</td><td>—</td><td>—</td></tr>
<tr><td>12 月</td><td>90.0</td><td>—</td><td>—</td><td>—</td><td>—</td></tr>
</table>

预测该仓储企业 2018 年 2 月和 2018 年 7 月仓储收入的方法如下。

由于最后一个同时有移动平均值 M_t 和平均变动趋势值 $\bar{a}_t$ 的时间 t 为 2017 年 8 月，所以取 t=2017 年 8 月。预测时间 2018 年 2 月和 2018 年 7 月，距离 2017 年 8 月的间隔 T 分别为 6 个月和 11 个月，分别取 $T=6$ 和 $T=11$ 进行预测。

$$y_{2018年2月}=M_{2017年8月}+6\times\bar{a}_{2017年8月}=87.4+6\times0.08=87.88(万元)$$

$$y_{2018年7月}=M_{2017年8月}+11\times\bar{a}_{2017年8月}=87.4+11\times0.08=88.28(万元)$$

（四）指数平滑法

指数平滑法是移动平均法的进一步完善和发展。移动平均法把各期的变化平均化了，或者说是把远期的变化和近期的变化“等量齐观”了。而实际上近期资料和远期资料，对预测未来的影响程度是不同的。近期数据对预测值影响较大，远期数据对预测值影响较小。因此，对过去不同时期的资料，取不同的权数加权平均，使加权平均数的曲线呈指数曲线，这种方法称为指数平滑法。指数平滑法实质上是一种加权移动平均法。

指数平滑法的基本原理，就是赋予序列中近期数据以较大的权数，远期数据以较小的权数，把下一期的预测值 y_{t+1} 看作上一期实际值 x_t 的 α 倍加上上一期预测值 y_t 的 $1-\alpha$ 倍之和。其计算公式为：

$$y_{t+1}=\alpha x_t+(1-\alpha)y_t \tag{3-7}$$

式中：α 为指数平滑系数。α 取值的大小，对预测的准确性起重要作用。α 值越大，则实际值的分量越重、预测值的分量越轻，数据平滑修匀的程度越小，预测值越灵敏地跟随实际值变动；α 值越小，则实际值的分量越轻、预测值的分量越重，数据平滑修匀的程度越大，预测值越不灵敏地跟随实际值变动、越惰性地滞黏在平均值附近。$\alpha=0$ 时，$y_{t+1}=y_t$，下一期的预测值就等于上一期的预测值；$\alpha=1$ 时，$y_{t+1}=x_t$，下一期的预测值就等于上一期的实际值，这是两种极端情况。在一般情况下，$0\leqslant\alpha\leqslant1$，下一期的预测值就等于上一期的实际值和上一期的预测值的加权平均值。可以看出 α 和 $1-\alpha$ 分别是实际值 x_t 和预测值 y_t 的权数。

在采用指数平滑法进行预测时，应根据具体情况选择 α 。时间序列愈平稳，α 取值愈小；时间序列波动愈大，如呈阶梯式或按某种比率上升或下降，α 取值愈大，使预测值能够敏感地跟踪实际值的变化。

若把式（3－7）展开，可以写成为：

$$
\begin{aligned}
y_{t+1} &= \alpha x_t + (1-\alpha) y_t \\
&= \alpha x_t + (1-\alpha)[\alpha x_{t-1} + (1-\alpha) y_{t-1}] \\
&= \alpha x_t + \alpha(1-\alpha) x_{t-1} + (1-\alpha)^2 y_{t-1} \\
&= \alpha x_t + \alpha(1-\alpha) x_{t-1} + (1-\alpha)^2[\alpha x_{t-2} + (1-\alpha) y_{t-2}] \\
&= \alpha x_t + \alpha(1-\alpha) x_{t-1} + \alpha(1-\alpha)^2 x_{t-2} + (1-\alpha)^3 y_{t-2} \\
&= \cdots \\
&= \alpha x_t + \alpha(1-\alpha) x_{t-1} + \alpha(1-\alpha)^2 x_{t-2} + \cdots + \alpha(1-\alpha)^{t-1} x_1 + (1-\alpha)^t y_1
\end{aligned}
$$

可以看出，最末期的预测值可以写成整个实际值时间序列的加权平均。越远离预测期的实际值，其权数越小。

式中，y_1 是第一期的预测值。通常取第一期的预测值 y_1 等于第一期的实际值 x_1。即：

$$y_1 = x_1 \tag{3-8}$$

根据式（3－7）和式（3－8），在确定了 α 并知道了第一期的实际值后，可求出第一期的预测值。由前一期的实际值和预测值又可以求出后一期的预测值，这样由前往后，逐期计算，就可以求出最后一期的预测值。

取不同的指数平滑系数值所得到的预测结果是不同的。现分别取 $\alpha=0.3$ 和 $\alpha=0.7$ 进行预测，计算结果如表 3－6 中的第（3）列和第（4）列所示。

表 3－6　指数平滑法预测计算表

时间 t	配送车次 x_t	指数平滑预测值 y_{t+1}（$\alpha=0.3$）	指数平滑预测值 y_{t+1}（$\alpha=0.7$）
(1)	(2)	(3)	(4)
1 月	10	10	10
2 月	12	10	10
3 月	11	10.6	11.4
4 月	10	10.7	11.1
5 月	8	10.5	10.3
6 月	9	9.8	8.7
7 月	10	9.6	8.9
8 月	12	9.7	9.7
9 月	—	10.4	11.3

从表 3-6 中的第（3）列和第（4）列的结果可以看出，用比较大的指数平滑系数求出的预测值要比用比较小的指数平滑系数求出的预测值更接近实际发生值，更灵敏地跟随实际值变化而变化。

（五）季节指数法

上述预测方法一般都是针对单纯变化的序列，包括渐增序列、渐减序列和均衡变化序列。在实际生活中还有一些现象呈周期性波动，例如季节变动和循环变动。季节变动是指某些社会经济现象，由于受社会因素和自然因素的影响，在一年内随着季节的更替而引起的比较有规律的变动。循环变动是周期在一年以上的近乎规律性的从低到高再从高至低的周而复始的变动，循环变动的变动周期为若干年，主要反映经济发展周期或生命周期的发展变化规律。

季节变动主要反映季节性产品或季节性业务的变化规律。如农业生产的投入与产出因受自然因素的影响而有农忙、农闲之分，年复一年，大体相同，呈现出规律性的波动，因此，涉及农副产品的采购、配送、流通加工、仓储、运输等也随之有季节性的波动；又如，由于春夏秋冬季节的更替以及在国家法定节日如春节、“五一”、“十一”、中秋、端午等重要节日，商品的销售会出现季节性高峰，因此，与商品销售密切相关的物流活动也存在明显的季节变动。研究季节变动的目的在于认识和掌握它的变动规律，以便及时采取相应的措施，克服由于季节变动而产生的不良影响，及时组织仓储、配送、流通加工、运输等物流活动，以保障市场供应。

统计研究现象的季节变动及其规律时，着重于数量描述，即用统计指标来综合说明现季节变动的数量特征。因此，首先必须掌握充分的数字资料，比如有关现象三年、五年或更长一段时期按月或按季度的数字资料。否则，不足以表现该现象季节变动的数量特征。通过对现象季节变动的分析和研究，可以确定现象过去的季节变化规律，以作为当前生产经营的依据，从而制定出有效的经营策略。

对于季节性变动现象的预测可用季节指数法进行预测。

利用季节指数法对季节性变动现象预测的基本方法是：首先，求出各个月（或季）的季节指数；然后，根据各个月（或季）的发生值以及相应月份（或季度）的季节指数来求预测值。

若已知某个月的实际发生值 x_i 和它的月季节指数 a_i，又知道所要预测的月份 j 的月季节指数 a_j，则可由下式求出月份 j 的预测值 y_j：

$$y_j = \frac{a_j}{a_i} \cdot x_i \tag{3-9}$$

测定季节指数的方法有按月（按季）平均法和移动平均趋势剔除法两大类。前者不考虑长期趋势，后者考虑长期趋势。本教材主要介绍按季（或按月）平均法，适用于现象不存在明显的长期趋势时。

在进行季节变动分析和预测时，应先观察在不同年份的相同季节或相同月份有无周期性波动，确定是否有季节变动，当确定有季节变动时，可以用按季（按月）平均法测定季节指数。季节指数的计算步骤如下：

（1）先列出各年同季（月）的数值；

（2）计算各年同季（月）平均数及总平均数；

（3）求各季平均数对总平均数的比率即季节比率：

各月季节比率之和应为1200%，各季季节比率之和应为400%，如果不等，则说明存在计算误差，应对季节比率进行校正；

（4）对季节比率进行校正，得出季节指数。

$$\text{季节指数}=\text{季节比率}\times\frac{1200\%\text{（或}400\%\text{）}}{\text{各月（季）季节比率之和}} \tag{3-10}$$

【例3-7】 某市某物流公司为了能更好地安排夏天电冰箱的运输储存工作，对该市近5年来的电冰箱销售量进行了市场调查，资料如表3-7所示，若2018年1月的电冰箱销售量为52车次，试预测2018年7月的电冰箱销售量。

表3-7　某市2013—2017年电冰箱销售量资料　　单位：车次

年份＼月份	1	2	3	4	5	6	7	8	9	10	11	12	合计
2013	22	25	30	35	40	50	90	100	105	45	30	80	652
2014	33	35	45	40	45	55	100	120	115	60	40	30	718
2015	43	50	55	60	65	68	115	135	120	70	50	35	866
2016	48	52	60	65	72	78	120	140	130	80	62	45	952
2017	50	58	64	71	78	82	130	190	132	88	71	48	1062
合计	196	220	254	271	300	333	555	685	602	343	253	238	4250
同月平均	39.2	44	50.8	54.2	60	66.6	111	137	120.4	68.6	50.6	47.6	70.8
季节指数（%）	55.3	62.1	71.7	76.5	84.7	94	156.7	193.1	169.9	96.8	71.4	67.5	1200

注：相关数据四舍五入。

已知2018年1月电冰箱销售量为52车次，1月的季节指数为55.3%，7月的季节指数为156.7%，则2018年7月的电冰箱销售量为：

$$y_7=\frac{156.7\%}{55.3\%}\times 52\approx 148\text{（车次）}$$

季节指数法能够较好地对季节性变动现象进行预测。它是借用现象以往的季节性变动规律来预测未来。如果每年的季节性变动规律大体相同，则用这种方法处理是很好的。但是，如果每年的季节性变动规律不一样，或者有着长期变动趋势，则需结合长期趋势剔除法等其他方法来进行预测。

（六）趋势方程法

趋势方程法的基本原理就是根据实际调查的时间序列数据，配合一条较为理想的趋势线来代表现象的长期趋势，这种代表现象长期趋势的数学方程称为趋势方程。然后，可根据这个趋势方程来预测现象未来的发展变化。

趋势方程依据现象长期趋势表现形式的不同，可归纳为直线趋势方程和曲线趋势方程两大类。本章主要介绍直线趋势方程法。

直线趋势方程法主要适用逐期增长量大致相同的现象。

最小平方法是测定直线长期趋势常用的方法，它的基本原理是求出的长期趋势值与数列实际值的离差平方和为最小，要求求出的趋势线与原数列达到最佳的配合。趋势方程须满足两个条件：$\sum(y-y_c)=0$；$\sum(y-y_c)^2=$最小值。式中：y_c 是长期趋势值，y 是实际值。

根据数学分析中的极值原理，用偏微分法可得出直线趋势方程 $y_c=a+bt$ 中计算 a 、b 两个参数所需的两个标准方程：

$$\sum y=na+b\sum t$$

$$\sum ty=a\sum t+b\sum t^2$$

解得：

$$b=\frac{n\sum ty-\sum t\sum y}{n\sum t^2-(\sum t)^2} \tag{3-11}$$

$$a=\frac{\sum y}{n}-b\frac{\sum t}{n} \tag{3-12}$$

式中：t 是时间顺序，n 是时间序列的项数；a 是待定参数，是 $t=0$ 时 y_c 的数值（起点值）；b 是待定参数，是 t 每增加一个单位时，y_c 平均增加（或减少）的数量。

【例 3-8】 某物流企业 2008—2014 年运输量资料如表 3-8 所示，预测该企业 2018 年的运输量。

表 3-8　　某物流企业 2008—2014 年运输量资料

年份	运输量（万吨）y	t	ty	t^2
2008	12.4	1	12.4	1
2009	13.8	2	27.6	4
2010	15.7	3	47.1	9
2011	17.6	4	70.4	16

续 表

年份	运输量（万吨）y	t	ty	t^2
2012	19	5	95	25
2013	20.8	6	124.8	36
2014	22.7	7	158.9	49
合计	122	28	536.2	140

$$b=\frac{n\sum ty-\sum t\sum y}{n\sum t^2-(\sum t)^2}=\frac{7\times 536.2-28\times 122}{7\times 140-28^2}\approx 1.72$$

$$a=\frac{\sum y}{n}-b\frac{\sum t}{n}=\frac{122}{7}-1.72\times\frac{28}{7}\approx 10.55$$

$$y_c=10.55+1.72t$$

$$y_{2018}=10.55+1.72\times 11=29.47(\text{万吨})$$

二、回归预测法

回归预测是对具有高度相关关系的多个变量之间的数量变化进行数量测定，配合一定的数学方程，以便对因变量估计或预测的一种统计分析方法。

回归方程有多种形式，可以是直线回归方程，也可以是曲线回归方程。用回归方程来表明两个变量之间线性相互关系的方程式，称为简单线性回归方程，或一元线性回归方程。本章主要介绍运用一元线性回归方程进行预测的方法。

一元线性回归方程进行预测的基本步骤如下。

1. 拟合直线趋势方程 $\hat{y}=a+bx$

为使拟合的直线有代表性，是最佳的回归估计，可采用最小平方法。

回归直线必须满足两个条件：

$$\sum(y-\hat{y})=0 \qquad \sum(y-\hat{y})^2=\text{最小值}$$

根据数学分析中的极值原理，用偏微分法可得出直线趋势方程 $\hat{y}=a+bx$ 中计算 a 、b 两个参数所需的两个标准方程：

$$\sum y=na+b\sum x$$

$$\sum xy=a\sum x+b\sum x^2$$

解得：

$$a=\frac{\sum y}{n}-b\cdot\frac{\sum x}{n}=\bar{y}-b\bar{x} \tag{3-13}$$

$$b=\frac{n\sum xy-\sum x\sum y}{n\sum x^2-(\sum x)^2} \tag{3-14}$$

式中：x 是自变量，y 是因变量，n 是时间序列的项数；a 代表回归直线的起点值；b 代表自变量增加一个单位时因变量的平均增加值，也称回归系数；$\hat{y}$ 是推算出来的因变量的估计值（即预测值）。

2. 计算估计标准误差

估计标准误差是观察值 y 与估计值 $\hat{y}$ 之间的平均误差。计算公式为：

$$S_{yx}=\sqrt{\frac{\sum(y-\hat{y})}{n-2}} \tag{3-15}$$

式中：n 代表数列项数，$n-2$ 为自由度。

S_{yx} 越大，观察点离回归直线越远，回归直线代表性越小；S_{yx} 越小，观察点离回归直线越近，回归直线代表性越大。

估计标准误差的简捷计算式为：

$$S_{yx}=\sqrt{\frac{\sum(y-\hat{y})}{n-2}}=\sqrt{\frac{\sum y^2-a\sum y-b\sum xy}{n-2}} \tag{3-16}$$

3. 回归预测

回归方程：$\hat{y}=a+bx$，

当 $x=x_0$ 时，点预测：$\hat{y}_0=a+bx_0$。

区间预测计算方式分两种。

当 $n\geqslant 30$ 时，根据正态分布原理，y_0 的预测区间为：

$$\hat{y}_0-z_{\frac{\alpha}{2}}S_{yx}\leqslant y_0\leqslant \hat{y}_0+z_{\frac{\alpha}{2}}S_{yx}$$

式中：$\hat{y}_0$ 为点预测值；z 在给定 α 后，查标准正态分布表，得其临界值；S_{yx} 为估计标准误差；y_0 为实际值。

当 $n<30$ 时，即为小样本，就要利用 t 分布表设置 y_0 的预测区间：

$$\hat{y}_0-t_{\frac{\alpha}{2}}(n-2)S_{yx}\sqrt{1+\frac{1}{n}+\frac{(x_0-\bar{x})^2}{\sum(x_i-\bar{x})^2}}\leqslant y_0\leqslant$$

$$\hat{y}_0+t_{\frac{\alpha}{2}}(n-2)S_{yx}\sqrt{1+\frac{1}{n}+\frac{(x_0-\bar{x})^2}{\sum(x_i-\bar{x})^2}}$$

式中，t 在给定 α 后，查 t 分布表得其临界值。

【例 3－9】 某地区 2006—2015 年地区生产总值与社会物流总额如表 3－9 所示。假定某地区“十三五”期间地区生产总值年平均增长速度为 7.5%，试采用回归预测法对某地区 2020 年的社会物流总额进行预测。

表 3-9　某地区 2006—2015 年地区生产总值与社会物流总额资料　单位：亿元

年份	地区生产总值 x	社会物流总额 y
2006	7.1177	11.0288
2007	7.8973	12.3665
2008	8.4402	12.8732
2009	8.9677	13.8954
2010	9.9215	17.0561
2011	10.9655	19.4513
2012	12.0333	23.2583
2013	13.5823	29.5499
2014	15.9878	38.3829
2015	18.3085	48.1000

解：根据表 3-9 资料绘制的某地区 2006—2015 年地区生产总值与社会物流总额散点图中散点大致呈直线趋势，故可用一元线性回归直线进行拟合。计算结果如下。

回归方程：

$$\hat{y}=-15.51+3.37x$$

$$r=0.9925 \qquad r^2=0.9851$$

$$F=529.1497 \qquad F_{(0.05)}(1,\ 8)=5.32$$

估计标准误差：

$$S_{yx}=1.61$$

计算结果显示，该地区的地区生产总值与社会物流总额呈高度正相关关系；当该地区的地区生产总值每增加 1 亿元时，社会物流总额平均增加 3.37 亿元；由于回归方程中社会物流总额的变异有 98.51%可以由地区生产总值的变异来说明，可以认为回归直线拟合很好；且由于检验统计量 $F>F_{0.05}(1,\ 8)$，可以认为社会物流总额与地区生产总值之间回归效果显著。

由于上述回归方程回归效果显著，故可根据该回归方程对某地区 2020 年社会物流总额进行预测。

假定某地区“十三五”期间地区生产总值年平均增长速度为 7.5%，则某地区 2020 年地区生产总值的预测值为：

$x_0=18.3085\times107.5\%^5=26.28$（亿元）

2020 年某地区社会物流总额点预测值为：

$\hat{y}_0 = -15.51 + 3.37 \times 26.28 = 73.05$(亿元)

若给定 $\alpha = 0.05$，查 t 分布表得：

$$t_{\frac{\alpha}{2}}(n-2) = t_{0.025}(8) = 2.306$$

则 2020 年某地区社会物流总额的置信区间为：

$$\hat{y}_0 - t_{\frac{\alpha}{2}}(n-2)S_{yx}\sqrt{1+\frac{1}{n}+\frac{(x_0-\bar{x})^2}{\sum(x_i-\bar{x})^2}} \leqslant y_0 \leqslant$$

$$\hat{y}_0 + t_{\frac{\alpha}{2}}(n-2)S_{yx}\sqrt{1+\frac{1}{n}+\frac{(x_0-\bar{x})^2}{\sum(x_i-\bar{x})^2}}$$

$$73.05 - 2.306 \times 1.61 \times \sqrt{1+\frac{1}{10}+\frac{(26.28-11.32)^2}{\sum(x_i-11.32)^2}} \leqslant y_0 \leqslant$$

$$73.05 + 2.306 \times 1.61 \times \sqrt{1+\frac{1}{10}+\frac{(26.28-11.32)^2}{\sum(x_i-11.32)^2}}$$

$$66.63\text{ 亿元} \leqslant y_0 \leqslant 79.47\text{ 亿元}$$

即有 95%的可靠度推断 2020 年某地区社会物流总额为 66.63 亿～79.47 亿元。

本章小结

本章主要介绍物流市场预测的定性预测法和定量预测法。

常用的定性预测方法有头脑风暴法和德尔菲法。

头脑风暴法是一种通过专家小组会议形式，使每位与会专家畅所欲言，鼓励大家提出新思想、新观点、新方法，并促使大家讨论、争鸣和交流，以便相互启发，使与会专家产生更多更好的主意和想法。这种方法的实质是通过相互讨论，产生思维共振，激发与会专家的灵感与创见性，以获得有价值的具有新意的观点、思想和创意。头脑风暴法可分为直接头脑风暴法和质疑头脑风暴法。直接头脑风暴法是根据一定的规划，通过共同讨论具体问题，发挥宏观智能结构的集体效应，进行创造性思维活动的一种集体评估、预测的方法。质疑头脑风暴法是一种同时召开两个专家会议，集体产生设想的方法。第一个会议完全遵从直接头脑风暴法的原则，而第二个会议则是对第一个会议提出的设想进行质疑。头脑风暴法的缺点：一是影响因素复杂，在专家会议上，专家可能出于对社会因素、人际关系因素、情感因素的考虑而不能畅所欲言，从而影响预测结果；二是对预测者的依赖性大、缺乏足够的数据信息和相互交流等特点，存在预测结果上不够精确、缺乏说服力的缺陷。

德尔菲法实质上是一种专家预测意见分析法，它通过选定与预测分析课题有关的领域和专家，与专家建立直接信函联系，通过信函收集专家意见，然后加以综合、整理，再匿名反馈给各位专家，再次征求意见，这样反复经过四五轮，逐步使专家的意见趋于一致，最后获得结论性的意见。德尔菲法具有三个特点：反馈性、匿名性、统计性。德尔菲法的最大优点是简明直观，操作容易，其预测的准确性和可靠性都比较令人满意，实际应用价值较高。

常用的定量预测方法有时间序列预测法和回归预测法。

时间序列预测法是将历史数据按时间顺序排列起来，构成时间序列，并以此为依据，推算现象未来的发展状况。时间序列分析法承认现象发展的连续性，并认为过去的状况会延续到未来。由于这种方法是把时间顺序作为随机变量序列，将一段时间的数据加以算术平均或加权算术平均，因而排除了偶然性因素数据的干扰和影响，显示现象未来发展的趋势。它着重研究现象发展的内因，因而只能在外界影响比较稳定的条件下使用，适用于短期预测。常用的时间序列预测法有简单算术平均法、加权算术平均法、移动平均法、指数平滑法、季节指数法和趋势方程法。

回归预测是对具有高度相关关系的多个变量之间的数量变化进行数量测定，配合一定的数学方程，以便对因变量估计或预测的一种统计分析方法。回归方程有多种形式，可以是直线回归方程，也可以是曲线回归方程。用回归方程来表明两个变量之间线性相互关系的方程式，称为简单线性回归方程，或一元线性回归方程。本教材主要介绍运用一元线性回归方程进行预测的方法。

思考与练习

一、思考题

1. 物流预测的方法基本上可以分为哪两大类？
2. 德尔菲法的一般预测程序是什么？
3. 德尔菲法的特点是什么？
4. 组织头脑风暴会议一般应注意遵守的原则有哪些？
5. 常用的时间序列预测法有哪些？

二、计算题

1. 某商场 2017 年前 10 个月用户的配送车次如表 3－10 所示。

表 3－10　　某商场 2017 年 1—10 月的配送车次资料

月份 t	1	2	3	4	5	6	7	8	9	10
配送车次 x_t	11	13	12	11	9	10	10	12	11	12

（1）若取 $n=3$，试用简单算术平均法预测该商场 11 月的配送车次。

（2）若取 $n=4$，10 月、9 月、8 月、7 月数据的权数分别为：$f_1=4$、$f_2=3$、$f_3=2$、$f_4=1$，试用加权算术平均法预测该商场 11 月的配送车次。

2. 某物流公司 2017 年前九个月的仓储收入资料如表 3－11 所示。

表 3－11　　某物流公司 2017 年前九个月的仓储收入资料

月份 t	1	2	3	4	5	6	7	8	9
仓储收入（万元）	11	13	12	11	9	10	10	12	11

（1）用指数平滑法预测该物流公司 10 月的仓储收入（$\alpha=0.3$）。

（2）用最小平方法预测该物流公司 12 月的仓储收入。

3. 某市某物流公司为了能更好地安排空调的运输储存工作，对该市近 3 年来的空调销售量进行了市场调查，调查资料如表 3－12 所示。2018 年 2 月的空调销售量为 60 车次，试预测 2018 年 7 月的空调销售量。

表 3－12　　2015—2017 年某市的空调销售量　　单位：车次

年份＼月份	1	2	3	4	5	6	7	8	9	10	11	12	合计
2015	8	9	10	50	50	80	90	60	50	20	20	10	457
2016	9	9	15	54	51	85	93	75	54	22	22	11	500
2017	9	10	22	60	56	88	95	81	56	23	23	14	537
合计	26	28	47	164	157	253	278	216	160	65	65	35	1494

第四章　物流投入统计

教学目的与要求

劳动力、劳动对象、劳动资料是生产的三大要素，物流业的生产经营过程必须有劳动力、劳动对象和劳动资料的投入，才能获得生产经营成果。对劳动力、劳动对象和劳动资料投入的规模、使用或占用情况进行统计分析，可为物流业降低消耗、提高经济效益提供决策依据。通过本章的学习，要求学生：①熟练掌握企业劳动力数量、劳动力素质、劳动时间利用和劳动报酬统计指标内涵及分析方法；②熟练掌握原材料收支存、原材料消耗与利用统计指标及分析方法；③了解物流基础设施统计指标，熟练掌握物流设备数量、物流设备数量利用情况、物流设备时间利用情况、物流设备能力利用情况以及物流设备综合利用情况、统计指标及分析方法。

第一节　劳动力投入统计

劳动力是生产三要素中的首要要素，没有劳动力运用劳动资料作用于劳动对象，物流业就无法向社会提供物流服务。劳动力的规模、素质，劳动时间利用的充分性等因素，都将直接影响到物流业的产出和经济效益。劳动力投入统计主要包括劳动力数量统计、劳动力素质统计、劳动时间利用统计和劳动报酬统计。

一、劳动力数量统计

（一）物流企业从业人员

物流企业从业人员是指在物流企业工作，取得工资或其他形式劳动报酬的全部人员。包括职工，再就业的离退休人员以及在企业中工作的外方人员和港、澳、台方人员，兼职人员，借用的外单位人员和第二职业者。不包括离开本企业但仍保留劳动关系的职工。物流企业从业人员可分为职工和其他从业人员。

1. 职工

职工是物流企业从业人员的重要组成部分。现行劳动统计制度规定，职工是指在本单位工作并由单位支付工资的人员，以及有工作岗位，但由于学习、病伤产假等原因暂未工作，仍由单位支付工资的人员。

职工统计中不包括下列人员：①离开本企业但仍保留劳动关系的职工；②从单位领取原材料，在自己家中进行物流业务活动的家庭工；③发包给其他单位的物流业务活动中所使用的人员；承包本单位物流业务，其劳动力不由本单位直接组织安排的农村搬运队人员；④参加本单位劳动的军工和勤工俭学的在校学生，以及大中专、技工学校的实习生；⑤离休、退休、退职人员；⑥在本单位中工作的外方人员和港、澳、台方人员等其他按规定不列入职工统计范围的人员。

职工人数的计算原则是：

第一，为避免职工人数统计的重复和遗漏，在计算职工人数时，原则上按“发谁工资统计谁”的办法进行统计。因此，不论是编制内的还是编制外的人员，不论是出勤的还是因故未出勤的人员，不论是正式的还是临时的或试用期间的人员，不论是在本单位工作的还是临时借到外单位工作的人员，不论是在国内工作或在境外工作的人员，只要是由本单位支付工资的都应统计为职工。

第二，对于新招收的人员，从其报到参加工作之日起，不论是否发放当月工资，都应统计为本企业职工；对于自然减员、参军、不带工资上学的人员，从其离开企业之日起即不再统计为本企业职工；对于调往其他单位工作的人员，如已在本企业领取当月工资，则其期末人数和平均人数应该由本企业进行统计，调入单位从发工资之日起统计。

2. 其他从业人员

现行劳动统计制度中，企业其他从业人员是指未作职工统计，但实际参加本企业工作并领得劳动报酬的人员。包括再就业的离退休人员，在本企业工作的外方人员和港、澳、台方人员，兼职人员，借用的外单位人员以及第二职业者。不包括在企业工作并取得劳动报酬的在校学生。

(二) 物流企业从业人员分类

物流企业从业人员可以从不同的角度进行分类，主要有以下几种。

(1) 按用工形式可分为合同制从业人员、临时从业人员。合同制从业人员是指与企业签订有固定期限劳动合同、无固定期限劳动合同和以完成一项工作为期限劳动合同所使用的从业人员；临时从业人员是指使用期限不超过一年的从业人员。

(2) 按用工期限长短可分为长期从业人员和临时从业人员。长期从业人员是指用工期限在一年以上（含一年）的从业人员。临时从业人员是指用工期限不超过一年的从业人员。

(3) 从业人员按劳动岗位不同可分为工人、工程技术人员、管理人员、后勤人员、其他从业人员等。

(三) 物流企业从业人员数量统计

1. 期末人数

企业从业人员期末人数是指报告期末在企业工作并取得劳动报酬的全部从业人员。常用的期末人数有月末人数、季末人数、年末人数。期末人数是一个时点指标，反映企业报告期末从业人员的规模，是编制和检查企业劳动力计划、研究劳动力结构等问题的重要指标。

2. 平均人数

平均人数是指报告期内平均拥有的从业人员人数，用以反映报告期内劳动力占用的平均水平。平均人数常用于分析企业劳动时间的利用、劳动效率、劳动报酬等状况。常用的平均人数有月平均人数、季平均人数、年平均人数。其计算公式如下：

$$月平均人数=\frac{月内每天实有从业人员人数之和}{报告月日历天数} \tag{4-1}$$

$$季平均人数=\frac{季内各月从业人员平均人数之和}{3} \tag{4-2}$$

$$年平均人数=\frac{年内各月从业人员平均人数之和}{12} \tag{4-3}$$

或

$$年平均人数=\frac{年内各季从业人员平均人数之和}{4} \tag{4-4}$$

如果在报告期内人数变动不大，月平均人数可以简便计算，其计算公式为：

$$月平均人数=\frac{月初人数+月末人数}{2} \tag{4-5}$$

计算平均人数时，须注意以下几个问题。

(1) 每天实有人数是指企业每天所拥有的人数。即指在册人数，不论是否出勤，都应计算在内。

(2) 公休日和节假日的人数按前一天的实有人数计算。

(3) 新建企业或撤销企业，在计算报告月平均人数时，应以其建立后或撤销前各天实有人数之和除以报告月的日历天数。即月平均人数的分子用报告期内实际开工天数（包括其中的节假日）的实有人数加总求得，而分母则不论开工日期长短，必须用日历天数进行计算。

【例 4-1】 某地区 2017 年 4 月初甲企业实有人数 1000 人，乙企业实有人数 500 人，2017 年 4 月 16 日乙企业破产，全部人员被甲企业录用，至月底无其他变化。如按上述规定计算月平均人数，则有：

$$甲企业月平均人数=\frac{1000\times15+1500\times15}{15+15}=\frac{37500}{30}=1250（人）$$

乙企业月平均人数$=\frac{500\times15}{30}=250$（人）

甲、乙企业合计$=1250+250=1500$（人）

若不按上述规定以报告月日历天数为除数，而是以开工日期为除数，则有：

甲企业平均人数$=\frac{1000\times15+1500\times15}{15+15}=\frac{37500}{30}=1250$（人）

乙企业平均人数$=\frac{500\times15}{15}=500$（人）

甲、乙企业合计$=1250+500=1750$（人）

从该地区的角度来看，2017 年 4 月从业人员的一般水平应为 1500 人（上半月甲企业的 1000 人加上乙企业的 500 人，下半月甲企业为 1500 人），显然，上述第一种算法是正确的，而第二种算法存在重复计算。

3. 从业人员人数变动统计

由于自然和社会等因素的影响，尤其是随着市场经济的发展，职业的双向选择，企业从业人员人数总是处于变动之中。首先是数量变化，其次是结构变化。而这对企业的生产发展、劳动生产率和工资水平等都有直接的影响。因此，企业应及时掌握从业人员的变动情况，以便合理分配和使用劳动力。通常，可编制从业人数变动表及计算相应的有关指标来反映人员的变动状况及程度。从业人员人数变动如表 4-1 所示。

表 4-1　从业人员人数变动

	人数（人）		人数（人）
一、期初从业人数		三、本期减少人数	
二、本期增加人数		1. 离休、退休、退职	
1. 从农村招收		2. 开除、除名、辞退	
2. 从城镇招收		3. 终止、解除合同	
3. 录用的复员转业军人		4. 调出人数	
4. 录用的大、中专，技工学校毕业生		其中：调到外省、自治区、直辖市人数	
5. 调入人数		5. 其他	
其中：由外省、自治区、直辖市调入人数		四、期末从业人数	
6. 其他			

其中：

（1）本期从业人员增加人数，指在报告期内本企业招收、录用和调入的全部人员。按其来源可分为：

①从农村招收的人员。指从农村劳动力中招收参加工作的人员，包括来自农村的补充

自然减员的人员。

②从城镇招收的人员。指从城镇社会青年、待业人员中招收参加工作的人员。包括来自城镇的补充自然减员的人数，但不包括来自城镇的其他人员。

③录用的复员转业军人。指从部队复员和转业后，直接由企业录用的人员。包括参军前是职工或已办理了招工手续，服兵役期满后又回原企业复工复职的人员。不包括复员回农村参加生产后又被企业招收录用的人员，这部分人员应计入“从农村招收的人员”人数中。

④录用的大、中专，技工学校毕业生。指从大专院校、研究生院（部）以及中专和技工学校毕业后，直接由企业录用的人员。包括由学校推荐或本人自行联系工作单位的各类毕业生。

⑤调入人员。指在报告期内从外单位调入的人员。

⑥其他人员。指除以上几类人员外，本企业增加的从业人员人数，如停薪留职人员复职。

（2）本期从业人员减少人数，指在报告期内离开本企业且不再由本企业支付工资的全部人员。按其来源可分为：

①离休、退休、退职。离休，指达到国家规定的年龄和条件，离开生产或工作岗位，办理离休手续享受离休待遇的人员。退休，指达到国家规定的年龄和条件，退出生产或工作岗位，办理退休手续享受退休待遇的人员。退职，指从业人员本人自愿，或因丧失工作能力，又不具备退休条件而办理离职手续享受相应待遇的人员。

②开除、除名、辞退。开除，指从业人员严重违反劳动纪律或犯有其他严重错误，受到开除的行政处分，并由单位办理开除手续的从业人员。除名，指对无正当理由经常旷工经批评教育无效，由企业办理除名手续的从业人员。辞退，指对犯有违纪行为，由企业办理辞退手续的从业人员，以及因其他原因按照有关规定办理辞退手续的从业人员。

③终止、解除合同。指与企业签订劳动合同后，由于正常或非正常原因，与企业终止和解除了劳动关系的合同制从业人员。

④调出人数。指在报告期内由本企业调到外单位工作的从业人数。

⑤其他人员。指除以上几类人员外的本企业减少人数。如停薪留职、死亡人数。

从业人员人数变动表中的四大类指标具有如下平衡关系：

$$期末从业人数=期初人数+本期增加人数-本期减少人数$$

根据从业人员人数变动表的有关数据，可以计算从业人数变动程度指标，计算公式如下：

$$从业人员增减率=\frac{期末人数-期初人数}{期初人数}\times100\% \tag{4-6}$$

或

$$从业人员增减率=\frac{本期增加人数-本期减少人数}{期初人数}\times100\% \tag{4-7}$$

若计算结果为正数，为期内净增率；若计算结果为负数，则为期内净减率。在观察从业人数增减率时，应注意到，如果期内增加人数恰好等于期内减少人数时，期末人数也等于期初人数，则该指标的计算结果为零。从计算结果来看似乎没有发生人员流动，这显然与实际不符。所以，为弥补该指标的不足，可分别计算从业人数增减比重指标，计算公式如下：

$$从业人数增加比重=\frac{期内从业人员增加数}{期末人数} \tag{4-8}$$

$$从业人数减少比重=\frac{期内从业人员减少数}{期初人数} \tag{4-9}$$

注意，由于这两个指标的分母不同，故不能用简单相加来得出从业人员人数增减率指标。

二、劳动力素质统计

劳动力对企业生产经营的作用，不仅表现在其数量方面，更表现在其素质方面。提高企业的市场竞争能力，关键要有一定数量的具有优秀素质的从业人员。

劳动力素质是指表现在劳动力的体力和智力上的先天赋存和后天培育的各种生理特征、心理特征和社会特征的总和，通常分为三大系列：①文化技术素质：包括科学知识、职业技能、生产经验等；②身体素质：包括力量、速度、灵敏、耐力等生理机能以及身高、体重、健康等体质状况；③思想素质：包括道德观念、政治信仰、精神面貌、行为规范等。

(一) 劳动力文化技术素质统计

在科学技术迅速发展，生产自动化程度越来越高的时代，从业人员的文化素质直接影响物流服务的效率和质量。

1. 劳动力文化技术素质的结构统计

根据企业从业人员的分类统计资料，可采用结构相对指标来反映企业劳动力的文化技术素质。应分别按管理人员和技术人员、生产工人来统计劳动力文化技术素质的结构。

(1) 管理人员和技术人员。

$$大专及以上学历的人员所占比重=\frac{具有大专及以上学历的人数}{管理人员和技术人员人数之和}\times 100\% \tag{4-10}$$

$$中高级技术职务的人员所占比重=\frac{具有中高级技术职务的人数}{管理人员和技术人员人数之和}\times 100\% \tag{4-11}$$

(2) 生产工人。

$$具有某一技术等级及以上人员所占比重=\frac{具有某一技术等级及以上人员人数}{工人人数}\times 100\% \tag{4-12}$$

$$具有高中、中专、中技文化程度人员所占比重=\frac{具有高中、中专、中技文化程度人数}{工人人数}\times 100\% \tag{4-13}$$

2. 劳动力文化技术素质的平均水平统计

不同种类的劳动对其文化技术素质的要求是不同的。工人的技术素质可用技术等级来反映，管理人员的技术素质可用职称、物流师资格等级等来反映。常用的反映劳动力文化技术素质的平均水平统计指标主要有：从业人员平均文化程度、工人平均技术等级、管理人员平均技术素质等。

(1) 从业人员平均文化程度。

$$从业人员平均文化程度=\frac{\sum(在校学习年限\times 从业人数)}{全部从业人员人数} \tag{4-14}$$

式中，在校学习年限的一般年限如表 4-2 所示。

表 4-2　在校学习的一般年限

文化程度	小学	初中	高中（中专）	大学专科	大学本科	硕士研究生	博士研究生
学习年限（年）	6	9	12	15	16	18.5	21.5

【例 4-2】 某物流企业 2017 年有从业人员 2000 人，各种文化程度人员的数量与比重指标如表 4-3 所示。

表 4-3　某物流企业 2017 年从业人员文化程度分布

文化程度	人数（人）	比重（%）
大学专科及以上文化程度	270	13.50
其中：大学专科	200	10.00
大学本科	60	3.00
硕士研究生	9	0.45
博士研究生	1	0.05
高中（中专）	1300	65.00
初中	300	15.00
小学	130	6.50
合　计	2000	100

从业人员平均文化程度=(200×15+60×16+9×18.5+1×21.5+1300×12+300×9+130×6) ÷2000≈11.61

计算结果表明，该物流企业 2017 年从业人员的平均文化程度接近于高中（中专）水平。

(2) 工人平均技术等级。

$$工人平均技术等级=\frac{\sum(技术等级\times工人人数)}{全部工人人数} \tag{4-15}$$

等级属于品质标志，反映的是总体的属性特征，不能用数值表示。因此，在计算过程中，首先应将各等级作数量化处理，以一级为1，二级为2，三级为3，…，八级为8，然后按单项数列计算平均数的方法计算平均等级。

【例4-3】 某物流企业2017年工人技术等级情况如表4-4所示。

表4-4 某物流企业2017年工人技术等级情况

技术等级	工人数（人）	比重（%）
一	100	5.78
二	200	11.56
三	350	20.23
四	600	34.68
五	300	17.35
六	100	5.78
七	50	2.89
八	30	1.73
合计	1730	100.00

$$\begin{aligned}工人平均技术等级=&(1\times100+2\times200+3\times350+4\times600+5\times300+6\times100+\\&7\times50+8\times30)\div1730\approx3.84\end{aligned}$$

(3) 管理人员平均技术素质。

$$管理人员平均技术素质=\frac{\sum(物流师资格等级\times管理人员人数)}{全部管理人员人数} \tag{4-16}$$

或

$$管理人员平均技术素质=\frac{\sum(职称等级\times管理人员人数)}{全部管理人员人数} \tag{4-17}$$

物流师资格等级为：助理物流师，1级；物流师，2级；高级物流师，3级。

职称等级为：初级职称，1级；中级职称，2级；高级职称，3级。

在计算过程中，首先将各等级作数量化处理，以一级为1，二级为2，三级为3，然后按单项数列计算平均数的方法计算平均等级。

(二) 劳动力身体素质统计

健康的体质是从业人员进行生产经营活动的前提，是自身获得全面发展的基础。没有良好的身体素质，企业生产经营活动就无法顺利进行。统计研究从业人员的身体素质主要是观察从业人员的身体状况能否适应企业生产经营的需要。劳动力身体素质统计指标主要有：

1. 从业人员平均年龄

从业人员的年龄与身体素质有着非常密切的关系。计算从业人员的平均年龄，可综合反映从业人员的身体素质，可大致反映从业人员对劳动强度的承受能力。从业人员按年龄分组的一般标准如表 4－5 所示。

表 4－5　　从业人员按年龄分组的一般标准

年龄	20 岁以下	21～35 岁	36～50 岁	51～55 岁	56～60 岁	61 岁以上
分组	青年型	青壮年型	中年型	老年型		

从业人员平均年龄的计算与分析过程：

(1) 分别计算各年龄组的人数和比重；

(2) 利用算术平均数法计算出全部从业人员的平均年龄；

(3) 若平均年龄落在第一组界限内，该物流企业的从业人员属青年型；若落在第二组界限内，属青壮年型；若落在第三组内，属中年型；若落在第四、五、六组内，则属老年型。

2. 发病率

$$发病率=\frac{报告期患病人数}{全部从业人员人数}\times 100\% \tag{4-18}$$

（三）劳动力思想素质统计

良好的政治思想素质是保证企业从业人员文化、技术水平得以充分发挥的基础。政治思想素质的内容十分广泛，且不同时期其具体的标准也不尽相同。有些内容如政治觉悟、思想意识、道德面貌、事业精神等难以定量反映。通常可用先进集体和先进工作者人数及其比重、共产党员和共青团员的人数及其比重、受处分人数及其比重、犯罪人数及其比重等指标来反映。

三、劳动时间利用统计

企业在拥有一定数量从业人员的条件下，充分合理地利用劳动时间，便可大大提高劳动生产率、降低成本、增加企业生产经营成果。因此，必须对劳动时间的利用情况进行统计研究，以反映劳动时间的利用水平和利用程度，并研究劳动时间未充分利用的原因，提出措施，消除劳动时间使用上的不合理因素。

在物流活动中，无论是物品运输还是物品储存，还是根据客户的需求对物品进行流通加工或进行物品配送，工人是第一线的劳动者。工人劳动时间的多少与物流服务的数量有着直接的关系。因此，劳动时间利用统计通常是对工人的劳动时间使用情况进行统计分析。

(一) 劳动时间构成及核算方法

劳动时间是衡量劳动的尺度，是指工人从事生产劳动持续的时间。劳动时间的计量单位通常以“工日”“工时”等来表示。一个工人工作一个轮班的时间，称为一个工日，工作一个小时的时间，称为一个工时。一个工日中，既包括工人实际参加生产的劳动时间，也包括未参加生产的劳动时间，如班内因停电和设备故障停工时间，在班内学习、开会、参加社会活动时间以及非全日缺勤时间等。

为了准确地计算劳动时间，需要分析劳动时间的构成。劳动时间构成是指将劳动时间按其构成要素进行分组，以反映劳动时间的内部结构状况。劳动时间的构成及其核算方法如下：

1. 日历工日数和日历工时数

这是以工日和工时表示的工人在一定时期内所能利用的全部可能的班内劳动时间。

$$\text{日历工日数}=\text{报告期平均人数}\times\text{报告期日历日数} \tag{4-19}$$

$$\text{日历工时数}=\text{日历工日数}\times\text{制度工作日长度} \tag{4-20}$$

2. 公休工日数和公休工时数

公休日是国家制度规定的工人应休息的节假日。

$$\text{公休工日数}=\text{报告期平均人数}\times\text{报告期节假日数} \tag{4-21}$$

$$\text{公休工时数}=\text{公休工日数}\times\text{制度工作日长度} \tag{4-22}$$

3. 制度工日数和制度工时数

是指制度规定的报告期内工人应该工作的工日（工时）数。它是考核劳动时间利用情况的基础。

$$\text{制度工日数}=\text{日历工日数}-\text{公休工日数} \tag{4-23}$$

$$\text{制度工时数}=\text{制度工日数}\times\text{制度工作日长度} \tag{4-24}$$

4. 缺勤工日数和缺勤工时数

是指工人在制度规定的工作时间内因故未出勤的时间。包括病假、事假、产假、旷工、工伤等时间。缺勤工日数是按全日缺勤（即缺勤满一个轮班）计算的。如果实际缺勤不满一个轮班的称为非全日缺勤，按实际缺勤工时计算。因此，缺勤工时数包括全日缺勤工时数和非全日缺勤工时数。

5. 出勤工日数和出勤工时数

是指工人在制度工作时间内实际出勤的工日（工时）数。一个工人只要在轮班内出勤，不论是整日出勤还是部分时间出勤，都算一个出勤工日。而出勤工时数则是按实际出勤的小时数计算。例如，按规定一个轮班的工作时间为 8 小时，某工人上班工作了 6 小时后因事请假，按工日计算，仍为出勤一个工日，而按其工时计算，则为出勤 6 个工时。出勤工日数可按每天出勤人数之和求得，也可按下列公式计算：

出勤工日数＝制度工日数－全日缺勤工日数　　(4-25)

出勤工时数＝出勤工日数×制度工作日长度－非全日缺勤工时数　　(4-26)

6. 停工工日数和停工工时数

是指工人出勤后因各种原因（如停电、待料、设备事故、待工具、待任务等）而不能从事生产工作的时间。但由于事先预知的原因（如计划停电），企业将公休日与工作日调换，工人在工作日休息就不算停工，而在公休日工作也不算加班。

停工工日数按全日停工（即停工满一个轮班）计算。实际停工不满一个轮班的称为非全日停工，按工时计算。因此，停工工时数包括全日停工工时数和非全日停工工时数。

7. 非生产工日数和非生产工时数

是指工人出勤后由于执行国家或社会义务，或经企业指定于班内从事其他活动而未从事生产的时间，如防汛、抗旱、参加各种会议、环境大扫除等。从事非生产活动持续满一个轮班的称为全日非生产工日，不满一个轮班的则按工时计算。非生产工时数包括全日非生产工时数和非全日非生产工时数。

8. 制度内实际工作工日数和制度内实际工作工时数

是指工人在制度规定的工作时间内实际从事生产活动的时间。工人只要上班从事生产工作，不管是否满一个轮班，都按一个工日计算。

制度内实际工作工日数＝出勤工日数－全日停工工日数－全日非生产工日数

(4-27)

制度内实际工作工时数＝制度内实际工作工日数×制度工作日长度－
非全日缺勤工时数－非全日停工工时数－
非全日非生产工时数　　(4-28)

9. 实际工作工日数和实际工作工时数

是指工人在报告期内实际从事生产活动的时间。实际工作工日数包括制度内实际工作工日数和公休日的加班工日数。实际工作工时数包括制度内实际工作工时数和加班加点工时数。加班加点工时数包括工人在节假日加班劳动以及平日下班后又参加劳动的加班加点工时数。

实际工作工日数＝制度内实际工作工日数＋加班工日数　　(4-29)

实际工作工时数＝制度内实际工作工时数＋加班加点工时数　　(4-30)

劳动时间构成如图 4-1 所示。

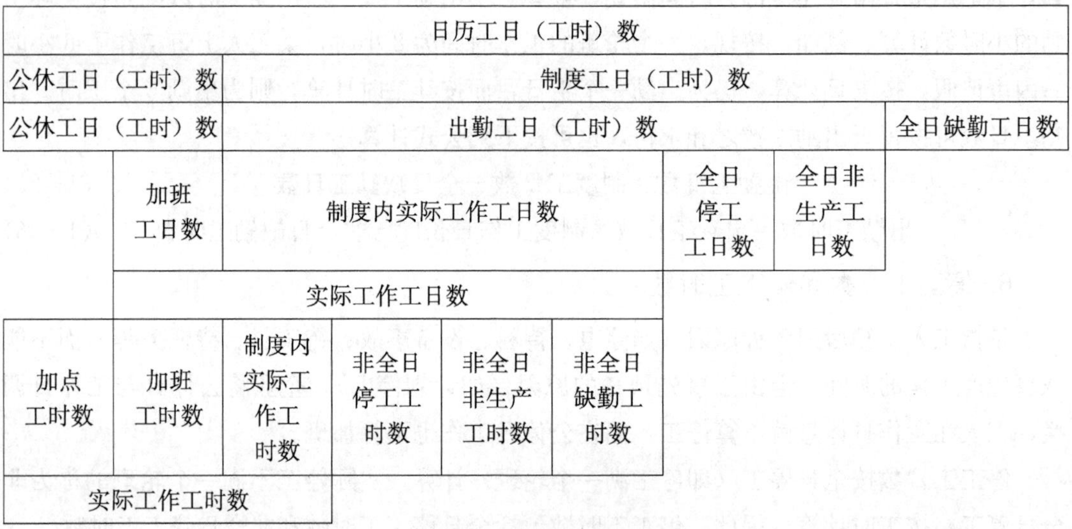

图 4-1　劳动时间构成

【例 4-4】　某物流企业 2017 年 6 月有工人 1000 人（本月工人人数没有变动），公休日 8 天，制度工作日长度为 8 小时（实行一班制）。根据 6 月考勤记录和工时记录，汇总出下列资料。

缺勤工时：12500 工时，

其中：全日缺勤 1000 工日，计 8000 工时；

非全日缺勤 4500 工时。

在缺勤工时总数中：（1）产假 400 工时；

（2）病假 7000 工时；

（3）事假 2500 工时；

（4）工伤假 2600 工时。

非生产工时：1550 工时，

其中：全日非生产 100 工日，计 800 工时；

非全日非生产工时 750 工时。

停工工时：1350 工时，

其中：全日停工 50 工日，计 400 工时；

非全日停工 950 工时。

在停工工时总数中：（1）因原料不足停工 800 工时；

（2）因设备事故停工 500 工时；

（3）待工具停工 50 工时。

加班加点工时：3750 工时，

其中：加班 250 工日，计 2000 工时；

加点 1750 工时。

根据上述资料计算如下：

日历工日数＝报告期平均人数×报告期日历日数
＝1000×30＝30000（工日）

日历工时数＝日历工日数×制度工作日长度
＝30000×8＝240000（工时）

制度工日数＝日历工日数－公休工日数
＝30000－1000×8＝22000（工日）

制度工时数＝制度工日数×制度工作日长度
＝22000×8＝176000（工时）

出勤工日数＝制度工日数－全日缺勤工日数
＝22000－1000＝21000（工日）

出勤工时数＝出勤工日数×制度工作日长度－非全日缺勤工时数
＝21000×8－4500＝163500（工时）

制度内实际工作工日数＝出勤工日数－全日停工工日数－全日非生产工日数
＝21000－50－100＝20850（工日）

制度内实际工作工时数＝制度内实际工作工日数×制度工作日长度－非全日缺勤工时数－非全日停工工时数－非全日非生产工时数
＝20850×8－4500－950－750＝160600（工时）

实际工作工日数＝制度内实际工作工日数＋加班工日数
＝20850＋250＝21100（工日）

实际工作工时数＝制度内实际工作工时数＋加班加点工时数
＝160600＋3750＝164350（工时）

（二）劳动时间利用情况的统计分析

劳动时间利用情况的统计分析，主要包括两方面的内容：一是通过劳动时间利用程度统计指标进行的分析；二是利用劳动时间统计平衡表进行的分析。

1. 劳动时间利用程度统计指标

反映劳动时间利用程度的统计指标主要有以下几个。

（1）出勤率。

出勤率反映工人在制度规定的工作时间内实际出勤的程度，是研究劳动时间利用的一项基本指标。计算公式为：

$$出勤率=\frac{出勤工日（工时）数}{制度工日（工时）数}\times 100\% \quad (4-31)$$

按工日计算的出勤率受全日缺勤的影响，按工时计算的出勤率既受全日缺勤的影响，又受非全日缺勤的影响。因此，按不同劳动时间计量单位计算的出勤率，计算结果有可能不同。

仍以【例 4-4】资料计算：

$$\text{出勤率（按工日计算）}=\frac{21000}{22000}\times100\%\approx95.45\%$$

$$\text{出勤率（按工时计算）}=\frac{163500}{176000}\times100\%\approx92.9\%$$

由计算结果可以看出，该物流企业有 4.55%或 7.1%的劳动时间未能利用，应进一步具体分析缺勤的原因，采取措施，以提高出勤率。

(2) 出勤工日（工时）利用率。

工人出勤以后，由于各种原因可能停工或从事非生产活动。出勤工日（工时）利用率反映工人在出勤时间内从事生产活动时间所占比重。出勤工日（工时）利用率越高，说明工人在出勤时间内用于生产上的时间越多，劳动时间利用得越好。其计算公式为：

$$\text{出勤工日（工时）利用率}=\frac{\text{制度内实际工作工日（工时）数}}{\text{出勤工日（工时）数}} \tag{4-32}$$

仍以【例 4-4】资料计算：

$$\text{出勤工日利用率}=\frac{20850}{21000}\times100\%\approx99.29\%$$

$$\text{出勤工时利用率}=\frac{160600}{163500}\times100\%\approx98.23\%$$

(3) 制度工日（工时）利用率。

制度工日（工时）利用率反映制度规定的劳动时间内实际用于生产工作的时间所占比重。其计算公式为：

$$\text{制度工日（工时）利用率}=\frac{\text{制度内实际工作工日（工时）数}}{\text{制度工日（工时）数}}\times100\% \tag{4-33}$$

制度工日利用率可综合反映全日缺勤、全日停工和全日非生产时间对制度时间利用程度的影响，而制度工时利用率既受全日停工、全日缺勤、全日非生产时间的影响，又受非全日缺勤、非全日停工、非全日非生产时间的影响。因此，按不同劳动时间计量单位计算的制度工日（工时）利用率，计算结果也有可能不同。

仍以【例 4-4】资料计算：

$$\text{制度工日利用率}=\frac{20850}{22000}\times100\%\approx94.77\%$$

$$\text{制度工时利用率}=\frac{160600}{176000}\times100\%\approx91.25\%$$

制度工日（工时）利用率与出勤工日（工时）利用率、出勤率三者的关系为：

制度工日（工时）利用率=按工日（工时）计算的出勤率×出勤工日（工时）利用率　(4-34)

【例 4-4】资料中制度工日（工时）利用率与出勤工日（工时）利用率、出勤率三者的关系为：

$$94.77\%=95.45\%\times99.29\%$$

$$91.25\%=92.9\%\times98.23\%$$

2. 劳动时间统计平衡表的编制与分析

为了全面反映物流企业工人劳动时间的利用情况，分析未被利用的原因，以便改善劳动管理，充分利用劳动资源，可以在劳动时间核算的基础上编制劳动时间统计平衡表。

根据【例 4-4】资料编制的劳动时间统计平衡表如表 4-6 所示。

表 4-6　劳动时间统计平衡表

劳动时间资源		劳动时间消耗		
项目	数量（工时）	项目	数量（工时）	比重（%）
日历工时	240000	1. 制度内实际工作工时	160600	91.25
减：公休工时	64000	2. 缺勤工时	12500	7.10
		其中：(1) 产假	400	0.23
		(2) 病假	7000	3.98
		(3) 事假	2500	1.42
		(4) 工伤假	2600	1.47
		(5) 旷工	—	
		(6) 迟到早退	—	
		3. 非生产工时	1550	0.88
		4. 停工工时	1350	0.77
		其中：(1) 原料不足	800	0.46
		(2) 动力不足	—	
		(3) 设备事故	500	0.28
		(4) 待工具	50	0.03
		(5) 待任务	—	
最大可能劳动时间（制度工时）	176000	合计	176000	100.00

此外，加班加点工时 3750。其中，加班工时 2000，加点工时 1750。

根据劳动时间平衡表内资料可作如下分析。

第一，分析劳动时间未被充分利用的原因。

分析劳动时间未被充分利用的原因，可从各种未使用劳动时间占制度工作工时的比重入手。比重较大者即为主要原因。该物流企业 2017 年 6 月未使用劳动时间中病假所占比重最大为 3.8%，其次是工伤假所占比重为 1.47%。

停工时间是企业可以利用而未被利用的劳动时间，是损失了的劳动时间，要特别注意对停工时间的分析。该物流企业 2017 年 6 月未使用劳动时间中停工时间所占比重为 0.77%，停工的主要原因是原材料不足，其次是设备发生故障。

第二，分析劳动时间未被充分利用而造成的损失。

对未被利用的工时，可通过计算以下两个指标来说明劳动时间未能利用的严重程度，以引起决策者及从业人员的注意。计算公式为：

$$\text{由于工时未被充分利用而损失的劳动力（人）}=\frac{\text{报告期未被利用工时数}}{\text{报告期每个工人制度工作工时数}} \tag{4-35}$$

【例 4-4】中：

$$\text{由于工时未被充分利用而损失的劳动力（人）}=\frac{15400}{22\times 8}=88\text{（人）}$$

$$\text{由于工时未被充分利用而损失的产值}=\text{每一实际工作工时平均产值}\times\text{未能利用工时数} \tag{4-36}$$

此外，还可将报告期与本企业历史较好水平以及同类型企业的先进水平进行对比，以挖掘劳动时间的利用潜力。计算公式为：

$$\text{可节约劳动力}=\text{报告期人数}\times\text{（较好时期或先进单位的工时利用率}-\text{本企业报告期工时利用率）} \tag{4-37}$$

$$\text{可增加的产值}=\text{单位工时产值}\times\text{报告期企业制度工时}\times\text{（较好时期或先进单位的工时利用率}-\text{企业报告期工时利用率）} \tag{4-38}$$

第三，分析加班加点情况。

在实际工作中，有时一方面存在着制度工时未被充分利用，另一方面却又存在着加班加点的现象。加班加点不仅额外增加了生产费用的支出，而且加重了工人的劳动负担。连续加班加点，容易发生事故，影响物流服务质量。因此，可计算加班加点比重指标和强度相对指标，分析企业生产管理和劳动管理中存在的问题，以引起有关部门的重视。

$$\text{加班加点比重指标}=\frac{\text{加班加点工时数}}{\text{实际工作工时数}}\times 100\% \tag{4-39}$$

$$\text{加班加点强度指标}=\frac{\text{加班加点工时数}}{\text{制度内实际工作工时数}}\times 100\% \tag{4-40}$$

仍以【例 4-4】资料计算：

$$\text{加班加点比重指标}=\frac{3750}{164350}\times 100\%=2.28\%$$

$$\text{加班加点强度指标}=\frac{3750}{160600}\times 100\%=2.33\%$$

四、劳动报酬统计

劳动者获得相应的劳动报酬，这是劳动力再生产的物质基础。物流企业统计应准确核算劳动报酬总额，分析劳动报酬的变动程度，为正确处理国家、企业和劳动者三者关系以及正确处理不同地区、不同部门和不同类别的人员之间的关系提供依据。

（一）劳动报酬总额统计

从业人员劳动报酬是指企业在报告期内直接支付给本单位全部从业人员的劳动报酬总额。由于企业劳动力分为职工和其他从业人员两大类，职工占企业从业人员的绝大比重。相应地，企业劳动报酬分为职工工资总额和其他从业人员劳动报酬两部分，职工工资总额及其构成是企业统计和分析的重要内容。

1. 职工工资总额统计

职工工资总额是指企业在报告期内直接支付给本单位全部职工的劳动报酬。

工资总额一般由下列几项构成。

（1）计时工资。是指按计时工资标准（包括地区生活费补贴）和工作时间支付给个人的劳动报酬。

（2）计件工资。是指按计件单价和完成的劳动量支付的劳动报酬。计件工资由计件标准工资和计件超额工资两部分组成。计件标准工资是指按照标准的计件单价和规定的劳动定额或工作量支付给计件工人的劳动报酬。计件超额工资是指计件工人超额完成定额任务后所得的工资。即计件工人实得的全部计件工资减去应得的计件标准工资后的数额。

（3）奖金。是指支付给职工的超额劳动报酬和增收节支的劳动报酬，包括生产奖、节约奖和劳动竞赛奖等。

（4）津贴和补贴。是指为了补偿职工特殊或额外的劳动消耗和因其他特殊原因支付给职工的津贴，如岗位津贴、保健津贴、地区津贴等，以及为了保证职工工资水平不受物价变动影响而支付给职工的各种物价补贴。

（5）加班加点工资。是指对法定节假日和公休假日工作的职工，以及在正常工作日经同意延长工作时间的职工按规定支付的加班工资和加点工资。

（6）其他工资。是指其他根据国家规定支付的工资，如调整工资、补发的上年工资等。

核算职工工资总额时应遵循以下原则。

（1）与职工的统计口径一致。职工工资总额的支付对象是企业全部职工。

（2）只统计劳动报酬。计入职工工资总额的只能是劳动报酬，不论其是以货币形式支付还是以实物形式支付。对于实际支付给职工，构成职工收入的非劳动报酬，如上下班交通补贴、劳动保护用品、洗理费、独生子女费、困难补助费等均不计入工资总额。

（3）按报告期实发数进行统计。

2. 其他从业人员劳动报酬统计

其他从业人员劳动报酬，是指企业在一定时期内直接支付给本企业其他从业人员的全部劳动报酬，包括支付给再就业的离退休人员、民办教师、在本企业工作的外方人员和港澳台方人员、兼职人员、借用的外单位人员以及第二职业者的劳动报酬总额。

（二）职工工资的统计分析

1. 平均工资及其变动分析

职工工资水平高低是通过其平均工资来反映的。为了反映企业平均工资的变动情况，需要计算平均工资指数。平均工资的变动，受到两方面因素的影响：一是各类职工工资水平变动的影响；二是各类职工在全体职工中所占比重的影响。

通过计算平均工资指数，可以反映企业总平均工资报告期比基期增长或降低的程度；通过对平均工资指数体系的分析，可以反映在总平均工资的变动中，受各类职工工资水平变动的影响有多大，受各类职工在全体职工中所占比重的变动的影响又是多大。

【例 4-5】 某物流企业有关资料如表 4-7 所示。

表 4-7　　某物流企业有关资料

职工类别	工资总额（元）		职工人数（人）		平均工资（元/人）		
	基期	报告期	基期	报告期	基期	报告期	指数（%）
直接生产人员	320000	692160	400	840	800	824	103
管理技术人员	270000	166860	300	180	900	927	103
后勤服务人员	280000	129780	400	180	700	721	103
合　计	870000	988800	1000	1200	870	824	94.71

从表 4-7 中可以看出，该企业三类人员报告期平均工资较基期都提高了 3%，但企业职工总平均工资却下降了 5.29%，这就是人员结构变动影响的结果。直观的感觉是在职工人数变化的过程中，工资水平居中游的直接生产人员比重加大，而工资水平高的管理技术人员和工资水平低的后勤服务人员比重都下降，后勤服务人员比重下降幅度大于管理技术人员比重下降幅度，从而造成总平均工资水平下降。具体的计算分析过程为：

$$\frac{\bar{X}_1}{\bar{X}_0}=\frac{\dfrac{\sum x_1f_1}{\sum f_1}}{\dfrac{\sum x_0f_0}{\sum f_0}}=\frac{\dfrac{\sum x_1f_1}{\sum f_1}}{\dfrac{\sum x_0f_1}{\sum f_1}}\times\frac{\dfrac{\sum x_0f_1}{\sum f_1}}{\dfrac{\sum x_0f_0}{\sum f_0}}$$

$$94.71\%=103\%\times91.95\%$$

$$\frac{\sum x_1f_1}{\sum f_1}-\frac{\sum x_0f_0}{\sum f_0}=\left(\frac{\sum x_1f_1}{\sum f_1}-\frac{\sum x_0f_1}{\sum f_1}\right)+\left(\frac{\sum x_0f_1}{\sum f_1}-\frac{\sum x_0f_0}{\sum f_0}\right)$$

$$-46\text{元}=24\text{元}+（-70\text{元}）$$

该企业总平均工资水平下降了5.29%，下降的绝对额为46元。其原因是由于各类人员平均工资水平的变动使总平均工资水平提高了3%，提高的绝对额为24元；由于人员结构发生变化使总平均工资下降了8.05%，下降的绝对额为70元。

2. 实际工资及其变动分析

职工工资是职工生活费的主要来源，提高职工生活水平的主要途径是职工工资的增加。职工工资主要是以货币来支付的。在市场经济条件下，同样的货币收入在不同时期能购买到的商品和劳务是不同的，货币工资的增长并不能表示职工劳动报酬的真正增长、职工生活水平的真正提高。

为了更准确地反映职工的工资水平和生活水平，需要计算职工平均实际工资。其计算公式为：

$$职工平均实际工资=\frac{报告期职工平均货币工资}{报告期职工生活费价格指数} \quad (4-41)$$

为了反映实际工资的变动，需要计算实际工资指数。其计算公式为：

$$\begin{aligned}职工平均实际工资指数&=\frac{报告期职工平均实际工资}{基期职工平均实际工资}\\&=\frac{报告期职工平均货币工资}{报告期职工生活费价格指数}\div\frac{基期职工平均货币工资}{基期职工生活费价格指数}\\&=职工平均货币工资指数\div生活费价格指数 \quad (4-42)\end{aligned}$$

【例4-6】 某物流企业某年职工平均货币工资为60000元，比上年增长12%，生活费价格指数为106%，则：

职工平均实际工资指数=112%/106%×100%=105.66%

这说明，虽然生活费价格指数增加了6%，但由于货币工资上升更多（为12%），职工的实际工资水平还是比上年提高了5.66%。

3. 工资水平与劳动生产率发展速度的对比分析

工资水平的增长与劳动生产率的增长有着密切的联系。企业在提高职工工资收入时，需考虑其与生产发展的相适应程度。一般来说，劳动生产率增长速度应高于工资的增长速度，这样才能增加企业的积累，保证扩大再生产的进行。反之，则会因工资增长过快而减少企业的积累或发生通货膨胀。同时，职工工资水平增长速度又不能过低于劳动生产率的增长，以免影响职工的生产积极性，最终也就可能导致劳动生产率的下降。因此，两者要适当兼顾。

工资水平与劳动生产率发展速度的对比分析，是计算同一时间同一空间的平均工资指数与劳动生产率指数的比率。其计算公式为：

$$平均工资指数与劳动生产率指数的比率=\frac{平均工资指数}{劳动生产率指数} \quad (4-43)$$

该指标一般以小于1为好。计算结果若大于1，则表明职工平均工资水平的增长超过了劳动生产率的增长。

第二节　劳动对象投入统计

劳动对象是人们在生产中将劳动加于其上的一切东西。劳动对象分为两种：一种是自然资源，即存在于自然界的各种矿物资源和动植物资源，如各种矿产、森林等；另一种是原材料，即经过人类加工生产出来的物资资料，如生铁、钢材、棉花、原木等。原材料是原料和材料的总称。来自采掘工业和农业的产品称为原料，如矿石、棉花等。将原料进一步加工后所提供的产品称为材料，如钢材、木材、棉纱等。在实际工作中，通常并不对原料和材料作严格的区分，统称为原材料。

原材料按其在生产过程中所起的作用不同，可分为原料、主要材料和辅助材料。原料和主要材料构成产品实体，如炼铁用的铁矿石、炼钢用的生铁、纺纱用的棉花、织布用的棉纱等。而辅助材料只是在生产的过程中起作用，如冷却剂、润滑油用于机器，起降温、润滑作用；燃料用于供应热能等。原材料、主要材料和辅助材料的划分仅取决于它们在生产过程中起主要作用还是辅助作用，并不取决于它们本身的特性。同一种产品既可做主要材料，也可做辅助材料。如煤在焦化厂生产中是原料，而用作供热用的燃料，则是辅助材料。

物流业在将物品从生产地送到客户手中的过程中，根据实际需要，将运输、储存、装卸、搬运、包装、流通加工、配送、信息处理等基本功能实施有机结合。因此，物流业的生产经营过程同时也是消耗原材料的过程。如物品的运输、入库、出库过程需要消耗燃料、润滑油等；为在流通中保护产品、方便储运，需要对物品进行包装的包装材料等，这些都是物流成本的构成项目。因此，物流业应合理节约使用原材料，从而降低成本，提高经济效益。企业统计应及时准确地反映原材料的收、支、存情况，为企业合理安排生产经营和组织原材料的供应提供依据。

一、原材料收、支、存统计

原材料在企业的运作由四大环节组成，即收入、消费、拨出、库存。原材料收支存统计主要是通过有关原材料收入量、支出量与库存量的核算，为企业原材料管理决策提供信息服务。

（一）原材料收入量统计

原材料收入量是指企业在报告期内实际收到并经验收，办理了入库手续的原材料数量。在计算原材料收入量时，需遵循以下两条原则。

(1)“谁收入谁统计”。凡是企业实际收到的原材料，不论是购入的或者是借入的，都要计入原材料收入量。尚在运输途中的原材料不能计入收入量，运输途中的损耗、短缺也不能计入原材料收入量。若企业实际收货量与发货单（或提货单）上的数字不一致时，一律按实际收到量进行统计。

(2) 必须是经验收已办理入库手续的原材料。有些原材料虽已到达本企业，但尚未办理验收入库手续的，不能计入原材料收入量。但是，如果企业由于急需而动用了部分未验收入库的原材料，那么，这部分已动用的原材料应计入原材料收入量。

车间从企业仓库领取的原材料并不一定全部都投入生产工序，这时就会发生车间领而未用原材料的退料问题。其处理方法分两种情况分别而定：

①若收回车间本报告期领用的原材料，则不作收入量处理，而只需冲减本期发料数即可；

②若收回车间上期领用而不用的原材料，则作为其他收入统计在原材料收入量中。

企业收回借出的原材料的处理方法也分两种情况而定：

①若收回同期借出的原材料，则不计入收入量而只冲减本期拨出量；

②若收回以前时期借出的原材料，则作为其他收入而统计在原材料收入量中。

在核算原材料收入量的基础上，应进一步检查原材料收入计划的执行情况，分析原材料收入量对企业生产的保证程度。

【例 4－7】 某物流企业生产包装用纸箱需要不同规格的瓦楞纸板，2017 年瓦楞纸板收入量资料如表 4－8 所示。

表 4－8　　某物流企业 2017 年瓦楞纸板收入量资料

原材料名称	收入量（t）		计划完成（%）
	计划	实际	
瓦楞纸板合计	66	68	103.0
其中：0.5mm 瓦楞纸板	28	14	50.0
0.8mm 瓦楞纸板	24	19	79.2
1.2mm 瓦楞纸板	14	35	250.0

表 4－8 说明，瓦楞纸板收入总量已超额完成计划，但按不同规格的瓦楞纸板分别考察，1.2mm 的瓦楞纸板超额完成计划一倍半，大大超过生产上的需要；0.5mm 和 0.8mm 的瓦楞纸板都没完成计划，特别是 0.5mm 的瓦楞纸板只完成计划的一半，不能保证生产的需要，这表明原材料收入计划执行得不好。统计部门要提出意见，促使有关部门采取适当措施，改善原材料的供应情况。

（二）原材料消费量统计

原材料消费量是指企业在报告期内实际投入使用的原材料数量。在计算原材料消费量时，需遵循以下两条原则。

(1)“谁消费谁统计”。不论是企业自备的原材料或是借来的原材料，只要是在本企业消费的，就由本企业统计原材料消费量。相反，委托外单位加工的原材料和借出的原材料，则不能计入本企业的原材料消费量，而分别由接受加工单位和借入单位进行统计。由此可知，原材料消费量与原材料的来源和所有权是无关的，而只与是否在企业内部使用有关。

（2）必须是实际投入使用的。原材料消费量以其投入第一道工序的时间为计算时点，凡原材料已投入生产工序，即作消费量统计。有些可重复多次使用的原材料，如用于机器设备的润滑油等，为避免重复统计，只将新料的第一次投入使用作为消费统计，以后重复使用时，不再计算消费量。而车间或工地已经领取但尚未使用的原材料不能计入消费量。

（三）原材料拨出量统计

原材料拨出量是指企业在报告期内实际拨出并已经办理出库手续的全部原材料数量。它反映原材料使用权已从本单位转移到外单位，说明本单位原材料的减少。凡已经办理出库手续的原材料不论是否提走，均应作拨出量统计。

原材料拨出量包括外发加工、卖出、借出以及无偿援助拨出的原材料。原材料拨出量不包括原材料在企业内部各车间、仓库间的拨出转入。

企业原材料的拨出主要是为了互通有无、平衡调剂、减少原材料积压、加速资金周转，以提高原材料的使用效率。

（四）原材料库存量统计

企业的原材料除了消费与拨出外，往往还有一部分暂时未用的原材料，这部分原材料应计入原材料库存量。原材料库存量是指企业在一定时点上（通常是期末、期初）尚未使用而实际存有并归企业所有或支配的原材料数量。计算原材料库存量时，需遵循以下两条原则。

（1）“谁支配谁统计”。必须是企业有权支配动用的。凡是企业有权支配动用的原材料，不论是购入的还是借入的，也不论存放在本单位还是委托外单位代为保管的，都应作为本企业库存量进行统计；反之，若是企业无权动用的原材料、错发到本企业的原材料，不能作为本企业库存量进行统计。

（2）必须是尚未使用而实际结存的。有些原材料虽已经被车间领走，但尚未投入第一道工序，则不能作为消费量统计，应办理“假退料”手续而计入库存量。此外，当期末盘点时，不管盘盈或盘亏，都应按实有数统计而不是按账面数统计。

企业库存的原材料也称原材料储备。从功能上讲，原材料储备一般包括两个内容：经常储备和保险储备。经常储备是为满足日常生产需要建立的储备，保险储备则是为防止原材料缺货而设立的储备。

必要的原材料储备是正常生产经营的保证，但过多的储存会占用大量流动资金，还要负担管理费、承担库存损失和库存风险，从而影响企业的经济效益。因此，对原材料储备要制定定额，并检查定额的执行情况。

原材料储备定额由经常储备和保险储备的需求量决定。经常储备需求量是一个变量，在进货的那个时点上，它等于进货间隔天数乘以每日需要量，可称为最高需求量；在原材料到货前的那个时点上，经常储备量接近于零，被称之为最低需求量。保险储备需求量是一个常量，它等于保险天数乘以每日需求量。由此，储备定额也有最高与最低之分。

$$储备定额=经常储备需求量+保险储备需求量 \tag{4-44}$$

$$最高储备定额=经常储备最高需求量+保险储备需求量 \tag{4-45}$$

$$最低储备定额=保险储备需求量 \tag{4-46}$$

在报告期初或期末，可在统计库存量的同时，对照储备定额检查库存是否合理。不论在哪个时点上，实际库存高于最高定额为绝对超储，低于最低定额为绝对不足。具体来说，应结合下次进货日期来分析原材料的相对超储或不足。

【例 4-8】 某物流企业 2017 年 4 月初四种主要原材料的库存资料如表 4-9 所示。

表 4-9　某物流企业 2017 年 4 月初四种主要原材料的库存资料

原材料名称	计量单位	进货时间	每日需求	保险天数	实际库存	储备定额	
						最高	最低
A	t	每月 10 日	5	—	175	150	0
B	t	每月 10 日	13	3	30	429	39
C	kg	每月 15 日	20	—	400	600	0
D	m^2	每月 15 日	4	—	50	120	0

假定原材料购进后第二天就可以使用，则在 4 月 1 日 8 时检查时，A 材料实际库存高于最高储备定额，为绝对超储。若结合下次进货日期来分析，A 材料相对超储了 125t，过多占用流动资金；B 材料实际库存低于最低储备定额，为绝对不足。若结合下次进货日期来分析，B 材料缺口达 139t，不能保证生产的需要，应立刻组织进货；结合下次进货日期来分析，C 材料实际库存 300kg 就可以满足生产需求，而实际库存为 400kg，相对超储了 100kg；结合下次进货日期来分析，D 材料为相对不足，差额为 10kg，应立刻组织进货。

原材料收入量、消费量、拨出量、库存量之间的关系如下：

$$\begin{aligned}原材料期末库存量=&原材料期初库存量+本期原材料收入量-本期原材料消费量-\\&本期原材料拨出量+盘盈-盘亏\end{aligned} \tag{4-47}$$

式中的盘盈、盘亏就是实际库存与账面库存的差异，其结果若为正就叫盘盈，其结果若为负就叫盘亏。

二、原材料消耗与利用统计

原材料消耗统计主要是通过核算企业主要原材料的总消耗量、消耗水平及其变动，为企业原材料消耗管理决策提供信息服务。

(一)原材料消耗量

原材料消耗量是指生产某一种产品自投料开始到制成成品的整个生产过程中所消耗的某种原材料的全部数量。

原材料消耗量包括:

①合格品和废次品所耗用的原材料数量;

②生产过程中发生的边角余料、废屑残渣等各种工艺性损耗;

③在生产过程中物料、半成品、在产品的储存和运送过程中所发生的损耗;

④由于设备检修、开工、停工引起的物料消耗;

⑤返修改制不合格品的消耗等。循环使用的原材料以第一次投入量计算消耗量。

原材料消耗量不包括:

①进入生产过程之前的各种储运损耗;

②已完成但未检验的产品所消耗的原材料以及半成品、在产品所消耗的原材料;

③科学实验、技术革新、非标准设备制造、劳动保护等消耗的原材料。

因此,原材料消耗量是生产产品的原材料消耗数量,凡是与产品生产无关或无直接关系的原材料消耗均不应包括在内;原材料消耗量是入库成品所消耗的原材料数量,不包括本期结存的在产品、半成品所消耗的原材料数量,但包括本期生产成品所消耗的上期结存的在产品、半成品的原材料数量。

(二)原材料消耗量与原材料消费量的区别

原材料消耗量与原材料消费量是两个不同的统计指标,其主要区别如下。

1. 计算目的不同

原材料消耗量的核算是为了反映产品的单耗水平,分析产品消耗定额的执行情况及单耗水平的动态变化与静态对比状况;而原材料消费量的核算则是为企业编制原材料供应计划,研究原材料使用方向提供依据。

2. 计算内容不同

原材料消费量是以企业为对象计算,不仅包括产品生产所使用的原材料数量,也包括非产品生产所使用的原材料数量,凡是企业在报告期内的原材料消费均应计入。原材料消费量不包括发外加工而在外单位消耗的原材料,不考虑其是否直接用于某种产品的生产;原材料消耗量则以产品为对象计算,不管原材料在哪个单位消耗,只要是用于该产品生产的,都要计入原材料消耗量。

3. 计算时间不同

原材料消耗量是以生产某种产品的整个生产过程所需要时间为计算时间;而原材料消费量则是以报告期为计算时间。

（三）原材料消耗量的计算方法

原材料消耗量的计算是一项较为复杂的工作，不同产品的生产特点各异，其原材料消耗量的计算方法也不相同。主要计算方法如下。

1. 投料法

对生产过程比较简单，生产周期比较短，不需要对在产品、半成品进行盘存的产品，可以采用投料法。其计算公式为：

$$原材料消耗量=本期领料量-本期退料量 \tag{4-48}$$

若企业没有完善的退料制度，则计算公式为：

$$原材料消耗量=本期领料量+期初领而未用的原材料数量-期末领而未用的原材料数量 \tag{4-49}$$

【例 4-9】 某物流企业某月份生产了某种物品的包装纸箱 3000 个，当月领瓦楞纸板 4000kg，到月底尚余 100kg 留待下月使用，本月消耗的瓦楞纸板中有 200kg 是上月领而未用的。则本月生产的纸箱瓦楞纸板消耗量为：

瓦楞纸板消耗量=4000+200-100=4100（kg）

2. 平衡法

对生产过程比较复杂，生产周期比较长，需要对在产品、半成品进行盘存的产品，可以采用平衡法。其计算公式为：

$$原材料消耗量=本期投料量+期初在产品、半成品结存折料量-期末在产品、半成品结存折料量 \tag{4-50}$$

3. 构成法

对连续投料、连续生产、不便于对在产品进行盘存的产品，可采用构成法。其计算公式为：

$$原材料消耗量=入库成品重量+废次品重量+各种工艺损耗量 \tag{4-51}$$

（四）原材料消耗水平统计

原材料消耗水平统计指标一般有两类：一是单位产品原材料消耗量，二是原材料利用率。

1. 单位产品原材料消耗量

单位产品原材料消耗量（单耗）是指生产每单位产品平均实际消耗的原材料数量，简称单耗。单耗指标是综合反映企业生产管理水平、生产技术水平的基本指标之一，也是反映企业物化劳动经济效益的主要指标以及企业制订和修订原材料消耗定额的主要依据。其计算公式如下：

$$单耗=\frac{生产某种产品的某种原材料消耗量}{某种产品的生产量} \tag{4-52}$$

为了正确地反映原材料的消耗水平，计算单耗时必须使产品产量的范围与原材料消耗量的内在口径相一致。这种子项与母项的一致性由计算单耗指标的目的所决定。当计算单耗是为了反映物化劳动的经济效益水平时，原材料单耗的分母仅指合格品，而分子不仅包括合格品和边角余料、废屑残渣的原材料消耗，而且也包括废次品的原材料消耗，也就是说，废次品所耗用的原材料由合格品来承担，这可以促使企业降低废次品的产生，从而节约原材料；当计算单耗是为企业修订原材料消耗定额时，由于原材料消耗量中包括废、次品的消耗，其产品的生产量也应包括废、次品数量。

原材料消耗定额是指在一定的生产、技术、组织条件下，制造单位产品或完成单位工作量所必须消耗的原材料数量的标准。将原材料单耗与原材料消耗定额进行比较是检查原材料消耗定额执行情况的一种方法。

原材料消耗定额执行情况的检查一般分为四种情况：一种原材料生产一种产品的检查、一种原材料生产多种产品的检查、多种原材料生产一种产品的检查、多种原材料生产多种产品的检查。根据物流企业的生产特点，物流企业原材料消耗定额执行情况的检查主要分两种情况。

(1) 一种原材料生产一种产品的检查。

$$消耗定额指数=\frac{m_1}{m_n}\times100\% \quad (4-53)$$

式中：m_1 为报告期实际单耗，m_n 为消耗定额。

若计算结果小于 100%，说明原材料节约；若大于 100%，则说明原材料消耗已超支。

在实际工作中，可进一步计算由于单耗降低（或增加）而节约（或超支）的原材料总量及增产量。

$$节约（或超支）的原材料数量=（实际单耗-消耗定额）\times报告期产量 \quad (4-54)$$

$$增产量（内含）=实际生产量-（原材料消耗总量\div消耗定额） \quad (4-55)$$

$$增产量（外延）=原材料节约量\div实际单耗 \quad (4-56)$$

【例 4-10】 某物流企业 2017 年生产某种物品的包装箱 15000 个，木板的消耗定额为 2kg，实际耗用木板 28800kg，则：

$$实际单耗=\frac{28800}{15000}=1.92\ (kg/个)$$

$$消耗定额指数=\frac{m_1}{m_n}\times100\%=\frac{1.92}{2}\times100\%=96\%$$

$$木板节约量=(1.92-2)\times15000=-1200\ (kg)$$

$$增产量（内含）=15000-(28800\div2)=600\ (个)$$

计算结果表示，在已生产的 15000 个木箱中，有 600 个是由于节约原材料而增加的产品。内含的增产量是已经实现了的增产量。

$$增产量（外延）=1200\div1.92=625\ (个)$$

计算结果表示，利用节约的1200kg木板可增产木箱625个。外延的增产量是目前尚未实现的增产量，至于下期能否实现，则要看下期的生产情况。

(2) 一种原材料生产多种产品的检查。

$$消耗定额总指数=\frac{\sum m_1q_1}{\sum m_nq_1}\times100\% \tag{4-57}$$

式中：q_1 为报告期产品产量。

2. 原材料利用率

原材料利用率是从原材料有效利用程度的角度，反映原材料消耗的经济效益。原材料利用率有两种含义：

其一，原材料利用率是以单位原材料制成产品数量的多少来反映原材料的利用程度。其计算公式为：

$$原材料利用率=\frac{产品产量}{原材料消耗量}\times100\% \tag{4-58}$$

其二，原材料利用率是以构成产品实体的某种原材料数量占消耗该种原材料数量的比率来反映原材料的利用程度。如纸板的利用率、木板的利用率等。它可以分别按该种原材料生产一种产品或多种产品两种情况计算，其计算公式为：

$$原材料利用率=\frac{构成某种产品实体的原材料数量}{生产该种产品的原材料消耗量}\times100\% \tag{4-59}$$

或

$$原材料利用率=\frac{构成多种产品实体的同种原材料数量}{生产多种产品的同种原材料消耗量}\times100\% \tag{4-60}$$

3. 原材料单耗与原材料利用率的区别

原材料单耗和原材料利用率都是反映原材料消耗水平的统计指标，两者都要求其对比的子项与母项资料在口径上保持一致。同时，两者还存在以下主要区别：

(1) 原材料单耗只能反映某种产品对某种原材料的消耗水平；而原材料利用率不仅可以就单一产品计算，而且可以就使用同一种原材料的多种产品，计算其综合利用率，它能够较单耗在更大范围内反映某种原材料的利用程度。

(2) 原材料单耗是一种平均数，是有计量单位的名数；而原材料利用率一般来说是一种结构相对数，其数值的表现形式为百分数。

(3) 原材料单耗是一逆指标，即单耗越小，说明原材料的利用程度越高；而原材料利用率是一正指标，即原材料利用率越大，说明原材料的利用程度越高。

第三节　劳动资料投入统计

劳动资料是人们用以改变或影响劳动对象的一切物质资料或物质条件，是进行物流活动必须具备的另一要素。劳动资料是企业固定资产的主体，其主要特点是使用时间比较长，单位价值比较大。它们可以多次参与生产，重复地被使用，并在使用过程中保持原有的实物形态不变；其价值以折旧形式逐步转移到产品中去，构成产品价值的一部分。

物流业劳动资料主要包括进行物流活动使用的各种物流基础设施、机器设备、运输设备、装卸搬运设备、仓储设备、自动分拣设备、集装单元化器具、包装设备、房屋、工具器具等。劳动资料是进行物流活动，提高物流系统效率的主要手段。

设备是劳动资料的主体，担负着物流作业的各项任务，影响着物流活动的每一环节，在物流活动中处于十分重要的地位。在整个物流过程中，包装、运输、装卸、储存、配送等功能作业环节和其他辅助作业的高效完成需要不同的物流设备。物流设备按其作用，主要可分为装卸搬运设备、仓储设备、包装设备等。装卸搬运设备主要包括起重设备、运输设备、装卸设备、工业车辆、管道气力输送设备等。仓储设备主要包括搬运设备、起重设备、存取设备、自动分拣设备等。包装设备主要包括固体充填设备、液体灌装设备、裹包设备、封口设备、贴标设备、清洗与干燥设备等。

本节主要介绍物流基础设施统计、物流设备数量统计、物流设备数量利用统计、物流设备时间利用统计、物流设备能力利用统计以及物流设备综合利用统计。

一、物流基础设施统计

（一）固定资产的分类

固定资产是指使用年限在一年以上，单位价值在规定标准以上，并在使用过程中保持原有物质形态的劳动资料和其他物质资料。例如，房屋、建筑物、机器设备、运输设备、工具仪器等。其统计范围，包括企业拥有的各种生产经营用劳动资料以及用于职工福利设施等各项非生产用固定资产。

物流业固定资产种类繁多，且在生产经营过程中处于不同的地位，发挥不同的作用。因此，必须对固定资产进行合理分类，以便研究其特点和配备情况，分析各类固定资产的利用程度。

1. 按经济用途分类

物流业固定资产按其经济用途可分为生产性固定资产和非生产性固定资产两种。

（1）生产性固定资产。是指直接参加生产经营过程和直接服务于生产经营过程的固定资产。如社会物流基础设施、企业行政管理部门等生产经营使用的房屋、企业的仓库、装卸搬运设备、包装设备、机车、铁路专用线、汽车、船舶和车站、码头上的各种设施建筑物，以及为保障交通运输、装卸搬运等工具正常使用的修理车间的设备等。

（2）非生产性固定资产。是指企业用于非生产经营方面的各种固定资产，包括职工宿舍、招待所、俱乐部、食堂、浴室等固定资产。

按照经济用途分类，可以反映两大类固定资产以及用于生产经营的各类固定资产的构成和变化情况，便于研究固定资产的投资结构，合理安排两大类固定资产的比例。

2. 按使用状况分类

物流业固定资产按照其使用状况可分为使用中的固定资产、出租的固定资产、未使用的固定资产、不需用的固定资产四种。

(1) 使用中的固定资产。是指在本单位参与生产经营过程的固定资产，包括正在使用的、备用的、因季节性原因或因修理而暂停使用的固定资产。

(2) 出租的固定资产。是指企业用收取租金方式租给外单位在一定时期内使用的固定资产。

(3) 未使用的固定资产。是指尚未开始利用的新增固定资产，因生产任务变更而未使用或停止使用的固定资产，以及进行改建、扩建的固定资产。

(4) 不需用的固定资产。是指不适合本企业的需要，并经批准准备处理的固定资产和封存的固定资产。

固定资产按照其使用情况进行分类，可以反映固定资产的利用情况，促使企业尽快地将未使用的固定资产投入使用，及时地处理不需用的固定资产，以提高固定资产的利用率。

3. 按所属关系分类

物流业固定资产按其所属关系可分为权益固定资产、租入固定资产、接受投资的固定资产三种：

(1) 权益固定资产。是指企业拥有的，可供长期使用的固定资产。

(2) 租入固定资产。是指企业以支付租金方式从外单位租入，以供企业一定时期内使用的固定资产。它的所有权仍属于出租单位，仅供本单位使用，而不包括在本单位固定资产之内。

(3) 接受投资的固定资产。是指联营企业接受外单位投入的固定资产，在联营期间，这种固定资产要为联营企业服务，但其所有权仍归属原投资者。

物流相关行业固定资产投资完成额是指在报告期内，物流相关行业建设项目累计完成的全部投资。

(二) 物流基础设施统计指标

物流基础设施是固定资产的重要部分，担负着物流作业的各项任务，影响着物流活动的每一个环节，物流基础设施是提高物流系统效率的主要手段，是反映物流系统水平高低的主要标志，在物流活动中处于十分重要的地位。因此，对物流基础设施进行统计分析，是物流统计的重要内容。物流基础设施统计指标按核算范围，可分为社会物流设施数量统计指标和企业物流基础设施数量统计指标两大类。

1. 社会物流设施数量统计指标

反映社会物流设施数量的统计指标主要有：

（1）铁路营业里程。

铁路营业里程又称营业长度（包括正式营业和临时营业里程），指办理客货运输业务的铁路正线总长度。

（2）公路里程。

公路里程指在报告期内实际达到《公路工程技术标准》（JTG B01—2014）规定的等级公路，并经公路主管部门正式验收交付使用的公路里程数。

（3）内河航道里程。

内河航道里程也称内河通航里程，指在报告期内，能通航运输船舶、排筏的天然河流、湖泊、水库、运河及通航渠道的长度。

（4）民用航空航线里程。

民用航空航线里程指在报告期内，民用运输飞机飞行的航线长度。

（5）输油（气）管道里程。

输油（气）管道里程指油（气）实际输送的距离。

（6）民用货运汽车拥有量。

民用货运汽车拥有量指在公安交通管理部门注册登记并领有本地区民用车辆牌照，用于运送货物的汽车。一般分为重型、中型、轻型和微型四种。

（7）民用运输船舶拥有量。

民用运输船舶拥有量指在报告期内，全社会实际拥有的可用来进行水上运输且由航政部门和港务监督部门掌握的领有船舶牌照的民用船舶，包括具有运输、旅游双重作用的旅游船。

（8）铁路货车拥有量。

铁路货车拥有量指在报告期内，用于装运货物的铁路车辆。

1991—2015 年我国物流基础设施主要指标如表 4-10 所示。

表 4-10　　1991—2015 年我国物流基础设施主要指标　　单位：万公里

年份	铁路里程	公路里程	内河航道里程	民用航空航线里程	输油（气）管道里程
1991	5.8	104.1	11.0	55.9	1.6
1992	5.8	105.7	11.0	83.7	1.6
1993	5.9	108.4	11.0	96.1	1.6
1994	5.9	111.8	11.1	104.6	1.7
1995	6.3	115.7	11.1	112.9	1.7

续　表

年份	铁路里程	公路里程	内河航道里程	民用航空航线里程	输油（气）管道里程
1996	6.5	118.6	11.1	116.7	1.9
1997	6.6	122.6	11.0	142.5	2.0
1998	6.6	127.9	11.0	150.6	2.3
1999	6.7	135.2	11.7	152.2	2.5
2000	6.9	140.3	11.9	150.3	2.5
2001	7.0	169.8	12.2	155.4	2.8
2002	7.2	176.5	12.2	163.8	3.0
2003	7.3	181.0	12.4	175.0	3.3
2004	7.4	187.1	12.3	175.0	3.8
2005	7.5	193.1	12.3	199.9	4.4
2006	7.7	345.7	12.3	211.3	5.0
2007	7.8	358.4	12.3	234.3	5.5
2008	8.0	373.0	12.3	246.2	5.8
2009	8.6	386.1	12.4	234.5	6.9
2010	9.1	400.8	12.4	276.5	7.9
2011	9.3	410.6	12.5	349.1	8.3
2012	9.8	423.8	12.5	328.0	9.7
2013	10.3	435.6	12.6	410.6	9.9
2014	11.2	446.4	12.6	463.7	10.6
2015	12.0	450.0	12.7	531.7	12.0

资料来源：①中国物流与采购联合会．中国物流年鉴［M］. 北京：中国物资出版社，2007.

②中国物流与采购联合会．“十二五”中国物流统计报告［M］. 北京：中国财富出版社，2016.

表 4－10 数据表明，我国在物流用主要基础设施方面的投资保持较快增长，以 1991 年为基期，2015 年为报告期，铁路里程增长了 106.90％，公路里程增长了 332.28％，内河航道里程增长了 15.45％，民用航空航线里程增长了 851.16％，输油（气）管道里程增长了 650％。由于物流用主要基础设施投入的不断增长，我国物流运作条件得到了很大的改善。

2. 企业物流基础设施数量统计指标

反映企业物流基础设施数量的统计指标主要有：

（1）自有仓储面积（平方米）：指本企业拥有并用于保管、储存物品的建筑物和场所的面积，包括库房面积和货场面积。

$$库房面积=内墙长\times内墙宽-障碍物面积 \tag{4-61}$$

其中，障碍物面积为不能存放货物部分的面积，如柱子等。

(2) 租用仓储面积（平方米）：指租用本企业以外的保管、储存物品的建筑物和场所的面积，包括库房面积和货场面积。

(3) 装卸设备（台）：专用于装卸搬运货物的设备，包括集装箱装卸桥、门式起重机、桥式起重机、带式输送机、叉车等。

(4) 物流计算机信息管理系统（套）：指为提高经营管理的工作效率，对相关物流过程进行全面动态监控与管理的计算机管理系统。

(5) 铁路专用线（条）：指和铁路大动脉相连，归企业所有的为加速货物的集散而铺设的专用铁路线。

(6) 货运车辆（辆）：包括普通货车和专用货车。

普通货车（辆）：指只有一般构造的栏板式及平板式货运汽车，包括自卸车、半挂车等。

专用货车（辆）：指具有特殊构造和专门用途的货运汽车，如集装箱专用车、冷藏车、罐车、活畜运输车、散装水泥车等。

(7) 冷藏车（辆）：能进行冷冻运输的货运汽车。

(8) 集装箱专用车（辆）：专用装载集装箱的货运汽车。

二、物流设备数量统计

设备是物流企业的物化劳动生产力，物流设备的数量及其设备技术含量的高低，直接关系到物流活动各项功能的完善和有效实现，决定着物流系统的技术含量。离开设备，物流系统就无法运行或物流服务水平及物流系统运行效率可能极其低下。物流企业应充分使用所拥有的设备，杜绝闲置，并应保障企业设备在完好的状态下得到充分使用。

物流设备按其是否接近生产及其程度不同，可计算下列指标并构成企业设备数量统计指标体系。

(一) 实有设备

实有设备是指企业在报告期末，通常是年末实际拥有的设备数量。包括企业自有及租入（或借入）的、已安装及未安装的设备，不包括已批准报废的、订购未运抵本企业的设备以及租出（或借出）的设备。

(二) 已安装设备和未安装设备

已安装设备是指已安装完毕并经正式验收的设备，包括正常开动的设备和备用设备。备用设备是指已安装完毕，一旦正在使用中的设备发生故障，它马上就可接替原设备工作。由于临时故障而不能开动和待修的设备、正在修理和改装的设备、封存保管的已安装设备、不需要安装在一定地点的移动使用设备，都算已安装的设备。

未安装设备包括已购入但未安装的设备、已安装但未正式验收投产的设备、仓库中储存的多余设备以及因不需用已拆除或正在拆除的设备。

（三）已使用设备和未使用设备

已使用设备是指报告期内已经开动过一天（一个班次）以上的设备。既包括由于季节性生产、大修理等原因而停止使用的设备，也包括正常备用或替换使用的设备。

未使用设备是指报告期内未使用的设备。包括已经停止使用的设备、正在进行技术改造的设备、不使用的封存设备以及企业不需要并经正式确定处理的设备。

（四）完好设备和非完好设备

完好设备是指同时符合下列三个条件的设备，不满足下列条件的为非完好设备。

①设备性能良好，能达到原设计标准，设备精度能满足生产工艺要求，运转无超温、超压现象；

②设备运转正常，零部件齐全，没有较大的缺陷，磨损程度不超过规定的技术标准，主要的计量仪器、仪表和润滑系统正常；

③原材料、燃料、油料等消耗正常，基本没有漏油、漏水、漏气、漏电现象。

物流设备数量统计指标之间的关系如图 4－2 所示。

- 实有设备
  - 未安装设备
  - 已安装设备
    - 未使用设备
    - 已使用设备
      - 非完好设备
      - 完好设备

图 4－2　物流设备数量统计指标之间的关系

三、物流设备数量利用统计

充分利用企业现有设备，科学合理地提高设备的生产效率，对于降低成本，增加企业经济效益，提高市场竞争力有着重要的意义。物流设备在数量上的利用程度，主要通过以下统计指标反映：

（一）实有设备安装率

实有设备安装率是指已安装设备与实有设备之比，它反映实有设备的安装程度。其计算公式为：

$$\text{实有设备安装率}=\frac{\text{已安装设备数量}}{\text{实有设备数量}}\times 100\% \qquad (4-62)$$

(二) 已安装设备使用率

已安装设备使用率是指实际使用设备(即已安装设备使用数)与已安装设备之比，它反映已安装设备的利用程度。其计算公式为：

$$\text{已安装设备使用率}=\frac{\text{实际使用设备数量}}{\text{已安装设备数量}}\times 100\% \tag{4-63}$$

(三) 实有设备使用率

实有设备使用率是指实际使用设备与实有设备之比，它反映实有设备的利用程度。其计算公式为：

$$\begin{aligned}\text{实有设备使用率}&=\frac{\text{实际使用设备数量}}{\text{实有设备数量}}\\&=\frac{\text{已安装设备数量}}{\text{实有设备数量}}\times\frac{\text{实际使用设备数量}}{\text{已安装设备数量}}\\&=\text{实有设备安装率}\times\text{已安装设备使用率}\end{aligned} \tag{4-64}$$

(四) 使用设备完好率

使用设备完好率是指完好设备与实际使用设备之比，它反映使用设备的完好程度。其计算公式为：

$$\text{使用设备完好率}=\frac{\text{完好设备数量}}{\text{实际使用设备数量}}\times 100\% \tag{4-65}$$

(五) 实有设备完好率

实有设备完好率是指完好设备与实有设备之比，它反映实有设备的完好程度。其计算公式为：

$$\begin{aligned}\text{实有设备完好率}&=\frac{\text{完好设备数量}}{\text{实有设备数量}}\\&=\frac{\text{已安装设备数量}}{\text{实有设备数量}}\times\frac{\text{实际使用设备数量}}{\text{已安装设备数量}}\times\frac{\text{完好设备数量}}{\text{实际使用设备数量}}\\&=\text{实有设备安装率}\times\text{安装设备使用率}\times\text{使用设备完好率}\\&=\text{实有设备使用率}\times\text{使用设备完好率}\end{aligned} \tag{4-66}$$

【例 4-11】 某物流企业某季度实有装卸搬运设备 150 台，已安装 144 台。已安装设备中有 13 台因任务不足在本季度内未曾开动过，则有关统计指标计算如下：

$$\text{实有设备安装率}=\frac{144}{150}\times 100\%=96\%$$

$$\text{已安装设备使用率}=\frac{144-13}{144}\times 100\%\approx 90.97\%$$

$$\text{实有设备使用率}=\frac{131}{150}\times 100\%\approx 87.33\%$$

或

$$实有设备使用率=96\%\times 90.97\%\approx 87.33\%$$

四、物流设备时间利用统计

研究设备时间利用情况，就是要将设备实际工作时间与设备最大可能工作时间进行对比计算设备时间利用率，用以反映设备时间的利用程度，进而分析设备未被利用的原因，从时间上挖掘设备潜力，以便充分利用物流设备。其基本计算公式为：

$$设备时间利用率=\frac{设备实际工作时间}{设备规定工作时间}\times 100\% \tag{4-67}$$

式中，设备实际工作时间是根据原始记录和设备台账计算而来的。设备规定工作时间一般按小时计算。在连续作业的企业里可按年日历小时数减去大修理时间计算。在不连续作业的企业可按制度工作时间或计划开动时间计算。物流企业一般属不连续作业企业，则其时间利用率的计算公式为：

$$制度时间利用率=\frac{设备制度内实际工作时间（台时）}{设备制度工作时间（台时）}\times 100\% \tag{4-68}$$

$$计划时间利用率=\frac{设备制度内实际工作时间（台时）}{制度时间-计划停开时间（台时）}\times 100\% \tag{4-69}$$

式中，制度工作时间由设备台数、报告期制度工作日数、制度工作日长度三者相乘得到。其中，设备台数为已安装设备台数；制度工作日长度为：一班制为 8h，两班制为 15.5h，三班制为 22.5h。

计划停开时间包括因某种原因计划在报告期内不开动的设备台时、备用设备台时、计划修理停开台时等。

【例 4-12】 某物流企业某季度实有装卸搬运设备 150 台，已安装 144 台。已安装设备中有 13 台因任务不足在本季度内未曾开动过。该企业实行两班制生产，该季度制度工作日数为 66 天。季度内计划检修设备 4 台，总计停开 600 台时，实际停开与计划数相同。其他停开记录为：待料 510 台时、无任务 9000 台时、设备故障 450 台时、停电 1150 台时，则有关统计指标计算如下：

$$设备制度工作时间=144\times 66\times 15.5=147312（台时）$$

$$\begin{aligned}设备计划工作时间&=147312-13\times 66\times 15.5-600\\&=133413（台时）\end{aligned}$$

$$\begin{aligned}设备实际工作时间&=133413-510-9000-450-1150\\&=122303（台时）\end{aligned}$$

$$制度时间利用率=\frac{122303}{147312}\times 100\%\approx 83.02\%$$

$$计划时间利用率=\frac{122303}{133413}\times 100\%\approx 91.67\%$$

当企业因经营管理原因或外部经济环境影响而开工不足时，可能有部分物流设备在报告期初做计划时就列入不开动数量之中。故物流设备计划时间利用率并不反映这部分闲置设备的时间利用情况。因此，应重点计算物流设备的制度时间利用率。

五、物流设备能力利用统计

设备能力一般是指单位设备在单位时间内的产量，也称单位设备生产效率。设备时间利用率只是反映设备在时间上的利用程度，没有联系产量去观察设备利用情况，因而属于反映外延因素的利用程度。而设备能力利用率是联系产量去分析设备利用情况的，属于反映内涵因素的利用程度，能直接反映设备投入与产量产出经济效益水平的高低。设备能力利用率的计算公式为：

$$\text{设备能力利用率}=\frac{\text{设备实际能力（实际单产）}}{\text{设备可能能力（理论单产）}}\times 100\% \tag{4-70}$$

式中：设备实际能力是指单位设备在单位时间内实际生产的产量。其计算公式为：

$$\text{设备实际能力}=\frac{\text{产品产量}}{\text{设备实际工作时间}}\times 100\% \tag{4-71}$$

设备可能能力是指在设计规定的条件下，单位设备在单位时间内可能生产的产量，又称设计能力或铭牌能力。设计能力是设计任务书上的设备生产能力。经过技术改造或长期使用后的设备，其可能能力高于或低于原设计能力，这时，设备的可能能力应按重新测定的查定能力计算。查定能力是指在没有设计能力或原设计能力由于设备条件变化已不能反映实际能力时，由企业对有关设备进行重新查定并经主管部门批准的生产能力。其实质是修正了的设计能力。

六、物流设备综合利用统计

在计算了设备的时间利用程度和能力利用程度指标后，应当进一步研究时间利用和能力利用之间的联系以及这两个因素综合作用的影响。设备综合利用统计，就是综合时间和能力两个因素来反映设备的利用情况。

（一）设备综合利用系数

设备综合利用系数是按最大可能利用时间计算的单位日历时间或制度工作时间的产量，它受设备实际能力和设备时间利用程度两个因素的影响。其计算公式为：

$$\begin{aligned}\text{设备综合利用系数}&=\frac{\text{设备实际产量}}{\text{设备规定工作时间}}\\&=\frac{\text{设备实际产量}}{\text{设备实际工作时间}}\times\frac{\text{设备实际工作时间}}{\text{设备规定工作时间}}\\&=\text{设备实际能力}\times\text{设备时间利用程度}\end{aligned} \tag{4-72}$$

（二）设备综合利用程度

设备综合利用程度是设备的实际产量与设备的可能产量间的比值，它受设备利用程度和设备时间利用程度两个因素的影响。其计算公式为：

$$\begin{aligned}\text{设备综合利用率}&=\frac{\text{设备的实际产量}}{\text{设备的可能产量}}\times 100\%\\&=\frac{\text{设备实际作业时间}\times\text{设备实际能力}}{\text{设备可能作业时间}\times\text{设备可能能力}}\times 100\%\\&=\text{设备时间利用率}\times\text{设备能力利用率}\end{aligned}\qquad(4-73)$$

本章小结

本章主要介绍了物流业劳动力投入统计指标及分析方法、劳动对象投入统计指标及分析方法以及劳动资料投入统计指标及分析方法。

劳动力的数量、素质、劳动时间利用的充分性等因素，都将直接影响到物流业的产出和经济效益。劳动力投入统计主要包括劳动力数量统计、劳动力素质统计、劳动时间利用统计和劳动报酬统计。

劳动力数量统计主要包括企业从业人员的期末人数、报告期平均人数及报告期人员人数变动统计指标及分析方法。

劳动力素质是指表现在劳动力的体力和智力上的先天赋存和后天培育的各种生理特征、心理特征和社会特征的总和。劳动力素质统计主要包括文化技术素质、身体素质、思想素质统计指标及分析方法。

充分合理地利用劳动时间，可大大提高劳动生产率、降低成本、增加企业生产经营成果。劳动时间利用统计主要包括劳动时间构成及核算方法以及劳动时间利用情况的统计分析方法。

原材料在企业的运作由四大环节组成，即收入、消费、拨出、库存。及时准确反映原材料的收、支、存情况，可为企业合理安排生产经营活动、降低成本和组织原材料的供应提供依据。劳动对象投入统计主要包括原材料收、支、存以及原材料消耗与利用统计分析方法。

劳动资料是进行物流活动必须具备的另一要素。劳动资料投入统计主要包括物流基础设施统计及物流设备统计。设备是物流企业的物化劳动生产力，设备的数量及其设备技术含量的高低，直接关系到物流活动各项功能的完善和有效实现，决定着物流系统的技术含量。通过对物流企业物流设备的数量统计、数量利用统计、时间利用统计、能力利用统计以及综合利用统计，可为企业充分使用所拥有的设备、杜绝闲置提供信息服务。

思考与练习

一、思考题

1. 简述从业人员的概念和构成。

2. 职工的定义、结构及计算职工人数时应注意哪些问题?

3. 计算平均人数时应注意哪些问题?

4. 可从哪几个方面反映劳动力素质? 有哪些指标?

5. 出勤率、出勤时间利用率和制度时间利用率的计算公式及三者间有何联系?

6. 计算实际工资指数有何意义?

7. 简述原材料消耗量与原材料消费量的区别。

8. 简述原材料单耗与原材料利用率的区别。

9. 原材料消耗定额执行情况的检查可分哪几种情况进行?

10. 实用设备完好率、实有设备安装率、已安装设备使用率、使用设备完好率之间有何联系?

11. 什么是生产设备时间利用率、能力利用率、综合利用率? 三者有何联系?

二、计算题

1. 某物流公司于 2017 年 5 月 4 日开始营运,每日职工人数如表 4-11 所示。

表 4-11　　2017 年 5 月每日职工人数

日期	职工人数(人)
4—8 日	260
9—14 日	300
15—18 日	320
19—24 日	350
25—31 日	360

注:5 月 6 日、7 日、13 日、14 日、20 日、21 日、27 日、28 日为厂休日。

【要求】

根据上列资料计算该物流企业 2017 年 5 月职工平均人数。

2. 某物流公司 2017 年 6 月初职工人数为 1500 人,期内增加职工 100 人,期内减少职工 80人。

【要求】

试计算职工人数变动程度指标、职工增加程度指标和职工减少程度指标。

3. 某物流公司 2017 年 7 月平均生产工人 600 人,一班制生产,每日 8 小时工作制,本月公休日为 8 天，其劳动时间统计资料如表 4-12 所示。

表 4-12　　劳动时间统计资料

全日缺勤	1300 工日	非全日缺勤	2100 工时
全日非生产	450 工日	非全日非生产	620 工时
全日停工	60 工日	非全日停产	380 工时
加班工日	650 工日	加点工时	4000 工时

【要求】

（1）计算工日出勤率、出勤工日利用率、制度工日利用率，并说明三者间的关系；

（2）计算工时出勤率、出勤工时利用率、制度工时利用率，并说明三者间的关系。

4. 某物流中心 2017 年 9 月平均工人为 800 人，该月公休日 8 天。实行一班制（8h），其工时资料如下：

（1）缺勤工时 7500 工时。其中，产假 900 工时，病假 3900 工时，事假 1200 工时，工伤假 1500 工时。

（2）停工工时 4000 工时。其中，动力不足停工 3000 工时，设备事故停工 500 工时，等待材料停工 300 工时，等待任务停工 200 工时。

（3）非生产工时 1200 工时。

（4）加班加点工时 5000 工时。其中，公休日加班 150 工日，加点工时 3800 工时。

【要求】

（1）计算工时出勤率、出勤工时利用率、制度工时利用率，并说明三者间的关系；

（2）编制生产工人劳动时间平衡表。

5. 某物流公司 2017 年全年职工平均人数和平均工资资料如表 4-13 所示。

表 4-13　　某物流公司 2017 年职工平均人数和平均工资资料

项目	基期	报告期
平均人数（人）	800	850
平均工资（元）	1200	1300

【要求】

（1）计算工资总额的动态指标；

（2）计算职工平均人数和平均工资变动对工资总额变动的影响程度。

6. 某物流中心 2017 年工人人数和平均工资如表 4-14 所示。

表 4-14　　某物流中心 2017 年工人人数和平均工资

项目	平均人数（人）		平均工资（元）	
	基期	报告期	基期	报告期
老工人	500	600	110	120
新工人	100	300	60	66

【要求】

(1) 计算可变构成工资指数和固定构成工资指数；

(2) 分析两者不同的原因。

7. 某厂 2017 年 3 月钢材的收、支资料如下：

3 月 1 日　　上月末库存 180t；
3 月 4 日　　合同直达到货 270t，已验收入库；
3 月 6 日　　一车间领用 200t，其中 150t 已投入生产；
3 月 8 日　　委托外单位加工而拨出 50t；
3 月 12 日　　二车间领用 160t，已全部投入生产；
3 月 17 日　　从外省采购 220t，实际验收只有 210t；
3 月 20 日　　借给外厂 100t，已办理出库手续；
3 月 23 日　　收回上月借出钢材 20t；
3 月 25 日　　从市场采购 40t，尚未验收入库，但因急需已动用 6t；
3 月 26 日　　从外省采购 50t，尚在运输途中；
3 月 30 日　　车间办理退料手续 50t；
3 月 31 日　　月终盘盈 1t。

【要求】

计算 2017 年 3 月的原材料收入量、消费量、拨出量和库存量。

8. 某厂报告期生产某种产品 8000 件，钢材消耗定额为 20kg，实际耗用钢材总量 152000 kg。

【要求】

(1) 计算消耗定额指数以及由于实际单耗低于消耗定额而节约的原材料数量；

(2) 计算内含和外延增产量。

9. 某物流公司 2017 年年末实有生产设备 760 台，其中已安装 750 台。目前正在使用的设备为 730 台，其中 3 台有漏油现象。因季节性原因暂停使用 2 台，另有 3 台因故障正在修理。

【要求】

计算实有设备安装率、已安装设备使用率、实有设备使用率、使用设备完好率、实有设备完好率。

第五章　物流成本统计

教学目的与要求

第四章分别从劳动力、劳动对象和劳动资料三个方面介绍了物流投入统计指标的计算与分析方法，但这还不够，还必须对物流各方面的投入做出综合性的描述分析，并进行综合评价。反映物流总投入的指标主要有物流成本总额等。本章主要介绍物流成本的概念、分类、计算与控制方法，适用于所有在国家工商管理部门注册的生产流通企业包括物流企业。准确的企业物流成本统计数据，可为企业开源节流，降低物流成本并对其实施控制提供依据；准确的行业物流成本统计数据可使国家相关部门全面掌握我国现代物流业的规模、结构、发展水平，为制定物流发展政策、战略规划和宏观调控提供决策依据。通过本章的学习，要求学生：①掌握物流成本的概念及分类，其中重点掌握社会物流总费用、货主企业物流成本以及物流企业物流成本的概念，以及委托物流成本和企业自营物流成本的概念；②掌握社会物流总费用的核算方法以及生产制造企业、流通企业、物流企业物流成本的计算方法；③掌握企业物流成本的控制方法。

第一节　物流成本的概念及分类

一、物流成本的概念

物流作为生产运作在流通领域的继续，主要是通过节约流通成本费用而被认为是企业第三利润源泉。物流成本费用总额是反映物流企业总投入的一个重要指标。物流成本费用的降低或提高，受企业物流量的多少、质量的好坏、劳动生产率的高低、原材料和燃料动力消耗的节约或浪费、设备利用的好坏、资金运用以及生产组织和劳动组织是否合理等因素的影响。因此，加强生产经营管理，充分利用人力、物力、财力，不断降低物流成本，为社会提供成本低、质量高的物流服务，是物流企业的一项重要工作。

物流成本是指物流活动中所消耗的物化劳动和活劳动的货币表现。即产品在包装、运输、储存、装卸搬运、流通加工、物流信息、物流管理等过程中所耗费的人力、物力和财力的总和，以及与存货有关的资金占用成本、物品损耗成本、保险和税收成本。

物流企业主要是为货主企业提供专业物流服务的。物流企业通过专业化的物流服务，降低货主企业物流运营成本，并从中获取利润。从这个角度来说，物流企业的运营成本费用实际上就是货主企业物流成本的转移。对一个主要提供物流服务的企业来说，主营业务的成本费用是指直接材料费、直接人工费、营运费用、管理费用和财务费用之和。

(1) 直接材料费是指企业在提供物流服务过程中实际消耗的原材料、辅助材料、设备配件、外购半成品、燃料、动力、包装物、低值易耗品以及其他材料。

(2) 直接人工费是指企业在提供物流服务过程中发生的工资、奖金、津贴、补贴和职工福利费等。

(3) 营运费用是指企业在提供物流服务过程中发生的房屋、建筑物、机器设备等的折旧费，办公费，差旅费，取暖费，水电费，设计制图费，试验检验费，劳动保护费，广告费、展览费、租赁费，修理费，物品损耗费、物流信息费，季节性和修理期间的停工损失以及其他费用。

(4) 管理费用是指企业的行政管理部门组织和管理物流活动而发生的各项费用支出。包括管理人员的工资和福利费，业务招待费、工会经费、职工教育经费、劳动保险费、失业保险费、董事会经费、涉外费、租赁费、咨询费、诉讼费、房产税、土地使用税、印花税、车船使用税、土地损失补偿费、上交上级管理费以及其他管理费用等。其中，劳动保险费包括支付给病退休职工的退休金、价格补贴、医药费、退职金、抚恤金和企业按规定支付给离休干部的各项经费。失业保险费是指企业按国家规定缴纳的失业保险基金。

(5) 财务费用是指企业为筹集物流活动所需资金而发生的各项费用，包括企业生产经营期间发生的利息净支出、汇兑净损失和金融机构手续费以及筹资发生的其他费用等。但是，固定资产尚未完工交付使用前发生的费用，应计入固定资产价值，不在此项核算。

二、物流成本的分类

(一) 物流成本按对物流成本管理和控制的不同角度来分，可分为社会物流总费用、货主企业物流成本以及物流企业物流成本

1. 社会物流总费用

社会物流总费用是指报告期内，国民经济各方面用于社会物流活动的各项费用支出。包括支付给运输、储存、装卸搬运、包装、流通加工、配送、信息处理等各个物流环节的费用；应承担的物品在物流期间发生的损耗费用；社会物流活动中因资金占用而应承担的利息支出；社会物流活动中发生的管理费用等。

社会物流总费用包括运输费用、保管费用、管理费用三大部分。

2. 货主企业物流成本

制造企业物流是物流业发展的原动力，流通企业是连接制造业与最终用户的纽带，制

造业和流通企业是物流服务的需求主体。

货主企业物流成本是货主企业生产经营过程中，原材料、半成品、产品、商品的物流过程中发生的所有成本，具体包括供应物流、企业内部物流、销售物流、回收物流和废弃物物流等不同阶段所发生的各项成本支出。

货主企业物流成本包括委托物流成本和企业自营物流成本。

3. 物流企业物流成本

物流企业物流成本是物流企业为货主企业提供物流服务过程中发生的各种费用。物流企业向货主企业的收费（包括物流企业的成本费用、税金以及一定的利润等）构成货主企业的委托物流成本。

物流企业物流成本是货主企业物流成本的组成部分。

（二）物流成本按其范围来分，可分为狭义的物流成本和广义的物流成本

狭义的物流成本是指由于物品实体的场所（或位置）位移而引起的有关运输、仓储、包装、装卸、流通加工、配送、信息等费用。狭义的物流成本不包括生产物流发生的费用。

广义的物流成本是指包括生产、流通、消费全过程的物品实体与价值变换而发生的全部成本。它具体包括了从生产企业内部原材料协作件的采购供应开始，经过生产制造过程中的半成品存放、搬运、装卸、成品包装及将产品运送到流通领域，进入仓库验收、分类、储存、保管、配送，最后到消费者手中的全过程发生的所有费用。

（三）物流成本按其物流功能来分，可分为仓储成本、运输成本、装卸搬运成本、包装成本、流通加工成本、物流信息成本、存货相关成本、物流管理成本

仓储成本指一定时期内，企业为完成货物储存业务而发生的全部费用。包括自有设施设备仓储成本和租用企业外部库房的仓储成本。包括业务人员的工资福利、仓库设施年折旧、水电费、燃料与动力消耗、设施设备维修保养费、业务费。

运输成本指在一定时期内，企业为完成货物运输业务而发生的全部费用，包括支付外部运输费和自有车辆运输费。包括从事货物运输业务人员的工资福利、车辆（船舶、飞机、管道）年折旧、燃料与动力消耗、过路过桥费、维修保养费、年检费、企业货物运输业务费等。

装卸搬运成本指一定时期内，企业为完成装卸搬运业务而发生的全部费用。包括业务人员的工资福利、装卸搬运设施年折旧、燃料与动力消耗、设施设备维修保养费、业务费。

包装成本指一定时期内，企业为完成货物包装业务而发生的全部费用。包括运输包装

费和集装、分装包装费。包括业务人员的工资福利、包装设施年折旧、包装材料消耗、设施设备维修保养费、业务费。

流通加工成本指一定时期内，企业为完成货物流通加工业务而发生的全部费用。包括支付外部流通加工费和自有设备流通加工费。包括业务人员的工资福利、加工设施年折旧、燃料与动力消耗、设施设备维修保养费、业务费。

物流信息成本指一定时期内，企业为完成信息及相关业务服务而发生的全部费用，包括支付外部信息处理费和本单位内部的信息处理费。具体包括信息及相关业务人员的业务人员的工资福利、信息及相关业务设施年折旧、燃料与动力消耗、设施设备维修保养费、业务费。

存货相关成本指物流活动中因资金占用、物品丢失损耗以及物品贬值所产生的成本。存货相关成本包括资金占用成本、物品损耗成本、保险和税收成本。其中，资金占用成本是指一定时期内，企业在物流活动过程中负债融资所发生的利息支出（显性成本）和占用内部资金所发生的机会成本（隐性成本）；物品损耗成本是指一定时期内，企业在物流活动过程中所发生的物品跌价、损耗、毁损、盘亏等损失；保险和税收成本是指一定时期内，企业支付的与存货相关的财产保险费以及因购进和销售物品应交纳的税金支出。

物流管理成本指在一定时期内，企业因组织和管理各项物流活动所发生的各种费用，主要包括管理人员报酬、办公费用、教育培训、劳动保险、差旅费等各种属于管理费用科目的费用。

（四）物流成本按其与物品流转量的关系来分，可分为可变成本和固定成本

可变成本也称直接成本，是指物流成本中随物品流转量变动而变动的那一部分成本。可变成本的多少与物品流转量的变化直接相关。物品流转量增加，成本支出也随之增加，反之则减少。如搬运费、仓储管理费等。

固定成本也称间接成本，是指物流成本中不随物品流转量变动而变动的那一部分成本。固定成本的多少与物品流转量的变化没有直接关系。在一般情况下，物品流转量变动，它不一定发生变动，即使发生变动，也不与物品的流转量成等比例变动。它受物品流转量增减变动的影响较小，开支的绝对额是相对固定的。如职工的工资、福利费、折旧费等。

（五）物流成本按其支付形态来分，可分为委托物流成本和企业自营物流成本

委托物流成本包括由企业承担，委托外部物流单位提供物流服务所产生的仓储成本、运输成本、装卸搬运成本、包装成本、流通加工成本、物流信息成本。

企业自营物流成本包括企业自营物流活动中所产生的仓储成本、运输成本、装卸搬运成本、包装成本、流通加工成本、物流信息成本、存货相关成本、物流管理成本。

第二节　社会物流总费用的核算

社会物流总费用划分为运输费用、保管费用、管理费用三大部分进行核算。

一、运输费用的核算

运输费用是指在社会物流活动中，国民经济各方面由于物品运输而支付的全部费用。包括支付给物品承运方的运费（即承运方的货运收入）；支付给装卸搬运保管代理等辅助服务提供方的费用（即辅助服务提供方的货运业务收入）；支付给运输管理与投资部门的，由货主方承担的各种交通建设基金、过路费、过桥费、过闸费等运输附加费用。

运输费用＝运费＋装卸搬运等辅助费＋运输附加费　　(5－1)

具体计算时，根据铁路运输、道路运输、水上运输、航空运输和管道运输不同的运输方式及对应的业务核算办法分别计算。

(一) 铁路运输费用的核算

铁路运输费用是指在社会物流活动中，国民经济各方面因为物品经铁路运输而发生的全部费用。包括支付给铁路运输部门的运费和为运输而发生的物品装卸、保管等延伸服务费用；由铁路运输部门按国家规定代收的铁路建设基金等。也就是铁路运输部门取得的物流业务收入，即铁路部门现行收入统计中的货运收入、行李包裹收入、邮运收入和其他收入中的货运与行李包裹部分；铁路运输部门实际代收的铁路建设基金；铁路系统多种经营中的货运部分。

铁路运输费用的基本计算公式为：

铁路运输费用＝运费＋装卸搬运、堆存保管、货运代理等延伸服务费＋铁路建设基金　　(5－2)

其中：

运费＝铁路货物周转量×铁路平均运价　　(5－3)

延伸服务费＝延伸服务计费作业量×延伸服务平均价格　　(5－4)

铁路建设基金＝铁路货物周转量×铁路建设基金征收率　　(5－5)

（数据来源：铁路运输费用数据须由铁路部门提供）

(二) 道路运输费用的核算

道路运输费用是指在社会物流活动中，国民经济各方面因为物品道路运输而发生的全部费用。包括支付给物品运输承运方的运费（即运输承运方的货运收入）；支付给物品装卸搬运、保管、代理等其他道路运输费用（即装卸搬运和其他道路运输的货运业务收入）；由货主方承担的，支付给有关管理和投资部门按规定收取的各种管理费、通行费等。

道路运输费用，既包括支付给专业物流、运输与辅助服务企业的货运业务费用，也包括生产、流通、消费企业自有车辆承担完成的，属于需求领域的物品运输业务理应获得的收入部分。不包括客运业务费用。

道路运输费用的基本计算公式为：

道路运输费用=运费+装卸搬运费+其他道路运输费用+通行附加费　　(5-6)

其中：

运费=道路货物周转量×道路货物平均运价　　(5-7)

装卸搬运费=道路货运量×2×道路货物平均装卸搬运费率　　(5-8)

通行附加费=$\sum$(每批货物计费作业量×该批货物附加费率)　　(5-9)

其他道路运输费用是指实际发生且由货主方承担的，未包含在前述几项费用之中的，属于运输费用之中的费用，如堆存保管费、代理费等，根据实际发生情况统计。

(数据来源：货运量、周转量等数据由交通管理部门提供，道路货物平均运价、道路货物平均装卸搬运费率等数据根据企业调查资料计算)

(三) 水上运输费用的核算

水上运输费用是指在社会物流活动中，国民经济各方面因为物品水上运输而发生的全部费用。包括支付给物品运输承运方的运费(即水上运输承运方的货运业务收入)；支付给港口、码头等的物品装卸搬运、堆存保管、货运代理等其他运输费用(即港口、码头等的货运业务收入)；由货主方承担的，有关管理和投资部门按规定收取的各种航道维护费、港口建设费等附加费。

水上运输费用既包括支付给专业物流、运输与辅助服务企业的货运业务费用，也包括生产、流通、消费企业自有船舶承担完成的，属于需求领域的物品运输业务理应获得的收入部分。

水上运输费用的基本计算公式为：

水上运输费用=运费+港口(码头)装卸搬运费+其他运输费+附加费　　(5-10)

其中：

运费=水上货物周转量×水上货物平均运价　　(5-11)

港口(码头)装卸搬运费=水上货运量×2×水上货物平均装卸搬运费率　　(5-12)

港口建设费=港口货物吞吐量吨数×港口建设费率　　(5-13)

航道维护费=水上货物周转量×航道维护费率　　(5-14)

其他水上运输费用是指实际发生且由货主方承担的，未包含在前述几项费用之中的，属于运输费用之中的费用，如堆存保管费、代理费等，根据实际发生情况统计。

(数据来源：水上货运量、周转量、港口货物吞吐量等数据由交通管理部门提供，水上货物平均运价、水上货物平均装卸搬运费率等数据根据企业调查资料计算)

（四）航空运输费用的核算

航空运输费用是指在社会物流活动中，国民经济各方面因为物品航空运输而发生的全部费用。包括支付给航空运输承运方的运费（即航空运输公司的货邮运输业务收入）；支付给机场地勤服务方的进港到达货物保管提取服务费、出港货物仓管装机服务费、地面运输服务费、包装物及包装服务费、特种货物检查费等。

（数据来源：航空运输费用数据由民航部门提供）

（五）管道运输费用的核算

管道运输费用是指在社会物流活动中，因为物品管道运输而发生的全部费用。包括支付给管道运输承运方的输送费、装车装船费、储存保管费等，即管道运输单位的货运业务收入。目前国内主要包括中国石油化工集团公司、中国石油天然气集团公司承担的石油与天然气输送业务。

（数据来源：管道运输费用数据由中国石油化工集团公司、中国石油天然气集团公司提供）

二、保管费用的核算

保管费用是指社会物流活动中，物品从最初的资源供应方（生产环节、海关）向最终消费用户流动过程中，所发生的除运输费用和管理费用之外的全部费用。包括物流过程中因流动资金的占用而需承担的利息费用；仓储保管方面的费用；流通中配送、加工、包装、信息及相关服务方面的费用；物流过程中发生的保险费用和物品损耗费用等。

保管费用的基本计算公式为：

保管费用＝利息费用＋仓储费用＋保险费用＋货物损耗费用＋信息及相关服务费用＋配送费用＋流通加工费用＋包装费用＋其他保管费用　（5－15）

（一）利息费用的核算

利息费用是指在社会物流活动中，物品从最初的资源供应方（生产环节、海关等）送达最终消费用户时，因为流动资金的占用而需承担的利息支出。包括占用银行的贷款所支付的利息和占用自有资金应相应支付的利息成本。

利息费用的基本计算公式为：

利息费用＝社会物流总额×社会物流流动资金平均占用率×报告期银行贷款利率　（5－16）

式中，社会物流流动资金平均占用率，是指报告期内，物品最初供给部门完成全部物品从供给地流向最终需求地的社会物流活动中所占用的流动资金的比率。即：

社会物流流动资金平均占用率＝报告期流动资金平均余额÷报告期社会物流总额　（5－17）

（数据来源：社会物流总额根据测算取得，社会物流流动资金平均占用率根据企业物流调查资料加工计算，银行贷款利率来自中国人民银行制定公布的利率）

（二）仓储费用的核算

仓储费用是指在社会物流活动中，为储存货物所需支付的费用。

仓储费用的基本计算公式为：

仓储费用＝社会物流总额×社会物流平均仓储费用率　　(5－18)

式中，社会物流平均仓储费用率，是指报告期内，各物品最初供给部门完成全部物品从供给地流向最终需求地的社会物流活动中，仓储费用额占各部门物流总额比例的综合平均数。

（数据来源：根据企业物流调查资料加工取得）

（三）保险费用的核算

保险费用是指在社会物流活动中，为预防和减少因物品丢失、损毁造成的损失，与社会保险部门共同承担风险，向社会保险部门支付的物品财产保险费用。

保险费用的基本计算公式为：

保险费用＝社会物流总额×社会物流平均保险费用率　　(5－19)

式中，社会物流平均保险费用率，是指报告期内，各物品最初供给部门完成全部物品从供给地流向最终需求地的社会物流活动中，保险费用额占各部门物流总额比例的综合平均数。

（数据来源：根据企业物流调查资料加工取得）

（四）货物损耗费用的核算

货物损耗费用是指在社会物流活动中，因物品的损耗，包括破损维修与完全损毁而发生的价值丧失，也包括部分时效性要求高的物品因物流时间较长而产生的折旧贬值损失。

货物损耗费用的基本计算公式为：

货物损耗费用＝社会物流总额×社会物流平均货物损耗费用率　　(5－20)

式中，社会物流平均货物损耗费用率，是指报告期内，各物品最初供给部门完成全部物品从供给地流向最终需求地的社会物流活动中，货物损耗费用额占各部门物流总额比例的综合平均数。

（数据来源：根据企业物流调查资料加工取得）

（五）信息及相关服务费用的核算

信息及相关服务费用是指在社会物流活动中，支付的信息处理费用，包括支付的外部信息处理费用和本单位内部的信息处理费用。

信息及相关服务费用的基本计算公式为：

信息及相关服务费用＝社会物流总额×社会物流平均信息及相关服务费用率　(5－21)

式中，社会物流平均信息及相关服务费用率，是指报告期内，各物品最初供给部门完成全部物品从供给地流向最终需求地的社会物流活动中，信息及相关服务费用额占各部门物流总额比例的综合平均数。

(数据来源：根据企业物流调查资料汇总加工取得)

(六) 配送费用的核算

配送费用是指在社会物流活动中，用户根据自身需要，要求物流服务提供方完成对物品的拣选、加工、分割、组配、包装等作业，并按时送达指定地点的物流活动所需支付的全部服务费用。

配送费用的基本计算公式为：

配送费用＝社会物流总额×社会物流平均配送费用率　(5－22)

式中，社会物流平均配送费用率，是指报告期内，各物品最初供给部门完成全部物品从供给地流向最终需求地的社会物流活动中，配送费用额占各部门物流总额比例的综合平均数。

(数据来源：根据企业物流调查资料汇总加工取得)

(七) 流通加工费用的核算

流通加工费用是指用在社会物流活动中，为满足用户的消费需要，在流通环节对物品进行加工改制作业所需支付的加工费用。

流通加工费用的基本计算公式为：

流通加工费用＝社会物流总额×社会物流平均流通加工费用率　(5－23)

式中，社会物流平均流通加工费用率，是指报告期内，各物品最初供给部门完成全部物品从供给地流向最终需求地的社会物流活动中，流通加工费用额占各部门物流总额比例的综合平均数。

(数据来源：根据企业物流调查资料汇总加工取得)

(八) 包装费用的核算

包装费用是指在社会物流活动中，为保护产品、方便运输与储存、促进销售，采用容器、材料和辅助物对物品按一定技术方法进行分装、集装、运输包装等作业，所需支付的费用。

包装费用的基本计算公式为：

包装费用＝社会物流总额×社会物流平均包装费用率　(5－24)

式中，社会物流平均包装费用率，是指报告期内，各物品最初供给部门完成全部物品从供给地流向最终需求地的社会物流活动中，包装费用额占各部门物流总额比例的综合平均数。

(数据来源：根据企业物流调查资料汇总加工取得)

(九) 其他保管费用的核算

其他保管费用是指在社会物流活动中，实际发生且由货主方承担的，未包含在前述几项费用之中的，属于保管费用之中的费用，根据实际发生情况统计。

三、管理费用的核算

管理费用是指在社会物流活动中，物品供需双方的管理部门，因组织和管理各项物流活动所发生的费用。主要包括管理人员报酬、办公、教育培训、劳动保险、车船使用等各种属于管理费用科目的费用。

管理费用的基本计算公式为：

$$管理费用=社会物流总额\times社会物流平均管理费用率 \quad (5-25)$$

式中，社会物流平均管理费用率，是指报告期内，各物品最初供给部门完成全部物品从供给地流向最终需求地的社会物流活动中，管理费用额占各部门物流总额比例的综合平均数。

(数据来源：根据企业物流调查资料汇总加工取得)

随着我国经济建设的快速发展，物流需求规模增长很快，我国社会物流总费用也相应快速增长。1991—2015年，运输费用占社会物流总费用的比重在49.3%～57.1%，虽年度间有所波动，但整体呈下降走势；保管费用占社会物流总费用的比重在29.3%～35.2%，虽年度间有所波动，但整体呈上升走势。

1991—2015年我国社会物流总费用及构成如表5-1和表5-2所示。

表5-1　1991—2015年我国社会物流总费用　单位：亿元

年份	运输费用	保管费用	管理费用	社会物流总费用
1991	2879	1612	691	5182
1992	3379	1922	836	6137
1993	4507	2317	1074	7898
1994	5579	3276	1483	10338
1995	6455	4459	1970	12884
1996	7633	5109	2250	14993
1997	8218	5820	2629	16667
1998	8668	5625	2728	17021
1999	9533	5344	2937	17814

续 表

年份	运输费用	保管费用	管理费用	社会物流总费用
2000	10070	5975	3185	19230
2001	10813	6458	3348	20619
2002	12000	7281	3460	22741
2003	14068	8057	3570	25695
2004	16932	8981	4089	30002
2005	18639	10632	4590	33861
2006	21196	12695	5066	38957
2007	26648	15544	6074	48266
2008	31436	18560	6745	56741
2009	33628	19955	7244	60827
2010	38321	24044	8619	70984
2011	44397	29475	10230	84102
2012	49184	32949	11569	93702
2013	53708	35874	12814	102396
2014	55997	36971	12975	105943
2015	58125	38413	13624	110162

资料来源：①中国物流与采购联合会．中国物流年鉴 2007［M］．北京：中国物资出版社，2007.
②中国物流与采购联合会．“十二五”中国物流统计报告［M］．北京：中国财富出版社，2016.

表 5-2　　1991—2015 年我国社会物流总费用的构成　　单位：%

年份	运输费用	保管费用	管理费用	社会物流总费用
1991	55.6	31.1	13.3	100
1992	55.1	31.3	13.6	100
1993	57.1	29.3	13.6	100
1994	54	31.7	14.3	100
1995	50.1	34.6	15.3	100
1996	50.9	34.1	15	100
1997	49.3	34.9	15.8	100
1998	50.9	33	16	100
1999	53.5	30	16.5	100
2000	52.4	31.1	16.6	100
2001	52.4	31.3	16.2	100

续 表

年份	运输费用	保管费用	管理费用	社会物流总费用
2002	52.8	32	15.2	100
2003	54.7	31.4	13.9	100
2004	56.4	29.9	13.6	100
2005	55	31.4	13.6	100
2006	54.4	32.6	13	100
2007	55.2	32.2	12.6	100
2008	55.4	32.7	11.9	100
2009	55.3	32.8	11.9	100
2010	54	33.9	12.1	100
2011	52.8	35	12.2	100
2012	52.5	35.2	12.3	100
2013	52.5	35	12.5	100
2014	52.9	34.9	12.2	100
2015	52.8	34.9	12.4	100

注：表中数据四舍五入。

资料来源：①中国物流与采购联合会．中国物流年鉴 2007［M］．北京：中国物资出版社，2007.

②中国物流与采购联合会．“十二五”中国物流统计报告［M］．北京：中国财富出版社，2016.

社会物流总费用与 GDP 的比率是指实现一个单位的 GDP 所需要耗费的物流费用。社会物流总费用与 GDP 的比率是国际通行的统计指标，可以用来反映一国物流成本高低、经济运行质量以及全社会物流运行效率。1991 年以来，我国社会物流总费用与 GDP 的比率回落较为明显，由 1991 年的 24%下降到 2015 年的 16.0%，显示出我国物流运行效率有所提升，国民经济发展的质量和效益有所提高，社会物流总费用与 GDP 的比率如表 5-3所示。

表 5-3　　1991—2015 年我国社会物流总费用与 GDP 的比率　　单位:%

年份	运输费用	保管费用	管理费用	社会物流总费用
1991	13.3	7.5	3.2	24
1992	12.7	7.2	3.1	23
1993	12.8	6.6	3	22.4
1994	11.6	6.8	3.1	21.4
1995	10.6	7.3	3.2	21.2
1996	10.7	7.2	3.2	21.1

续 表

年份	运输费用	保管费用	管理费用	社会物流总费用
1997	10.4	7.4	3.3	21.1
1998	10.3	6.7	3.2	20.2
1999	10.6	6	3.3	19.9
2000	10.1	6	3.2	19.4
2001	9.9	5.9	3.1	18.8
2002	10	6.1	2.9	18.9
2003	10.4	5.9	2.6	18.9
2004	10.6	5.6	2.6	18.8
2005	10.2	5.8	2.5	18.5
2006	10	6	2.4	18.4
2007	10	5.8	2.3	18.1
2008	10	5.9	2.1	18
2009	10	6	2.2	18.2
2010	9.5	6.1	2.1	17.7
2011	9.4	6.2	2.2	17.8
2012	9.5	6.3	2.2	18
2013	8.9	5.9	2.1	16.9
2014	8.8	5.8	2	16.6
2015	8.5	5.5	2	16

注：表中数据四舍五入。

资料来源：①中国物流与采购联合会．中国物流年鉴 2007［M］．北京：中国物资出版社，2007.

②中国物流与采购联合会．“十二五”中国物流统计报告［M］．北京：中国财富出版社，2016.

2012 年全球主要国家或地区物流费用及其与 GDP 的比率如表 5－4 所示。

表 5－4　　2012 年全球主要国家或地区物流费用及其与 GDP 的比率

区域	国家	2012 年		物流费用与 GDP 比率（%）
		GDP（10 亿美元）	物流费用（10 亿美元）	
北美	加拿大	1819	163.7	9.0
	美国	15680	1334.6	8.5
欧洲	法国	2609	247.6	9.5
	德国	3401	299.7	8.8

续 表

区域	国家	2012 年		物流费用与GDP 比率（%）
		GDP（10 亿美元）	物流费用（10 亿美元）	
亚洲太平洋	中国	8227	1480.9	18.0
	印度	1825	237.1	13.0
	日本	5964	506.9	8.5
	韩国	1156	103.9	9.0
南美	阿根廷	475	57.0	12.0
	巴西	2396	277.9	11.6
全球		71830	8350.6	11.6

资料来源：中国物流与采购联合会．中国物流年鉴 2015 [M]．北京：中国财富出版社，2015.

第三节　企业物流成本的计算

一、企业物流成本构成

企业物流成本以物流成本项目、物流活动的范围和物流成本的支付形态为计算对象。

（一）成本项目类别物流成本构成

成本项目类别物流成本是以物流成本项目为物流成本计算对象，具体包括物流功能成本和存货相关成本。其中，物流功能成本包括物流活动过程中所发生的运输成本、仓储成本、包装成本、装卸搬运成本、流通加工成本、物流信息成本和物流管理成本，存货相关成本包括企业在物流活动过程中所发生的与存货有关的资金占用成本、物品损耗成本、保险和税收成本。企业物流成本项目构成如表 5-5 所示。

表 5-5　企业物流成本项目构成

成本项目			内容说明
物流成本	物流功能成本	运输成本	一定时期内，企业为完成货物运输业务而发生的全部费用，包括从事货物运输业务的人员费用、车辆（包括其他运输工具）的燃料费、折旧费、维修保养费、租赁费、养路费、过路费、年检费、事故损失费、相关税金等
		仓储成本	一定时期内，企业为完成货物储存业务而发生的全部费用，包括仓储业务人员费用，仓储设施的折旧费、维修保养费、水电费、燃料与动力消耗等

续 表

<table>
<tr><td rowspan="9">物流成本</td><td rowspan="6">物流功能成本</td><td>成本项目</td><td>内容说明</td></tr>
<tr><td>包装成本</td><td>一定时期内，企业为完成货物包装业务而发生的全部费用，包括包装业务人员费用，包装材料消耗，包装设施折旧费、维修保养费，包装技术设计、实施费用以及包装标记的设计、印刷等辅助费用</td></tr>
<tr><td>装卸搬运成本</td><td>一定时期内，企业为完成装卸搬运业务而发生的全部费用，包括装卸搬运业务人员费用，装卸搬运设施折旧费、维修保养费、燃料与动力消耗等</td></tr>
<tr><td>流通加工成本</td><td>一定时期内，企业为完成货物流通加工业务而发生的全部费用，包括流通加工业务人员费用，流通加工材料消耗，加工设施折旧费、维修保养费，燃料与动力消耗费等</td></tr>
<tr><td>物流信息成本</td><td>一定时期内，企业为采集、传输、处理物流信息而发生的全部费用，指与订货处理、储存管理、客户服务有关的费用，具体包括物流信息人员费用，软硬件折旧费、维护保养费、通信费等</td></tr>
<tr><td>物流管理成本</td><td>一定时期内，企业物流管理部门及物流作业现场所发生的管理费用，具体包括管理人员费用，差旅费、办公费、会议费等</td></tr>
<tr><td rowspan="3">存货相关成本</td><td>资金占用成本</td><td>一定时期内，企业在物流活动过程中负债融资所发生的利息支出（显性成本）和占用内部资金所发生的机会成本（隐性成本）</td></tr>
<tr><td>物品损耗成本</td><td>一定时期内，企业在物流活动过程中所发生的物品跌价、损耗、毁损、盘亏等损失</td></tr>
<tr><td>保险和税收成本</td><td>一定时期内，企业支付的与存货相关的财产保险费以及因购进和销售物品应交纳的税金支出</td></tr>
</table>

（二）范围类别物流成本构成

范围类别物流成本是以物流活动的范围作为物流成本计算对象，具体包括供应物流、企业内部物流、销售物流、回收物流和废弃物物流等不同阶段所发生的各项成本支出。企业物流成本范围构成如表 5 - 6 所示。

表 5-6　　企业物流成本范围构成

成本范围	内容说明
供应物流成本	指经过采购活动，将企业所需原材料（生产资料）从供给者的仓库运回企业仓库为止的物流过程中所发生的物流费用
企业内部物流成本	指从原材料进入企业仓库开始，经过出库、制造形成产品以及产品进入成品库，直到产品从成品库出库为止的物流过程中所发生的物流费用
销售物流成本	指为了进行销售，产品从成品仓库运动开始，经过流通环节的加工制造，直到运输至中间商的仓库或消费者手中的物流活动过程中所发生的物流费用
回收物流成本	指退货、返修物品和周转使用的包装容器等从需方返回供方的物流活动过程中所发生的物流费用
废弃物物流成本	指将经济活动中失去原有使用价值的物品，根据实际需要进行收集、分类、加工、包装、搬运、储存等，并分送到专门处理场所的物流活动过程中所发生的物流费用

（三）支付形态类别物流成本构成

支付形态类别物流成本是以物流成本的支付形态作为物流成本计算对象，具体包括企业自营物流成本和委托物流成本。其中，企业自营物流成本的支付形态具体包括材料费、人工费、维护费、一般经费和特别经费。企业物流成本支付形态构成如表 5-7 所示。

表 5-7　　企业物流成本支付形态构成

<table>
<tr><th colspan="2">成本支付形态</th><th>内容说明</th></tr>
<tr><td rowspan="5">企业自营物流成本</td><td>材料费</td><td>资材费、工具费、器具费等</td></tr>
<tr><td>人工费</td><td>工资、福利、奖金、津贴、补贴、住房公积金等</td></tr>
<tr><td>维护费</td><td>土地、建筑物及各类物流设施设备的折旧费、维护维修费、租赁费、保险费、税金、燃料与动力消耗费</td></tr>
<tr><td>一般经费</td><td>办公费、差旅费、会议费、通信费、水电费、煤气费等</td></tr>
<tr><td>特别经费</td><td>存货资金占用费、物品损耗费、存货保险费和税费</td></tr>
<tr><td colspan="2">委托物流成本</td><td>企业向外部物流机构所支付的各项费用</td></tr>
</table>

二、企业物流成本计算示范案例

本示范案例在工业、流通、物流行业各选择一个企业专门介绍企业物流成本计算方法和企业物流成本表的填写方法。以下案例选自国家发改委经济运行局、国家统计局贸易外经司、中国物流与采购联合会主编，中国物资出版社（现名为中国财富出版社）出版的《社会物流统计手册》一书（本书作者对个别地方进行了修改）。

（一）生产制造企业物流成本计算及企业物流成本表填写

案例：甲公司是一家以小麦加工为主的中外合资面粉生产企业。截至 2016 年年底，该公司资产总额 6186 万元，2006 年实现销售收入 1.23 亿元，实现利润总额 6562 万元。公司内部设有会计部（兼做信息工作）、人事部、采购部、生产部、质量部、仓储部和销售部 7 个部门，共有员工 145 人，其中采购人员 5 人、生产人员 60 人、营销人员 20 人，其余为管理人员。该公司有一个总面积为 10000㎡的仓库，用于储存小麦、面粉等，而运输业务和装卸搬运业务均由外部人员承包，公司支付运费和装卸搬运费。

本案例以甲公司 2016 年 12 月有关成本费用资料为依据，计算 2016 年 12 月的物流成本。甲公司的成本费用科目有生产成本、制造费用、销售费用、管理费用、财务费用、营业外支出和其他业务成本，其中营业外支出 2016 年 12 月无发生额。具体计算步骤如下。

1. 逐项分析

获取甲公司 2016 年 12 月相关成本费用发生额及明细资料并逐项分析哪些与物流成本相关。具体分析结果如表 5－8～表 5－12 所示。

表 5－8　　2016 年 12 月管理费用明细及物流成本相关性分析

管理费用明细项目	发生额（元）	是否与物流成本相关	备注
工资	94044.09	是	含物流信息人员工资
折旧费	36049.57	是	含物流信息设施折旧
办公费	2566.24	否	主要为人事部、会计部、总经理办公室费用
差旅费	12267.10	否	主要为人事部、会计部、总经理办公室费用
工会经费	5176.08	否	
董事会费	45000.00	否	
坏账损失	2147087.44	否	
应酬费	24777.00	否	主要为人事部、会计部、总经理办公室费用
税金	71351.83	否	主要为人事部、会计部、总经理办公室费用
职工福利费	15996.30	是	含物流人员费用

续 表

管理费用明细项目	发生额（元）	是否与物流成本相关	备注
职工培训费	631.00	是	含物流人员费用
劳动保险费	39102.00	是	含物流人员费用
待业保险费	3908.68	是	含物流人员费用
劳动保护费	1028.34	否	主要为人事部、会计部、总经理办公室费用
邮电费	426.81	否	主要为人事部、会计部、总经理办公室费用
汽车	19241.31	否	主要为人事部、会计部、总经理办公室费用
诉讼费	3683.00	否	
低值易耗品摊销	129.00	否	主要为人事部、会计部、总经理办公室费用
其他	65749.45	否	
住房公积金	17203.40	是	含物流人员费用
环境保护费	2940.56	否	
修理费	5915.00	否	主要为人事部、会计部、总经理办公室费用
统筹医疗金	17827.50	是	含物流人员费用
照明电费	25182.68	是	含仓库电费
合 计	2657284.38		

表 5-9　　2016 年 12 月制造费用明细及物流成本相关性分析

制造费用明细项目	发生额（元）	是否与物流成本相关	备注
折旧费	58654.90	是	含车间包装设备折旧费
修理费	61841.90	是	含车间包装设备修理费
水费	10345.81	否	主要为车间制造耗用水费
差旅费	5813.30	否	主要为车间人员支出费用
邮电费	1510.00	否	主要为车间人员支出费用
保险费	21684.00	是	含库存和包装设备保险费用
劳动保护费	3358.50	是	含包装工人费用

续 表

制造费用明细项目	发生额（元）	是否与物流成本相关	备注
职工福利费	1025.95	是	含包装工人费用
试验检验费	2906.42	否	主要为制造产品而发生的费用
低值易耗品摊销	99.00	否	主要为车间低值易耗品摊销
办公费	447.38	是	为车间管理人员办公费（含包装业务）
其他	989.37	否	
合 计	168676.53		

表 5－10　　2016 年 12 月销售费用明细及物流成本相关性分析

销售费用明细项目	发生额（元）	是否与物流成本相关	备注
运输费	300925.56	是	对外支付运费
装卸费	31154.60	是	对外支付装卸费
保险费	3010.00	是	铁路运输保险费
广告费	44244.40	否	主要为公司广告宣传费
差旅费	15472.00	否	主要为业务部门人员发生费用
邮电费	3300.00	是	含物流信息费
汽车	6646.32	是	含零星物流运输费
工资	61473.17	是	业务部门（含物流业务）人员费用
办公费	2372.43	是	业务部门（含物流业务）人员费用
低值易耗品摊销	3910.75	是	主要为包装材料及周转用仓库篷布费用
折旧费	13805.27	是	主要为仓库及业务办公用房折旧费
其他	17952.30	是	货物出口报关税及港杂费
劳动保护费	626.17	是	业务部门（含物流业务）人员费用
合 计	504892.97		

表 5-11　　2016 年 12 月生产成本明细及物流成本相关性分析

生产成本明细项目	发生额（元）	是否与物流成本相关	备注
直接材料	7331343.53	否	主要为生产面粉耗用的小麦
辅助材料	309402.24	是	含包装材料
燃料及动力	172565.47	是	含包装设施耗用电费
工资	114726.27	是	含包装工人工资
制造费用	168751.53	否	制造费用结转
合　计	8096789.04		

表 5-12　　2016 年 12 月财务费用明细及物流成本相关性分析

财务费用明细项目	发生额（元）	是否与物流成本相关	备注
金融机构手续费	371.09	否	
利息支出	7975.00	是	主要为购买原材料所发生的贷款利息支出
汇兑损失	－30547.73	否	
利息收入	－8284.99	否	
合　计	－30486.63		

2. 汇总分析

对表 5-8～表 5-12 中与物流成本有关的费用内容进行汇总，形成 2016 年 12 月物流成本相关费用明细汇总表（见表 5-13）。

表 5-13　　2016 年 12 月物流成本相关费用明细汇总表

序号	项目	发生额（元）	备注
1	管理费用—折旧费（见表 5-8）	36049.57	含物流信息设施折旧
2	管理费用—工资（见表 5-8） 管理费用—住房公积金（见表 5-8） 销售费用—工资（见表 5-10） 生产成本—工资（见表 5-11）	94044.09 17203.40 61473.17 114726.27	含物流人员费用
3	管理费用—职工福利费、职工培训费、劳动保险费、待业保险费及统筹医疗金（见表 5-8）制造费用—职工福利费、劳动保护费（见表 5-9）销售费用—劳动保护费（见表 5-10）	77465.48 4384.45 626.17	公司全体人员（含物流人员）费用
4	管理费用—照明电费（见表 5-8）	25182.68	含仓库电费

续 表

序号	项目	发生额（元）	备注
5	制造费用—折旧费（见表 5－9） 制造费用—修理费（见表 5－9）	58654.90 61841.90	含车间包装设备折旧费、修理费
6	制造费用—保险费（见表 5－9）	21684.00	含存货和包装设备保险费用
7	制造费用—办公费（见表 5－9）	447.38	含包装业务费用
8	销售费用—运输费（见表 5－10） 销售费用—装卸费（见表 5－10）	300925.56 31154.60	对外支付运费 对外支付装卸费
9	销售费用—保险费（见表 5－10）	3010.00	铁路运输保险费
10	销售费用—汽车（见表 5－10）	6646.32	含零星物流运输费
11	销售费用—办公费（见表 5－10）	2372.43	业务部门（含物流业务）人员费用
12	销售费用—低值易耗摊销（见表 5－10）	3910.75	包装材料及周转用仓库篷布费用
13	销售费用—折旧费（见表 5－10）	13805.27	仓库及业务办公用房折旧费
14	销售费用—邮电费（见表 5－10）	3300.00	含物流信息费
15	销售费用—其他（见表 5－10）	17952.30	货物出口报关税及港杂费
16	生产成本—辅助材料（见表 5－11） 生产成本—燃料及动力（见表 5－11）	309402.24 172565.47	含包装材料 含包装设施耗用电费
17	财务费用—利息支出（见表 5－12）	7975.00	购买原材料发生的货款利息支出
合　计		1446803.40	

3. 物流成本资料分析及物流成本计算

根据会计明细账、记账凭证、原始凭证及其他相关资料，对表 5－13 中与物流成本有关的费用逐项进行分析，并设有物流成本辅助账户，按三个维度计算物流成本。

（1）对于表 5－13 中第 1 项，经查明细资料，其中计算机等信息设施的折旧费为 6008.26 元。该项费用按计算机工作时数进行分配，会计部提供的物流成本计算信息需求如表 5－14 所示。

表 5-14　　物流成本计算信息需求

填写部门（章）：会计部　　2016 年 12 月 31 日

项目	信息
会计部在岗人数	15 人
专职从事物流信息工作人数	0 人
兼职从事物流信息工作人数	1 人
兼职物流信息人员 12 月工作总时数	186 小时
兼职物流信息人员 12 月使用计算机从事信息工作时数	93 小时
兼职物流信息人员 12 月使用计算机从事企业内物流信息工作时数	15.5 小时

根据上述资料及表 5-14 所提供的信息，物流信息成本计算如下。

物流信息工作时数占全部信息工作时数的比例＝15.5÷93＝1/6

物流信息作业维护费＝6008.26×(1/6)≈1001.38（元）

将上述计算结果计入有关物流成本辅助账户：

物流成本—物流信息成本—企业内部物流成本—维护费　　1001.38　　①

(2) 对于表 5-13 中第 2 项人工费，经查明细资料，管理费用—工资 94044.09 元中含物流信息人员工资，该公司会计部门一名员工兼做信息系统管理员，每月工资为 3000 元，该项费用按物流信息工作时数进行分配；销售费用—工资 61473.17 元中含仓储人员工资 18000 元，该公司共有仓储人员 10 人，其中 2 人从事仓储管理工作，工资总额为 5000 元，另外 8 人从事仓储业务工作，工资总额为 13000 元；生产成本—工资 114726.27 元中含包装人员工资 20000 元，该公司共有包装人员 15 人，其中 1 人从事包装管理工作，工资为 2500 元，14 人从事包装业务工作，工资总额为 17500 元；管理费用—住房公积金 17203.40 元中含物流人员支出，该公司按职工工资总额的 5% 提取职工住房公积金。根据上述资料及表 5-10 的信息，相关物流成本计算如下：

物流信息工作时数占全部工作时数的比例＝15.5÷186＝1/12

物流信息作业人工费＝3000×1/12×（1＋5%）＝262.5（元）

物流仓储作业人工费＝13000×（1＋5%）＝13650（元）

物流包装作业人工费＝17500×（1＋5%）＝18375（元）

物流管理作业人工费＝（5000＋2500）×（1＋5%）＝7875（元）

将上述计算结果分别计入各物流成本辅助账户：

物流成本—物流信息成本—企业内部物流成本—人工费　　262.5　　②

物流成本—仓储成本—企业内部物流成本—人工费　　13650　　③

物流成本—包装成本—企业内部物流成本—人工费　　18375　　④

物流成本—物流管理成本—企业内部物流成本—人工费　　7875　　⑤

(3) 对于表 5-13 中第 3 项人工费，经查明细资料，管理费用—职工福利费、职工培训费、劳动保险费、待业保险费及统筹医疗金 77465.48 元为全体员工所发生费用支出，制造费用—职工福利费、劳动保护费 4384.45 元和销售费用—劳动保护费 626.17 元为采购、生产和营销部门人员所发生的费用支出，上述费用支出按物流作业职工人数进行分配。该公司共有员工 145 人，采购部门 5 人，生产部门 60 人，其中，包装人员 15 人，1 人从事包装管理，14 人从事包装作业；仓储人员 10 人，2 人从事仓储管理，8 人从事仓储作业，营销部门 20 人，其余为管理人员（从事物流信息作业的人员为兼职，忽略不计）。根据上述资料，相关物流成本计算如下。

包装管理人员占企业总人数的比例＝1/145

包装作业人员占企业总人数的比例＝14/145

仓储管理人员占企业总人数的比例＝2/145

仓储作业人员占企业总人数的比例＝8/145

包装管理人员占企业采购、生产、营销部门人数的比例＝1/（5＋60＋20）＝1/85

包装作业人员占企业采购、生产、营销部门人数的比例＝14/85

仓储管理人员占企业采购、生产、营销部门人数的比例＝2/85

仓储作业人员占企业采购、生产、营销部门人数的比例＝8/85

包装管理人员人工费＝77465.48×1/145＋（4384.45＋626.17）×1/85≈593.19（元）

包装作业人员人工费＝77465.48×14/145＋（4384.45＋626.17）×14/85≈8304.71(元)

仓储管理人员人工费＝77465.48×2/145＋（4384.45＋626.17）×2/85≈1186.39（元）

仓储作业人员人工费＝77465.48×8/145＋（4384.45＋626.17）×8/85≈4745.55（元）

物流管理人员人工费＝593.19＋1186.39＝1779.58（元）

物流包装作业人工费＝8304.71（元）

物流仓储作业人工费＝4745.55（元）

将上述计算结果分别计入各物流成本辅助账户：

物流成本—物流管理成本—企业内部物流成本—人工费　　1779.58　　⑥

物流成本—包装成本—企业内部物流成本—人工费　　8304.71　　⑦

物流成本—仓储成本—企业内部物流成本—人工费　　4745.55　　⑧

(4) 对于表 5-13 中第 4 项，经查明细资料，其中含有支付仓库照明电费 1399 元，支付车间照明电费 4197.11 元。车间共有生产工人 60 人，其中从事包装人数为 15 人。车间照明电费按从事物流作业的人数进行分配。根据上述资料，相关物流成本计算如下。

包装人数占车间生产人数比例＝15/60＝0.25

包装作业消耗的照明电费＝4197.11×0.25≈1049.28（元）

仓储作业消耗的照明电费＝1399（元）

将上述计算结果分别计入物流成本辅助账户：

物流成本—包装成本—企业内部物流成本—一般经费　　1049.28　　⑨

物流成本—仓储成本—企业内部物流成本—一般经费　　1399　　⑩

（5）对于表5－13中第5项，经查明细资料，折旧费58654.90元中含包装设备折旧费4800元，修理费61841.90元中含有包装设备修理费6092元。据此，相关物流成本计算如下。

包装作业维护费＝4800＋6092＝10892（元）

将上述计算结果计入有关物流成本辅助账户：

物流成本—包装成本—企业内部物流成本—维护费　　10892　　⑪

（6）对于表5－13中第6项，经查明细资料，其中含有采购存货保险费用6872元，包装设备保险费用3241元。

将上述物流成本信息分别计入物流成本辅助账户：

物流成本—包装成本—企业内部物流成本—维护费　　3241　　⑫

物流成本—存货保险成本—供应物流成本—特别经费　　6872　　⑬

（7）对于表5－13中第7项，经查明细资料，该项费用为车间管理人员所耗用办公费，车间管理人员共4人，其中包括包装作业管理人员1人。据此，相关物流成本计算如下。

包装作业管理人数占车间管理人员人数比例＝1/4

物流管理作业一般经费＝447.38×1/4≈111.85（元）

将上述计算结果计入有关物流成本辅助账户：

物流成本—物流管理成本—企业内部物流成本—一般经费　　111.85　　⑭

（8）对于表5－13中第8项，经查明细资料，外部运输队12月行驶里程数为48000km，其中材料供应阶段行驶里程数为16000km，产品销售阶段行驶里程数为32000km，外部装卸队12月共搬运装卸货物1400t，其中采购阶段装卸搬运材料400t，在企业内仓库与车间之间搬运各种材料约200t，销售阶段装卸搬运产品800t。运输费用按里程数进行分配，装卸费按货物重量进行分配。据此，相关物流成本计算如下。

供应阶段行驶里程数占全部里程数比例＝16000÷48000＝1/3

销售阶段行驶里程数占全部里程数比例＝32000÷48000＝2/3

供应阶段装卸货物吨数占全部装卸货物吨数比例＝400/1400＝2/7

企业内物流阶段装卸货物吨数占全部装卸货物吨数比例＝200/1400＝1/7

销售阶段装卸货物吨数占全部装卸货物吨数比例＝800/1400＝4/7

供应阶段负担对外支付运输成本＝300925.56×1/3＝100308.52（元）

销售阶段负担对外支付运输成本＝300925.56×2/3＝200617.04（元）

供应阶段负担对外支付装卸搬运成本＝31154.60×2/7≈8901.31（元）

企业内物流阶段负担对外支付装卸搬运成本＝31154.60×1/7≈4450.66（元）

销售阶段负担对外支付装卸搬运成本＝31154.60×4/7≈17802.63（元）

将上述计算结果分别计入有关物流成本辅助账户：

物流成本—运输成本—供应物流成本—委托　100308.52　⑮

物流成本—运输成本—销售物流成本—委托　200617.04　⑯

物流成本—装卸搬运成本—供应物流成本—委托　8901.31　⑰

物流成本—装卸搬运成本—企业内部物流成本—委托　4450.66　⑱

物流成本—装卸搬运成本—销售物流成本—委托　17802.63　⑲

（9）对于表5－13中第9项，经查明细资料，该项费用为铁路运输途中保险费支出。其中采购材料支付1050元，销售产品支付1960元。

将上述物流成本信息计入相关物流成本辅助账户：

物流成本—存货保险成本—供应物流成本—特别经费　1050　⑳

物流成本—存货保险成本—销售物流成本—特别经费　1960　㉑

（10）对于表5－13中第10项，经查明细资料，该项费用主要为维修维护及燃料动力消耗费，其中有一部分为从事零星物流运输业务所发生的费用，根据有关统计数据，该车辆12月共行驶6300km，用于零星物流业务运输里程数为2100km，其中供应阶段行驶1400km，销售阶段行驶700km。据此，相关物流成本计算如下。

供应阶段车辆行驶里程数占总行驶里程数的比例＝1400÷6300＝2/9

销售阶段车辆行驶里程数占总行驶里程数的比例＝700÷6300＝1/9

供应阶段运输作业维护费＝6646.32×2/9＝1476.96（元）

销售阶段运输作业维护费＝6646.32×1/9＝738.48（元）

将上述计算结果计入相关物流成本辅助账户：

物流成本—运输成本—供应物流成本—维护费　1476.96　㉒

物流成本—运输成本—销售物流成本—维护费　738.48　㉓

（11）对于表5－13中第11项，经查明细资料，该项费用为采购、营销及仓储管理人员所耗用办公费，按物流作业职工人数分配，采购人员5人，营销人员20人，仓储管理人员2人。据此，相关物流成本计算如下。

仓储管理人员占采购、营销和仓储管理人员总人数比例＝2÷（5＋20＋2）＝2/27

仓储管理作业耗用办公费＝2372.43×2/27≈175.74（元）

将上述计算结果计入有关物流成本辅助账户：

物流成本—物流管理成本—企业内部物流成本—一般经费　175.74　㉔

（12）对于表5－13中第12项，经查明细资料，该项费用主要为包装用材料及周转使用的露天仓库篷布，其中包装材料摊销额为1410.5元，仓库篷布摊销额为2500.25元。

将上述物流成本信息计入有关物流成本辅助账户：

物流成本—包装成本—企业内部物流成本—材料费　　1410.5　　㉕

物流成本—仓储成本—企业内部物流成本—维护费　　2500.25　　㉖

(13) 对于表5-13中第13项，经查明细资料，该项费用主要为仓库及业务办公用房折旧费，其中仓库折旧费为11805.27元。

将上述物流成本信息计入有关物流成本辅助账户：

物流成本—仓储成本—企业内部物流成本—维护费　　11805.27　　㉗

(14) 对于表5-13中第14项，经查明细资料，该项费用主要为采购、营销部门发生的邮件信息费。据统计，邮电费中约80%与物流信息相关，其中40%与材料采购有关，60%与产品销售有关。据此，相关物流成本计算如下。

物流信息成本＝3300×80%＝2640（元）

供应阶段负担物流信息成本＝2640×40%＝1056（元）

销售阶段负担物流信息成本＝2640×60%＝1584（元）

将上述计算结果计入有关物流成本辅助账户：

物流成本—物流信息成本—供应物流成本—一般经费　　1056　　㉘

物流成本—物流信息成本—销售物流成本—一般经费　　1584　　㉙

(15) 对于表5-13中第15项，经查明细资料，该项费用主要为货物出口报关税及港杂费，其中港杂费为2652.30元。

将上述物流成本信息计入有关物流成本辅助账户：

物流成本—物流管理成本—销售物流成本—一般经费　　2652.30　　㉚

(16) 对于表5-13中第16项，经查明细资料，辅助材料309402.24元中包含包装材料215000元，燃料及动力172565.47元按耗用电力度数分配，12月生产车间耗电力总度数为3000度，其中包含包装设备耗用电力60度。据此，相关物流成本计算如下。

包装设备耗用电力度数占耗用电力总度数的比例＝60/3000≈1/50

包装作业耗用电费＝172565.47×1/50≈3451.31（元）

将上述计算结果计入有关物流成本辅助账户：

物流成本—包装成本—企业内部物流成本—材料费　　215000　　㉛

物流成本—包装成本—企业内部物流成本—维护费　　3451.31　　㉜

(17) 对于表5-13中第17项，经查明细资料，该项费用主要为购买原材料时所发生的借款利息支出。

将上述物流成本利息计入有关物流成本辅助账户：

物流成本 —流动资金占用成本—供应物流成本—特别经费　　7975　　㉝

(18) 该公司于2015年12月出售下脚料等取得收入35000元，同时发生的装卸搬运及运输费分别为500元和1500元，该项支出列入“其他业务成本”科目。

将上述物流成本信息计入有关物流成本辅助账户：

物流成本—装卸搬运成本—废弃物物流成本—委托　500　㉞

物流成本—运输成本—废弃物物流成本—委托　1500　㉟

（19）该公司2016年12月底仓库存货结余明细如下：小麦结余12175658kg，面粉结余4040611.58kg，副产品结余1482200.20kg，结余价值总额29683691.69元，月初结余价值总额为29342314.40元（一年期银行贷款利率为5.58%）。据此，相关物流成本计算如下。

存货占用自有资金所产生的机会成本＝（29683691.69＋29342314.40）÷2×5.58%÷12≈137235.46（元）

将上述计算结果计入有关物流成本辅助账户：

物流成本—流动资金占用成本—企业内部物流成本—特别经费　137235.46　㊱

4. 汇总计算物流成本

按“企业物流成本主表”的要求汇总计算物流成本。凡未注明委托字样的，为自营物流成本。甲公司物流成本汇总分析如表5-15所示。

表5-15　甲公司物流成本汇总分析　单位：元

公司物流成本按成本范围汇总	1	物流信息成本—企业内部物流成本 ＝①＋② ＝1001.38＋262.5＝1263.88
	2	仓储成本—企业内部成本 ＝③ ＋⑧＋ ⑩＋ ㉖ ＋㉗＝13650＋4745.55＋1399＋2500.25 ＋11805.27＝34100.07
	3	包装成本—企业内部物流成本＝④＋⑦ ＋⑨＋ ⑪＋⑫＋㉕＋㉛＋㉜ ＝ 18375 ＋ 8304.71 ＋ 1049.28 ＋ 10892 ＋ 3241 ＋ 1410.5 ＋ 215000 ＋ 3451.31 ＝261723.8
	4	物流管理成本—企业内部物流成本 ＝⑤＋⑥ ＋⑭＋㉔＝7875＋1779.58＋111.85＋175.74＝9942.17
	5	存货保险成本—供应物流成本 ＝⑬＋⑳＝6872＋1050＝7922
	6	运输成本—供应物流成本—委托 ＝⑮＝100308.52
	7	运输成本—销售物流成本—委托 ＝⑯＝200617.04
	8	装卸搬运成本—供应物流成本—委托 ＝⑰＝8901.31
	9	装卸搬运成本—企业内部物流成本—委托 ＝⑱＝4450.66
	10	装卸搬运成本—销售物流成本—委托 ＝⑲＝ 17802.63
	11	存货保险成本—销售物流成本 ＝㉑ ＝1960
	12	运输成本—供应物流成本 ＝㉒＝ 1476.96
	13	运输成本—销售物流成本 ＝㉓＝738.48
	14	物流信息成本—供应物流成本 ＝㉘＝1056

续 表

公司物流成本按成本范围汇总	15	物流信息成本—销售物流成本 =㉙=1584
	16	物流管理成本—销售物流成本 =㉚=2652.30
	17	流动资金占用成本—供应物流成本 =㉝=7975
	18	装卸搬运成本—废弃物物流成本—委托 =㉞=500
	19	运输成本—废弃物物流成本—委托 =㉟= 1500
	20	流动资金占用成本—企业内部物流成本 =㊱ =137235.46
自营物流成本按辅助账户汇总	21	物流信息成本—维护费 =①=1001.38
	22	物流信息成本—人工费 =②=262.5
	23	仓储成本—人工费 =③+⑧= 13650+4745.55=18395.55
	24	包装成本—人工费 =④+⑦=18375+8304.71=26679.71
	25	物流管理成本—人工费 =⑤+⑥= 7875+1779.58=9654.58
	26	包装成本——般经费 =⑨= 1049.28
	27	仓储成本——般经费 =⑩= 1399
	28	包装成本—维护费 =⑪+⑫ +㉜=10892+3241+3451.31=17584.31
	29	存货保险成本—特别经费 =⑬ +⑳ +㉑=6872+1050+1960=9882
	30	物流管理成本——般经费 =⑭+㉔+㉚=111.85+175.74+2652.30=2939.89
	31	运输成本—维护费 =㉒ +㉓=1476.96+738.48=2215.44
	32	包装成本—材料费 =㉕ +㉛=1410.5+215000=216410.5
	33	仓储成本—维护费 =㉖ +㉗=2500.25+11805.27=14305.52
	34	物流信息成本——般经费 =㉘ +㉙=1056+1548=2640
	35	流动资产占用成本—特别经费 =㉝+ ㊱= 7975+137235.46=145210.46

5. 填写结果

根据上述计算结果填写“企业物流成本主表”，内容如表 5 - 16 所示。

表 5-16 企业物流成本主表

企业详细名称：甲公司　　企业法人代表：××　　计量单位：元

表号：企物流 A1 表

成本项目 ＼ 范围及支付形态		代码	物流总成本		
			自营	委托	合计
甲		乙	01	02	03
物流功能成本	运输成本	01	2215.44	302425.56	304641.00
	仓储成本	02	34100.07		34100.07
	包装成本	03	261723.80		261723.80
	装卸搬运成本	04		31654.60	31654.60
	流通加工成本	05			
	物流信息成本	06	3903.88		3903.88
	物流管理成本	07	12594.47		12594.47
	合计	08	314537.66	334080.16	648617.82
存货相关成本	流动资金占用成本	09	145210.46		145210.46
	存货风险成本	10			
	存货保险成本	11	9882.00		9882.00
	合计	12	155092.46		155092.46
其他成本		13			
物流总成本		14	469630.12	334080.16	803710.28

单位负责人：　　填表人：　　填表日期：201　年　月　日

注：1. 本表物流总成本各行数字满足关系式：合计＝自营＋委托；

2. 本表各列数字满足关系式：08＝01＋02＋03＋04＋05＋06＋07，12＝09＋10＋11 且 14＝08 ＋ 12＋13。

（二）流通企业物流成本计算及企业物流成本表填写

案例：乙公司是某集团下设的分公司，主要负责啤酒的销售工作。截至 2016 年 3 月底，资产总额 8900 万元，负债总额 2200 万元。该公司有员工 1080 人，设有人力资源部、物流管理部、财务部、市场营销部和信息部 5 个专业部门（无专门的物流信息部），共有管理人员 78 人，其中物流管理部有 12 名员工，另在全国各省市设有 48 个办事处，主要负责啤酒的营销工作。该公司的运输业务和装卸搬运业务均委托第三方物流公司——某城市招商局下设的分支机构办理，同时在本部租赁 3 个仓库，总面积约 20000㎡，用于该产品的临时储存和市内周转，无本公司的仓库保管人员，有关费用统一在仓库租赁费中予以支付。公司另有运输车辆 156 辆，主要用于业务联络和办理，同时也零星用于销售产品的运输。该公司的主要工作流程如下：根据客户订单从集团下设另一啤酒生产公司采购啤酒，其中有关的物流运作包括运输和装卸搬运等工作均外包给专业的物流公司。采购环节无运费和装卸费，这部分费用体现在采购价格中，分别占采购价格的6%和1.5%，销售价格按离岸价格确定。为了满足临时订货和销售的需要，在采购总额中约有15%的货物储存于仓库，用于市内周转和应急所需。

本案例中以乙公司2016年3月有关成本费用资料为依据，计算2016年3月的物流成本。乙公司的成本费用科目主要有销售费用、管理费用、主营业务成本和财务费用，其中财务费用为银行手续支出，与物流成本无关。

1. 逐项分析

获取2016年3月相关成本费用发生额及明细资料并逐项分析哪些与物流成本相关，具体信息如表5-17所示。

表5-17　　2016年3月成本费用明细及物流成本相关性分析

成本费用科目及明细项目	发生额（元）	是否与物流成本相关	备注
销售费用—工资	16606000.00	是	含物流管理人员及零星运输业务人员工资
销售费用—职工福利费	231800.00	是	含物流管理人员及零星运输业务人员工资
销售费用—折旧费—办公用房设备折旧费	152000.00	否	主要为办公用房及设备折旧费
销售费用—折旧费—运输车辆折旧费	566200.00	是	运输车辆零星用于物流业务运输
销售费用—折旧费—生啤鲜啤机折旧费	3800.00	是	属于包装辅助设施折旧费
销售费用—修理费—办公用房及设备修理费	26600.00	否	主要为办公用房及设备修理费
销售费用—修理费—车辆维修	106400.00	是	运输车辆零星用于物流业务运输
销售费用—低值易耗品摊销—办公用	34200.00	是	含物流管理部门费用
销售费用—低值易耗品摊销—鲜酒桶摊销	247000.00	是	主要为啤酒包装设施摊销
销售费用—邮电费	368600.00	是	含物流信息费用
销售费用—办公费—办公用品费等	197600.00	是	含物流管理人员及零星运输业务人员费用
销售费用—差旅费	691600.00	是	含物流管理部门费用
销售费用—水电费	38000.00	是	含物流管理部门耗用费用

续 表

成本费用科目及明细项目	发生额（元）	是否与物流成本相关	备注
销售费用—运费	12285400.00	是	为对外支付物流运输费用
销售费用—装卸费	2378800.00	是	为对外支付装卸费用
销售费用—广告费	186200.00	否	主要为销售宣传费用
销售费用—促销品及其促销奖励费	12464000.00	否	
销售费用—租赁费—经营租赁费	425600.00	否	部分办公用房租赁费支出
销售费用—租赁费—仓库租赁费	380000.00	是	对外支付仓库租赁费
销售费用—机物料消耗	167200.00	是	车辆燃料费（含零星物流运输业务）
销售费用—样品酒费用	15200.00	否	
销售费用—破损费	186200.00	是	主要为啤酒在运输过程中发生的破损费
销售费用—保险费	106400.00	是	主要为商品的财产保险
销售费用—车辆相关费	174800.00	是	车辆的过路过桥费等（含零星物流业务）
销售费用—盘盈盘亏及报废损失	19000.00	是	主要为期末仓库盘点损失等
销售费用—外用工资	4886800.00	否	主要为雇用促销员工资支出
管理费用—工会经费	23925.14	否	按工资总额的2%提取用于工会经费的支出
管理费用—职工教育经费	17943.97	是	按工资总额1.5%提取（含物流人员工资）
管理费用—劳动保险费	439193.15	否	主要为缴纳离休统筹金
管理费用—顾问咨询费	355444.00	否	
管理费用—无形资产摊销	31938.06	是	主要为物流信息软件摊销费
管理费用—业务招待费	107705.00	否	含物流业务部门业务招待费
管理费用—住房公积金	353384.00	是	含物流管理人员及运输业务人员住房公积金

续 表

成本费用科目 及明细项目	发生额 (元)	是否与物流 成本相关	备注
管理费用—警卫消防费	4410.00	否	
管理费用—住房增量补贴	137534.85	是	按应发工资20%提取发个人（含物流人员等）
管理费用—地方教育附加费	307636.84	否	按营业税额的1%上缴
主营业务成本	123000000.00	是	为啤酒采购成本（含运费、装卸费）
合　计	177724515.01		

2. 物流成本资料分析及物流成本计算

根据会计明细账、记账凭证、原始凭证及其他相关资料，对表5-17中与物流成本有关的费用逐项进行分析，并设物流成本辅助账户，按三个维度计算物流成本。

(1) 对于销售费用—工资16606000元，经查明细资料，为公司全体人员工资，其中物流管理部门12名，其工资总额为19680元，据有关统计资料，物流管理人员2006年3月用于啤酒采购环节的工作时数为422h，用于公司内仓库之间啤酒调拨环节的工作时数为634h，用于啤酒销售环节的工作时数为1056h；另有运输业务人员（主要指内部司机）156人，其工资总额为187200元，156辆车辆主要用于各地市内的周转运输，包括仓库之间的运输以及仓库和港口码头之间的运输，3月运输总里程数为343200km，其中物流业务运输里程为27456km（啤酒采购环节运输里程数为5491km，仓库之间调拨发生运输里程数为13728km，啤酒销售环节运输里程数为8237km）。物流管理成本和运输成本分别按工作时数和运输里程数进行分配。

根据上述有关资料，相关物流成本计算如下。

物流管理人员采购环节工作时数占总工作时数的比例＝422÷（422＋634＋1056）＝422÷2112≈0.2

物流管理人员企业内物流工作时数占总工作时数的比例＝634÷（422＋634＋1056）＝634÷ 2112≈0.3

物流管理人员销售环节工作时数占总工作时数的比例＝1056÷（422＋634＋1056 ）＝1056÷2112＝0.5

物流管理作业在供应阶段负担的人工费＝19680×0.2＝3936（元）

物流管理作业在企业内物流阶段负担的人工费＝19680×0.3＝5904（元）

物流管理作业在销售阶段负担的人工费＝19680×0.5＝9840（元）

采购环节运输里程数占运输总里程数比例＝5491÷343200≈ 0.016

企业内物流阶段运输里程数占运输总里程数比例＝13728÷343200＝0.04

销售环节运输里程数占运输总里程数比例＝8237÷343200≈0.024

运输作业在供应阶段负担的人工费＝187200×0.016＝2995.2（元）

运输作业在企业内物流阶段负担的人工费＝187200×0.04＝7488（元）

运输作业在销售阶段负担的人工费＝187200×0.024＝4492.8（元）

将上述计算结果计入有关物流成本辅助账户：

物流成本—物流管理成本—供应物流成本—人工费　3936　①

物流成本—物流管理成本—企业内部物流成本—人工费　5904　②

物流成本—物流管理成本—销售物流成本—人工费　9840　③

物流成本—运输成本—供应物流成本—人工费　2995.2　④

物流成本—运输成本—企业内部物流成本—人工费　7488　⑤

物流成本—运输成本—销售物流成本—人工费　4492.8　⑥

(2) 对于销售费用—职工福利费用 231800 元，经查明细资料，为按工资总额 14% 提取用于公司集体福利之处的费用，其中按物流管理人员工资总额提取 2755.20 元，按运输业务人员工资总额提取 26208 元。

根据上述资料，相关物流成本计算如下。

物流管理作业和运输作业在不同物流范围阶段进行分配的成本动因见本例资料（1）的计算结果。

物流管理作业在供应阶段负担的人工费＝2755.20×0.2＝551.04（元）

物流管理作业在企业内物流阶段负担的人工费＝2755.20×0.3＝826.56（元）

物流管理作业在销售阶段负担的人工费＝2755.20×0.5＝1377.60（元）

运输作业在供应阶段负担的人工费＝26208×0.016≈419.33（元）

运输作业在企业内物流阶段负担的人工费＝26208×0.04＝1048.32（元）

运输作业在销售阶段负担的人工费＝26208×0.024≈628.99（元）

将上述计算结果计入有关物流成本辅助账户：

物流成本—物流管理成本—供应物流成本—人工费　551.04　⑦

物流成本—物流管理成本—企业内部物流成本—人工费　826.56　⑧

物流成本—物流管理成本—销售物流成本—人工费　1377.60　⑨

物流成本—运输成本—供应物流成本—人工费　419.33　⑩

物流成本—运输成本—企业内部物流成本—人工费　1048.32　⑪

物流成本—运输成本—销售物流成本—人工费　628.99　⑫

(3) 对于销售费用—折旧费—运输车辆折旧费 566200 元，经查明细资料，主要为业务用 156 辆车辆折旧费，该 156 辆车辆也零星用于各城市内的周转运输，包括仓库之间以及仓库与码头之间的运输。

根据上述有关资料，相关物流成本计算如下。

运输作业在不同物流范围阶段进行分配的成本动因见本例资料（1）的计算结果。

运输作业在供应阶段负担的折旧费＝566200×0.016＝9059.2（元）

运输作业在企业内物流阶段负担的折旧费＝566200×0.04＝22648（元）

运输作业在销售阶段负担的折旧费＝566200×0.024＝13588.8（元）

将上述计算结果分别计入有关物流成本辅助账户：

物流成本—运输成本—供应物流成本—维护费　9059.2　⑬

物流成本—运输成本—企业内部物流成本—维护费　22648　⑭

物流成本—运输成本—销售物流成本—维护费　13588.8　⑮

（4）对于销售费用—折旧费—生啤鲜啤机折旧费 3800 元，经查明细资料，为啤酒包装辅助设施生啤鲜啤机折旧费，该项费用主要发生于销售环节。

将上述有关物流成本信息计入相关物流成本辅助账户：

物流成本—包装成本—销售物流成本—维护费　3800　⑯

（5）对于销售费用—修理费—车辆维修 106400 元，经查明细资料，主要为 156 辆车辆所发生的维修费，该 156 辆车辆零星用于各地市内的周转运输，包括仓库之间以及仓库与港口码头之间的运输。

根据上述资料，相关物流成本计算如下。

运输作业在不同物流范围阶段进行分配的成本动因见本例资料（1）的计算结果。

运输作业在供应阶段负担的修理费＝106400×0.016＝1702.4（元）

运输作业在企业内物流阶段负担的修理费＝106400×0.04＝4256（元）

运输作业在销售阶段负担的修理费＝106400×0.024＝2553.6（元）

将上述计算结果分别计入有关物流成本辅助账户：

物流成本—运输成本—供应物流成本—维护费　1702.4　⑰

物流成本—运输成本—企业内部物流成本—维护费　4256　⑱

物流成本—运输成本—销售物流成本—维护费　2553.6　⑲

（6）对于销售费用—低值易耗品摊销—办公用 34200 元，经查明细资料，为企业管理部门使用办公用品等所产生的摊销费。乙公司共有管理人员 78 人，其中物流管理部有 12 名员工从事物流管理工作。

根据上述有关资料，相关物流成本计算如下。

物流管理作业在不同物流范围阶段进行分配的成本动因见本例资料（1）的计算结果。

物流管理人员占企业管理人员的比例＝12÷78＝2/13

物流管理作业在供应阶段负担的办公用品摊销费＝34200×2/13×0.2≈1052.31（元）

物流管理作业在企业内物流阶段负担的办公用品摊销费＝34200×2/13×0.3≈1578.46（元）

物流管理作业在销售阶段负担的办公用品摊销费＝34200×2/13×0.5≈2630.77（元）

将上述计算结果分别计入相关物流成本辅助账户：

物流成本—物流管理成本—供应物流成本——一般经费　1052.31　⑳

物流成本—物流管理成本—企业内部物流成本——一般经费　1578.46　㉑

物流成本—物流管理成本—销售物流成本——一般经费　2630.77　㉒

(7) 对于销售费用—低值易耗摊销—鲜酒桶摊销费 247000 元，经查明细资料，为啤酒包装所发生的摊销费，包装作业主要发生于销售环节。

将上述物流成本信息计入有关物流成本辅助账户：

物流成本—包装成本—销售物流成本—材料费　24700　㉓

(8) 对于销售费用—邮电费 368600 元，经查明细资料，为公司所有部门及人员发生电话费、咨询费等，其中 18600 元咨询费主要是销售环节发生的物流信息费，其余 350000 元为电话费。公司共有员工 1080 人，其中物流管理人员 12 人，物流管理部门电话费按人数比例进行分配。

根据上述资料，相关物流成本计算如下。

物流管理作业在不同的物流范围阶段进行分配的成本动因见本例资料（1）的计算结果。

物流管理部门人数占企业总人数比例＝12÷1080＝1/90

物流管理作业在供应阶段负担的电话费＝350000×1/90×0.2≈777.78（元）

物流管理作业在企业内物流阶段负担的电话费＝350000×1/90×0.3 ≈1166.67（元）

物流管理作业在销售阶段负担的电话费＝350000×1/90×0.5 ≈1944.44（元）

将上述计算结果及其他物流成本信息计入物流成本辅助账户：

物流成本—物流信息成本—销售物流成本——一般经费　18600　㉔

物流成本—物流管理成本—供应物流成本——一般经费　777.78　㉕

物流成本—物流管理成本 —企业内部物流成本——一般经费　1166.67　㉖

物流成本—物流管理成本—销售物流成本——一般经费　1944.44　㉗

(9) 对于销售费用—办公费—办公用品费、资料费、市内交通费 197600 元，经查明细资料，为公司所有部门全体人员所发生费用支出，其中物流管理部门相关费用按人数比例进行分配。

根据上述有关资料，相关物流成本计算如下。

物流管理成本在不同物流范围阶段进行分配的成本动因见本例资料（1）的计算结果。

物流管理部门人数占企业总人数比例＝12÷1080＝1 /90

物流管理作业在供应阶段负担的相关费用＝197600×1/90×0.2≈ 439.11（元）

物流管理作业在企业内物流阶段负担的电话费＝197600×1/90×0.3≈ 658.67（元）

物流管理作业在销售阶段负担的电话费＝197600×1/90×0.5 ≈1097.78（元）

将上述计算结果计入物流成本辅助账户：

物流成本—物流管理成本—供应物流成本——一般经费　439.11　㉘

物流成本—物流管理成本—企业内部物流成本——般经费　　658.67　　㉙

物流成本—物流管理成本—销售物流成本——般经费　　1097.78　　㉚

(10) 对于销售费用—差旅费 691600 元和销售费用—水电费 38000 元，经查明细资料，为公司所有部门发生费用，其中物流管理部门相关费用按人数比例进行分配。

根据上述资料，相关物流成本计算如下。

物流管理作业在不同物流范围阶段进行分配的成本动因见本例资料 (1) 的计算结果。

物流管理部门人数占企业总人数比例＝12÷1080＝1 /90

物流管理作业在供应阶段负担的相关费用＝(691600 ＋ 38000) × 1/90 × 0.2 ≈ 1621.33(元)

物流管理作业在企业内物流阶段负担的电话费＝(691600 ＋ 38000) × 1/90 × 0.3 ≈ 2432(元)

物流管理作业在销售阶段负担的电话费＝(691600 ＋ 38000) × 1/90 × 0.5 ≈ 4053.33(元)

将上述计算结果计入物流成本辅助账户：

物流成本—物流管理成本—供应物流成本——般经费　　1621.33　　㉛

物流成本—物流管理成本—企业内部物流成本——般经费　　2432　　㉜

物流成本—物流管理成本—销售物流成本——般经费　　4053.33　　㉝

(11) 对于销售费用—运费 12285400 元和销售费用—装卸费 2378800 元，经查明细资料，为对外支付运费和装卸费。该两项费用均为销售环节所发生费用。

将上述有关物流成本信息计入物流成本辅助账户：

物流成本—运输成本—销售物流成本—委托　　12285400　　㉞

物流成本—装卸搬运成本—销售物流成本—委托　　2378800　　㉟

(12) 对于销售费用—租赁费—仓库租赁费 380000 元，经查明细资料，为对外支付仓库租赁费。

将上述有关物流成本信息计入物流成本辅助账户：

物流成本—仓储成本—企业内部物流成本—委托　　380000　　㊱

(13) 对于销售费用—机物料消耗 167200 元，经查明细资料，主要为 156 辆车辆所耗燃料费，该 156 辆车辆也零星用于各地市的周转运输，包括仓库之间以及仓库与港口码头之间的运输。

根据上述有关资料，相关物流成本计算如下。

运输作业在不同物流范围阶段进行分配的成本动因见本例资料 (1) 的计算结果。

运输作业在供应阶段负担的物料消耗费＝167200×0.016＝2675.2 (元)

运输作业在企业内物流阶段负担的物料消耗费＝167200×0.04＝6688 (元)

运输作业在销售阶段负担的物料消耗费＝167200×0.024＝4012.8 (元)

将上述计算结果分别计入相关物流成本辅助账户：

物流成本—运输成本—供应物流成本—维护费　　2675.2　　㊲

物流成本—运输成本—企业内部物流成本—维护费　　6688　　㊳

物流成本—运输成本—销售物流成本—维护费　　4012.8　　㊴

(14) 对于销售费用—破损费 186200 元和销售费用—保险费 106400 元，经查明细资料，分别为啤酒在销售过程中发生的破损费和向保险部门缴纳的财产保险费。

将上述有关物流成本信息计入物流成本辅助账户：

物流成本—存货风险成本—销售物流成本—特别经费　　186200　　㊵

物流成本—存货保险成本—销售物流成本—特别经费　　106400　　㊶

(15) 销售费用—车辆相关费 174800 元，经查明细资料，主要为 156 辆车辆的过路过桥费。

根据上述有关资料，相关物流成本计算如下。

运输作业在不同物流范围阶段进行分配的成本动因见本例资料（1）的计算结果。

运输作业在供应阶段负担的过路过桥费＝174800×0.016＝2796.8（元）

运输作业在企业内物流阶段负担的过路过桥费＝174800×0.04＝6992（元）

运输作业在销售阶段负担的过路过桥费＝174800×0.024＝4195.2（元）

将上述计算结果分别计入相关物流成本辅助账户：

物流成本—运输成本—供应物流成本—一般经费　　2796.8　　㊷

物流成本—运输成本—企业内部物流成本—一般经费　　6992　　㊸

物流成本—运输成本—销售物流成本—一般经费　　4195.2　　㊹

(16) 对于销售费用—盘盈盘亏及报废损失 19000 元，经查明细资料，为期末仓库货物盘点损失。

将上述物流成本信息计入相关物流成本辅助账户：

物流成本 —存货风险成本—企业内部物流成本—特别经费　　19000　　㊺

(17) 对于管理费用—职工教育经费 17943.97 元，管理费用—住房公积金 353384 元，管理费用—住房增量补贴 137534.85 元，经查明细资料，分别为按工资总额 1.5%提取的用于员工教育的费用、按工资总额 7% 提取的所有权属于职工个人的公司全体人员住房公积金和按工资总额 20% 提取的随工资一起发放的职工住房增量补贴。其中物流管理部门 12 名，人员工资总额为 19680 元；另有运输业务人员（主要指内部司机）156 人，其工资总额为 187200 元，156 辆车辆主要用于各地市内的周转运输，包括仓库之间以及仓库与港口码头之间的运输。

根据上述有关资料，相关物流成本计算如下。

物流管理作业和运输作业在不同的物流范围阶段进行分配的成本动因见本例资料（1）的计算结果。

物流管理作业在供应阶段负担的人工费＝19680×（1.5%＋7%＋20%）×0.2＝1121.76（元）

物流管理作业在企业内物流阶段负担的人工费＝19680×（1.5%＋7%＋20%）×0.3＝1682.64（元）

物流管理作业在销售阶段负担的人工费＝19680×（1.5%＋7%＋20%）×0.5＝2804.4（元）

运输作业在供应阶段负担的人工费＝187200×（1.5%＋7%＋20%）×0.016≈853.63（元）

运输作业在企业内物流阶段负担的人工费＝187200×（1.5%＋7%＋20%）×0.04＝2134.08（元）

运输作业在销售阶段负担的人工费＝187200×（1.5%＋7%＋20%）×0.024≈1280.45（元）

将上述计算结果分别计入有关物流成本辅助账户：

物流成本—物流管理成本—供应物流成本—人工费　1121.76　㊻

物流成本—物流管理成本—企业内部物流成本—人工费　1682.64　㊼

物流成本—物流管理成本—销售物流成本—人工费　2804.4　㊽

物流成本—运输成本—供应物流成本—人工费　853.63　㊾

物流成本—运输成本—企业内部物流成本—人工费　2134.08　㊿

物流成本—运输成本—销售物流成本—人工费　1280.45　(51)

(18) 对于管理费用—无形资产摊销 31938.06 元，经查明细资料，主要为物流信息软件摊销费，其在不同物流范围的分配比例可参照物流管理人员在不同物流范围阶段的工作时数比例。

物流信息软件摊销费在不同物流范围阶段进行分配的成本动因同本例资料（1）中物流管理作业在不同物流范围阶段进行分配的成本动因。

根据上述有关资料，相关物流成本计算如下。

物流信息作业在供应阶段负担的软件摊销费＝31938.06×0.2≈6387.61（元）

物流信息作业在企业内物流阶段负担的软件摊销费＝31938.06×0.3＝9581.42（元）

物流信息作业在销售阶段负担的软件摊销费＝31938.06×0.5＝15969.03（元）

将上述计算结果计入物流成本辅助账户：

物流成本—物流信息成本—供应物流成本—维护费　6387.61　(52)

物流成本—物流信息成本—企业内部物流成本—维护费　9581.42　(53)

物流成本—物流信息成本—销售物流成本—维护费　15969.03　(54)

(19) 对于主营业务成本 123000000 元，经查明细资料，为啤酒采购成本，其中运费和装卸费分别占采购价格的 6% 和 1.5%。

根据上述有关资料，相关物流成本计算如下。

运输作业物流成本＝123000000×6％＝7380000（元）

装卸搬运作业物流成本＝123000000×1.5％＝1845000（元）

将上述计算结果计入物流成本辅助账户：

物流成本—运输成本—委托　7380000　⑮

物流成本—装卸搬运成本—委托　1845000　㊿

（20）经了解，公司为了满足临时订货和销售的需要，在采购总额中约有15％的货物储存于仓库，用于市内周转和应急所需。2006年3月主营业务成本为123000000元，一年期银行贷款利率为5.31％。

根据上述有关资料，相关物流成本计算如下。

存货占用自有资金产生的机会成本＝123000000×15％×5.31％÷12＝81641.25（元）

将上述计算结果计入物流成本辅助账户：

物流成本—流动资金占用成本—企业内部物流成本—特别经费　81641.25　57

为计算方便，企业在计算上述物流成本的过程中，对按相同成本动因将各作业成本分配至最终的成本计算对象即物流范围成本的案例资料，合并进行计算。

3. 汇总计算物流成本

按“企业物流成本主表”的要求汇总计算物流成本。凡未注明委托字样的，为自营物流成本。乙公司物流成本汇总分析如表5－18所示。

表5－18　乙公司物流成本汇总分析　单位：元

公司物流成本按成本范围汇总	1	物流管理成本—供应物流成本＝①＋⑦＋⑳＋㉕＋㉘＋㉛＋㊻＝3936＋551.04＋1052.31＋777.78＋439.11＋1621.33＋1121.76＝9499.33
	2	物流管理成本—企业内物流成本＝②＋⑧＋㉑＋㉖＋㉙＋㉜＋㊼＝5904＋826.56＋1578.46＋1166.67＋658.67＋2432＋1682.64＝14249
	3	物流管理成本—销售物流成本＝③＋⑨＋㉒＋㉗＋㉚＋㉝＋㊽＝9840＋1377.60＋2630.77＋1944.4＋1097.78＋4053.33＋2804.4＝23748.28
	4	运输成本—供应物流成本＝④＋⑩＋⑬＋⑰＋㊲＋㊷＋㊾＝2995.2＋419.33＋9059.2＋1702.4＋2675.2＋2796.8＋853.63＝20501.76
	5	运输成本—企业内物流成本＝⑤＋⑪＋⑭＋⑱＋㊳＋㊸＋㊿＝7488＋1048.32＋22648＋4256＋6688＋6992＋2134.08＝51254.4
	6	运输成本—销售物流成本＝⑥＋⑫＋⑮＋⑲＋㊴＋㊹＋51＝4492.8＋6128.99＋13588.8＋2553.6＋4012.8＋4195.2＋1280.45＝30752.64
	7	包装成本—销售物流成本＝⑯＋㉓＝3800＋247000＝250800
	8	物流信息成本—销售物流成本＝㉔＋54＝18600＋15969.03＝34569.03
	9	运输成本—销售物流成本—委托＝㉞＝12285400
	10	装卸搬运成本—销售物流成本—委托＝㉟＝2378800

续 表

公司物流成本按成本范围汇总	11	仓储成本—企业内物流成本—委托 =㊱= 380000
	12	存货风险成本—销售物流成本 =㊵= 186200
	13	存货保险成本—销售物流成本 =㊶=106400
	14	存货风险成本—企业内物流成本 =㊺=19000
	15	物流信息成本—供应物流成本 =52= 6387.61
	16	物流信息成本—企业内物流成本 =53=9581.42
	17	运输成本—委托 =55= 7380000
	18	装卸搬运成本—委托 =56=1845000
	19	流动资金占用成本—企业内物流成本 =57= 81641.25
自营物流成本按辅助账户汇总	20	物流管理成本—人工费 =①+②+③+⑦+⑧+⑨+ ㊻+㊼+ ㊽=3936+5904+9840+551.04+826.56+1377.60+1121.76+1682.64+2804.4=28044
	21	运输成本—人工费 =④+ ⑤+⑥+⑩+ ⑪+ ⑫+㊾+㊿+ 51= 2995.2+7488+4492.8+419.33+1048.32+628.99 +853.63+2134.08+1280.45=21340.8
	22	运输成本—维护费=⑬+ ⑭+ ⑮+ ⑰+ ⑱+ ⑲+ ㊲+ ㊳+㊴= 9059.2+22648+13588.8 +1702.4+4256+2553.6+2675.2+6688+4012.8=67184
	23	包装成本—维护费=⑯= 3800
	24	物流管理成本—一般经费=⑳+ ㉑+㉒+㉕+ ㉖+㉗+㉘+㉙+㉚+㉛+㉜+ ㉝=1052.31+ 1578.46 + 2630.77 + 777.78 + 1166.67 + 1944.44 + 439.11 + 658.67 +1097.78 +1621.33+2432+4053.33=19452.61
	25	包装成本—材料费=㉓=247000
	26	物流信息成本—一般经费=㉔=18600
	27	存货风险成本—特别经费=㊵+㊺=186200+19000=205200
	28	存货保险成本—特别经费=㊶= 106400
	29	运输成本—一般经费=㊷+ ㊸+㊹=2796.8 + 6992+4195.2=13984
	30	物流信息成本—维护费=52+ 53+ 54= 6387.61 +9581.42+15969.03=31938.06
	31	流动资金占用成本—特别经费=57=81641.25

4. 填写结果

根据上述计算结果填写“企业物流成本主表”，具体内容如表 5 - 19 所示。

表 5－19　　　　　　　　企业物流成本主表

企业详细名称：乙公司　　　　企业法人代码：××　　　　计量单位：元

表号 ：企业物流 A1 表

成本项目 \ 范围及支付形态		代码	物流总成本		
			自营	委托	合计
甲		乙	01	02	03
物流功能成本	运输成本	01	102508.80	19665400.00	19767908.80
	仓储成本	02		380000.00	380000.00
	包装成本	03	250800.00		250800.00
	装卸搬运成本	04		4223800.00	4223800.00
	流通加工成本	05			
	物流信息成本	06	50538.06		50538.06
	物流管理成本	07	47496.61		47496.61
	合计	08	451343.47	24269200.00	24720543.47
存货相关成本	流动资金占用成本	09	81641.25		81641.25
	存货风险成本	10	205200.00		205200.00
	存货保险成本	11	106400.00		106400.00
	合计	12	393241.25		393241.25
其他成本		13			
物流总成本		14	844584.72	24269200.00	25113784.72

单位负责人：　　　　　　填表人：　　　　　　填表日期：201　年　月　日

注：1. 本表物流总成本各行数字满足关系式：合计＝自营＋委托；

2. 本表各列数字满足关系式：08＝01＋02＋03＋04＋05＋05＋06＋07，12＝09＋10＋11 且 14＝08＋12＋13。

（三）物流企业物流成本计算及企业物流成本表填写

案例：丙公司是一家专业物流公司，截至 2016 年 12 月底，资产总额 1531 万元，负债总额 765 万元。该公司共有员工 38 人，设有办公室、人事部、财务部、运营部、安全部、客服部 6 个部门。公司主要从事受托物流业务的组织运营工作，运输业务由外部有运输资格的车队负责，装卸搬运业务雇用外部搬运工完成，公司除 1 个自有仓库外，还有在其他地区租赁的 4 个仓库，另有 1 辆 10t 叉车和 2 辆卡车，供内部零星装卸和运输使用。本案例以丙公司 2016 年 12 月有关成本费用的资料为依据，计算 2016 年 12 月的物流成本。丙公司的成本费用科目有主营业务成本、销售费用、管理费用、财务费用和营业外支出，其中营业外支出 2016 年 12 月无发生额。

1. 逐项分析

获取 2016 年 12 月相关物流成本费用发生额及明细资料并逐项分析哪些与物流成本相关，具体信息如表 5-20 所示。

表 5-20　　2016 年 12 月成本费用科目明细及物流成本相关性分析

序号	成本费用科目及明细科目	发生额（元）	是否与物流成本相关	备注
1	主营业务成本—搬运费 主营业务成本—营运费	29360.23 5894.96	是 是	为对外支付搬运费 为对外支付运输费
2	销售费用—工资	60386.54	是	主要为运营部、安全部、客服部等部门发生
3	销售费用—劳动保护费	578.55	是	主要为运营部、安全部、客服部等部门发生
4	销售费用—通信费	11721.32	是	含物流信息费
5	销售费用—办公费 销售费用—市内交通费 销售费用—差旅费	9452.85 2119.50 12210.90	是 是 是	主要为运营部、安全部、客服部等部门发生主要为运营部、安全部、客服部等部门发生主要为运营部、安全部、客服部等部门发生
6	销 售费用—燃料费	2117.60	是	为 2 辆卡车所发生费用
7	销售费用—保险费	2360.00	是	为货物及车辆保险费
8	销售费用—折旧费	7171.01	是	为卡车、叉车、自有仓库及电脑折旧费
9	销售费用—摊销费	13631.41	是	为仓库修缮摊销费用
10	销售费用—快递费	794.65	是	主要为运营部、安全部、客服部等部门发生
11	销售费用—修理费	4123.00	是	为卡车修理费
12	销售费用—房租物业	21232.70	是	主要为物流管理部门办公用房租赁费及仓库水电费
13	销售费用—低值易耗品	1914.50	是	为胶条、包装绳、手套等物品
14	销售费用—业务招待费	18213.20	否	主要为餐费等
15	管理费用—通信费	1669.61	否	主要为人事部、办公室、财务部发生
16	管理费用—办公费	2787.40	否	主要为人事部、办公室、财务部发生

续 表

序号	成本费用科目及明细科目	发生额（元）	是否与物流成本相关	备注
17	管理费用—市内交通费	325.00	否	主要为人事部、办公室、财务部发生
18	管理费用—业务招待费	2830.00	否	主要为人事部、办公室、财务部发生
19	管理费用—房租物业	2843.96	否	主要为人事部、办公室、财务部办公地租赁费
20	管理费用—折旧费	268.80	否	主要为办公车辆折旧费
21	管理费用—水电费	4771.57	否	主要为人事部、办公室、财务部发生
22	管理费用—燃油费	1487.00	否	主要为办公车辆所耗用
23	管理费用—保险费	720.00	否	主要为办公车辆保险所耗用
24	管理费用—修理费	315.00	否	主要为办公车辆修理所耗用
25	管理费用—审计费	2400.00	否	
26	财务费用—手续费	585.20	否	购买支票、汇总等费用
合　计		224286.46		

2. 物流成本资料分析及物流成本计算

根据会计明细账、记账凭证、原始凭证及其他相关资料，对表 5－20 中与物流成本有关的费用逐项进行分析，并设有物流成本辅助账户，按两个维度计算物流成本。

（1）对于表 5－20 中第 1 项，经查明细资料，分别为对外支付搬运费和运输费。

将上述信息计入有关物流成本辅助账户：

物流成本—装卸搬运成本—委托　　29360.23　　①

物流成本—运输成本—委托　　5894.96　　②

（2）对于表 5－20 中第 2 项，经查明细资料，为运营部、安全部、客服部等物流管理部门所耗用人工费用，其中司机 2 人，工资 3600 元；仓库作业人员 4 人，工资 8800 元；其余为物流管理人员工资支出。仓库作业人员兼做理货、零星的装卸搬运和包装的工作时数分别为 400h、160h 和 240h。仓库作业人员人工费按不同物流工作时数比例分配。据此，相关物流成本计算如下。

仓库保管工作时数占工作总时数的比例＝400÷（400＋160＋240）＝0.5

装卸搬运工作时数占工作总时数的比例＝160÷（400＋160＋240）＝0.2

包装工作时数占工作总时数的比例＝240÷（400＋160＋240）＝0.3

运输作业的人工费＝3600（元）

仓储作业的人工费＝8800×0.5＝4400（元）

装卸搬运的人工费＝8800×0.2＝1760（元）

包装作业的人工费＝8800×0.3＝2640（元）

物流管理作业的人工费＝60386.54－3600－8800＝47986.54（元）

将上述计算结果计入有关物流成本辅助账户：

物流成本—运输成本—人工费 3600 ③

物流成本—仓储成本—人工费 4400 ④

物流成本—装卸搬运成本—人工费 1760 ⑤

物流成本—包装成本—人工费 2640 ⑥

物流成本—物流管理成本—人工费 47986.54 ⑦

(3) 对于表5-20中第3项，经查明细资料，主要为物流管理人员劳动保护所耗费用。

将上述有关物流成本信息计入相关物流成本辅助账户：

物流成本—物流管理成本—人工费 578.55 ⑧

(4) 对于表5-20中第4项，经查明细资料，主要为电话费等内容。根据使用人员的相关信息，约80％的话费支出与物流信息管理相关。据此，相关物流成本计算如下。

物流信息作业的一般经费＝11721.32×80％＝9377.06（元）

将上述计算结果计入有关物流成本辅助账户：

物流成本—物流信息成本——般经费 9377.06 ⑨

(5) 对于表5-20中第5项，经查明细资料，主要为物流管理部门所耗费用。据此，相关物流成本计算如下。

物流管理作业的一般经费＝9452.85＋2119.50＋12210.90＝23783.25（元）

将上述计算结果计入有关物流辅助账户：

物流成本—物流管理成本——般经费 23783.25 ⑩

(6) 对于表5-20中第6项，经查明细资料，主要为2辆卡车所耗费用。本月2辆卡车用于零星物流运输业务行驶3000km，用于物流管理部门市内交通行驶2000km。物流成本按行驶千米数进行分配。据此，相关物流成本计算如下。

物流业务运输行驶里程数占行驶里程总数比例＝3000÷（3000＋2000）＝0.6

物流管理部门行驶里程数占行驶里程总数比例＝2000÷（3000＋2000）＝0.4

运输作业耗用维护费＝2117.60×0.6＝1270.56（元）

物流管理作业耗用维护费＝2117.60×0.4＝847.04（元）

将上述计算结果计入相关物流成本辅助账户：

物流成本—运输成本—维护费 1270.56 ⑪

物流成本—物流管理成本—维护费 847.04 ⑫

(7) 对于表5-20中第7项，经查明细资料，主要为货物及2辆车辆所发生的保险费，其中货物的财产保险费为 930 元，车辆保险费为 1430 元。

将上述物流成本信息计入相关物流成本辅助账户：

物流成本—存货保险成本—特别经费　930　⑬

物流成本—运输成本—维护费　1430　⑭

(8) 对于表 5 - 20 中第 8 项，经查明细资料，为卡车、叉车、自有仓库及物流管理部门微机折旧费，其数额分别为 1303.82 元、1501.73 元、3911.46 元和 454 元。

将上述物流成本信息计入相关物流成本辅助账户（为简便起见，物流管理部门微机折旧费全部计入物流信息成本)：

物流成本—运输成本—维护费　1303.82　⑮

物流成本—装卸搬运成本—维护费　1501.73　⑯

物流成本—仓储成本—维护费　3911.46　⑰

物流成本—物流信息成本—维护费　454　⑱

(9) 对于表 5 - 20 中第 9 项，经查明细资料，为自有仓库修缮摊销费用。

将上述物流成本信息计入相关物流成本辅助账户：

物流成本—仓储成本—维护费　13631.41　⑲

(10) 对于表 5 - 20 中第 10 项，经查明细资料，为物流管理部门所耗费用，主要为物流信息管理所发生的费用。

将上述物流成本信息计入相关物流成本辅助账户：

物流成本—物流信息成本——般经费　794.65　⑳

(11) 对于表 5 - 20 中第 11 项，经查明细资料，为 2 辆卡车修理所耗费用，本月 2 辆卡车用于零星物流运输业务行驶 3000km，用于物流管理部门市内交通行驶 2000km。物流成本按行驶里程进行分配。据此，相关物流成本计算如下。

修理费在运输和物流管理作业之间进行分配的资源动因见本例资料（6）的计算结果。

运输作业耗用维护费＝4123×0.6＝2473.8（元）

物流管理作业耗用维护费＝4123×0.4＝1649.2（元）

将上述计算结果计入相关物流成本辅助账户：

物流成本—运输成本—维护费　2473.8　㉑

物流成本—物流管理成本—维护费　1649.2　㉒

(12) 对于表 5 - 20 中第 12 项，经查明细资料，为物流管理部门办公用房租赁费及仓库水电费，其数额分别为 20000 元和 1232.7 元。

将上述物流成本信息计入相关物流成本辅助账户：

物流成本—物流管理成本——般经费　20000　㉓

物流成本—仓储成本—维护费　1232.7　㉔

(13) 对于表 5 - 20 中第 13 项，经查明细资料，为领用胶条、包装绳、手套等物品所耗用费用，上述物品主要用于包装业务。

将上述物流成本信息计入有关物流成本辅助账户：

物流成本—包装成本—材料费　　　　1914.5　　　　㉕

(14) 丙公司在物流服务过程中，向委托方支付的备用金及押金在“其他应收款”科目中反映，其他应收款—备用金本月初余额为1456683.35元，本月末余额为1449683.35元；其他应收款—押金本月初余额为273800元，本月末余额为923800（2016年12月一年期贷款利率为5.31%）。据此，相关物流成本计算如下。

存货占用自有资金所产生的机会成本＝［（1456683.35＋1449683.35）÷2＋（273800＋923800）÷2］×5.31%÷12≈9080.03（元）

将上述计算结果计入相关物流成本辅助账户：

物流成本—流动资金占用成本—特别经费　　　　9080.03　　　　㉖

3. 汇总计算物流成本

按“企业物流成本主表”的要求汇总计算物流成本。凡是未注明委托字样的，为自营物流成本。丙公司物流成本汇总分析如表5-21所示。

表5-21　　丙公司物流成本汇总分析　　单位：元

公司物流成本按成本项目汇总	1	装卸搬运成本—委托 =①=29360.23
	2	运输成本—委托 =②=5894.96
	3	运输成本 =③+⑪+⑮+ ⑮+㉑=3600+1270.56+1430+1303.82+2473.8=10078.18
	4	仓储成本 =④+⑰+⑲+㉔=4400+3911.46+13631.41+1232.70=23175.57
	5	装修搬运成本 =⑤+⑯=1760+1501.73=3261.73
	6	包装成本 =⑥+㉕=2640+1914.5=4554.5
	7	物流管理成本 =⑦+⑧+⑩+⑫+㉒+㉓=47986.54+578.55+23783.25+847.04+1649.2+20000=94844.58
	8	物流信息成本 =⑨+⑱+⑳=9377.06+454+794.65=10625.71
	9	存货保险成本 =⑬=930
	10	流动资金占用成本 =㉖=9080.03
自营物流成本按辅助账户汇总	11	运输成本—人工费 =③=3600
	12	仓储成本—人工费 =④=2640
	13	装卸搬运成本—人工费 =⑤=1760
	14	包装成本—人工费 =⑥=2640
	15	物流管理成本—人工费 =⑦+⑧=47986.54+578.55=48565.09
	16	物流信息成本——一般经费 =⑨+⑳=9377.06+794.65=10171.71
	17	物流管理成本——一般经费 =⑩+㉓=23783.25+20000=43783.25

续 表

<table>
<tr><td rowspan="8">自营物流成本按辅助账户汇总</td><td>18</td><td>物流管理成本—维护费 ＝⑫＋㉒＝847.04＋1649.2＝2496.24</td></tr>
<tr><td>19</td><td>运输成本—维护费 ＝⑪ ＋⑭＋⑮＋㉑＝1270.56＋1430＋1303.82＋2473.8＝6478.18</td></tr>
<tr><td>20</td><td>存货保险成本—特别经费 ＝⑬＝930</td></tr>
<tr><td>21</td><td>装卸搬运成本—维护费 ＝⑯＝1501.73</td></tr>
<tr><td>22</td><td>仓储成本—维护费 ＝⑰＋⑲＋㉔＝3911.46＋13631.41＋1232.7＝18775.57</td></tr>
<tr><td>23</td><td>物流信息成本—维护费 ＝⑱＝454</td></tr>
<tr><td>24</td><td>包装成本—材料费 ＝㉕＝1914.5</td></tr>
<tr><td>25</td><td>流动资金占用成本—特别经费 ＝㉖＝9080.03</td></tr>
</table>

4. 填写结果

根据上述计算结果填写“企业物流成本主表”，内容如表 5 - 22 所示。

表 5 - 22　　企业物流成本主表

企业详细名称：丙公司　　企业法人代码：××　　计量单位：元

表号：企业物流 A1 表

范围及支付形态 / 成本项目		代码	物流总成本		
			自营	委托	合计
甲		乙	01	02	03
物流功能成本	运输成本	01	10078.18	5894.96	15973.14
	仓储成本	02	23175.57		23175.57
	包装成本	03	4554.50		4554.50
	装卸搬运成本	04	3261.73	29360.23	32621.96
	流通加工成本	05			
	物流信息成本	06	10625.71		10625.71
	物流管理成本	07	94844.58		94844.58
	合计	08	146540.27	35255.19	181795.46
存货相关成本	流动资金占用成本	09	9080.03		9080.03
	存货风险成本	10			
	存货保险成本	11	930.00		930.00
	合计	12	10010.03		10010.03
其他成本		13			
物流总成本		14	156550.30	35255.19	191805.49

单位负责人：　　填表人：　　填表日期：201　年　月　日

注：1. 本表物流总成本各行数字满足关系式：合计＝自营＋委托；

2. 本表各列数字满足关系式：08＝01＋02＋03＋04＋05＋06＋07，12＝09＋10＋11 且 14＝08＋12＋13。

第四节　物流成本控制

一、物流标准成本的制定

标准成本是通过调查、分析与技术测定制定的用来评价实际成本，衡量工作效率的预计成本。标准成本基本排除了不应发生的浪费，是一种“应该成本”。物流企业成本控制就是力求将企业成本控制在标准成本之下。

标准成本系统是为克服实际成本计算系统的缺陷，提供有助于成本控制的确切信息而建立的一种成本计算和控制系统。标准成本系统把成本的事前计划、日常控制和最终成本的确定有机地结合起来，成为加强成本管理、全面提高企业经济效益的重要工具。

制定物流标准成本，通常是先确定直接材料和直接人工的标准成本，然后确定物流服务费用的标准成本，最后确定单位物流业务量的标准成本。

1. 直接材料的标准成本

直接材料的标准消耗是利用现有技术条件提供某种物流服务所需耗费的原材料费用，其中包括必不可少的消耗以及各种难以避免的损失。直接材料的价格标准，是预计下一年度实际需要支付的进料的单位成本，包括发票价格、运费、检验和正常损耗等成本，是取得材料的完全成本。直接材料的标准成本的计算公式为：

直接材料的标准成本＝原材料消耗定额×原材料标准单价　　(5－26)

2. 直接人工的标准成本

直接人工的用量标准消耗是提供某种物流服务的标准工时。标准工时是指在现有物流运作技术条件下，提供某种物流服务所需要的时间，包括直接服务操作必不可少的时间以及必要的间歇时间，如工间休息、调整设备时间、不可避免的不良服务耗用工时等。直接人工的价格标准是指标准工资率。直接人工的标准成本的计算公式为：

直接人工的标准成本＝单位业务量的标准工时×单位工时工资单价　　(5－27)

3. 服务费用的标准成本

物流服务费用的标准成本按部门分别编制，然后将同一服务项目涉及的各部门单位服务费用标准加以汇总，得出该物流服务项目的服务费用标准成本。物流服务费用标准成本分为变动服务费用标准成本和固定服务费用标准成本两部分。

(1) 变动服务费用标准成本。

变动服务费用的用量标准一般采用单位业务量直接人工工时标准。它在直接人工标准成本制定时已经确定。变动服务费用的价格标准是每一工时变动服务费用的标准分配率。变动服务费用标准成本的计算公式为：

$$变动服务费用标准成本=单位业务量直接人工标准工时\times\frac{变动服务费用预算总额}{直接人工标准总工时} \quad (5-28)$$

(2) 固定服务费用标准成本。

固定服务费用的用量标准通常也采用单位业务量直接人工工时标准。固定服务费用的价格标准是每一工时固定服务费用的标准分配率。固定服务费用标准成本的计算公式为：

$$固定服务费用标准成本=单位业务量直接人工标准工时\times\frac{固定服务费用预算总额}{直接人工标准总工时} \quad (5-29)$$

4. 单位物流业务量标准成本

单位业务量标准成本＝单位业务量直接材料标准成本 ＋单位业务量直接人工标准成本＋单位业务量变动服务费用标准成本＋单位业务量固定服务费用标准成本 (5-30)

二、标准成本的差异分析

标准成本是一种“应该成本”，也可看成是企业经营管理的目标成本。然而，由于种种原因，企业的实际成本会与标准成本不符。实际成本与标准成本之间的差额，称为标准成本差异，或称为成本差异。标准成本差异是反映实际成本脱离预定目标程度的信息，为了消除这种偏差，要对产生的标准成本差异进行分析，找出原因，以便采取措施加以纠正。

完整的标准成本差异分析包括三个步骤：

第一，计算标准成本差异的总数额并计算其各组成部分的标准成本差异；

第二，在此基础上进行差异调查，找出产生差异的具体原因；

第三，判明责任，采取措施，进行成本控制。

直接材料、直接人工和变动服务费用都属于变动成本，其标准成本差异分析的基本方法相同。由于它们的实际成本的高低取决于实际用量和实际价格，标准成本的高低取决于标准用量和标准价格，所以其标准成本差异可以归结为价格脱离标准造成的价格差异与用量脱离标准造成的数量差异两类。

成本差异＝实际成本－标准成本

＝实际数量×实际价格－标准数量×标准价格

＝实际数量×实际价格－实际数量×标准价格＋实际数量×标准价格－标准数量×标准价格

＝实际数量×（实际价格－标准价格）＋标准价格×（实际数量－标准数量）

＝价格差异＋数量差异 (5-31)

1. 直接材料的成本差异分析

直接材料成本差异＝实际成本－标准成本

=实际数量×(实际价格−标准价格)+标准价格×(实际数量−标准数量)

=价格差异+数量差异 (5-32)

【例 5-1】 某物流中心本月制作包装箱 400 个，使用某种材料 2500kg，该种材料单价为 0.55 元/kg，直接材料的单位产品标准成本为 3 元，即每个产品耗用 6kg 直接材料，每千克材料的标准价格为 0.5 元。则：

直接材料成本差异=2500×(0.55−0.5)+0.5×(2500−400×6)

=125+50

=175(元)

即直接材料成本差异为 175 元。其中，由于价格变动导致直接材料成本增加 125 元；由于数量变动导致直接材料成本增加 50 元。

2. 直接人工的成本差异分析

直接人工成本差异=实际人工成本−标准人工成本

=实际工时×(实际工资率−标准工资率)+标准工资率×(实际工时−标准工时)

=工资率差异+人工效率差异 (5-33)

【例 5-2】 某物流中心本月制作包装箱 400 个，实际使用工时 890h，支付工资 4539 元，直接人工的标准成本是 10 元/个，即每个产品标准工时为 2h，标准工资率为 5 元/h。则：

直接人工成本差异 $=890\times\left(\frac{4539}{890}-5\right)+5\times(890-400\times2)$

$=890\times(5.1-5)+5\times(890-800)$

$=89+450$

$=539$(元)

即直接人工成本差异为 539 元。其中，由于工资水平变动导致人工成本增加 89 元；由于每个产品所耗工时变动导致人工成本增加 450 元。

3. 变动服务费用的成本差异分析

变动服务费用成本差异=实际变动费用−标准变动费用

=实际工时×(变动费用实际分配率−变动费用标准分配率)+变动费用标准分配率×(实际工时−标准工时)

=变动费用耗费差异+变动费用效率差异 (5-34)

【例 5-3】 某物流中心本月制作包装箱 400 个，实际使用工时 890h，实际发生变动服务费用 1958 元，变动服务费用的标准成本是 4 元/个，即每个产品标准工时为 2h，标准的变动服务费用分配率 2 元/h。则：

$$变动服务费用成本差异=890\times(\frac{1958}{890}-2)+2\times(890-400\times2)$$
$$=890\times(2.2-2)+2\times(890-800)$$
$$=178+180$$
$$=358（元）$$

即变动服务费用的成本差异为358元。其中，由于单位工时分摊的变动费用上升，导致变动服务费用增加178元；由于产品所耗工时增加，导致变动服务费用增加180元。

4. 固定服务费用成本的差异分析

固定服务费用的成本差异分析，与各项变动成本差异分析不同，其分析方法有两因素分析法和三因素分析法两种。现介绍两因素分析法。

两因素分析法是将固定服务费用成本差异分为耗费差异和能力差异。

耗费差异是指固定服务费用的实际金额与其预算金额之间的差额。固定费用与变动费用不同，不随业务量而变，故其差异分析有别于变动费用的差异分析，在考核时不考虑业务量的变动，以原来的预算数为标准，实际数超过预算数即视为耗费过多。其计算公式为：

固定服务费用耗费差异＝固定服务费用实际数－固定服务费用预算数　　(5－35)

固定服务费用能力差异是指固定服务费用预算与固定服务费用标准成本的差额，或者说是实际业务量的标准工时与生产能力的差额用标准分配率计算的金额，它反映未能充分使用现有生产能力而造成的损失。其计算公式为：

固定服务费用能力差异＝固定服务费用预算数－固定服务费用标准成本
＝固定服务费用标准分配率×生产能力－
固定服务费用标准分配率×实际业务量标准工时
＝（生产能力－实际业务量标准工时）×固定服务费用标准分配率
(5－36)

【例5－4】 某物流中心本月制作包装箱400个，发生固定服务费用1424元，实际工时890h；企业生产能力为500个（1000h）；每个产品固定服务费用标准成本3元/个，即每个产品标准工时为2h，标准分配率为1.5元/h。则：

$$固定服务费用耗费差异=1424-1000\times1.5=-76（元）$$

$$固定服务费用能量差异=1000\times1.5-400\times2\times1.5=300元$$

固定服务费用成本差异＝固定服务费用耗费差异＋固定服务费用能量差异
$$=(-76)+300=224（元）$$

即固定服务费用成本差异为224元。其中，由于耗费降低，导致固定服务费用减少了76元；由于生产能力与实际业务量的差异，导致固定服务费用增加了300元。

本章小结

本章主要介绍了物流成本的概念及分类、物流成本的计算方法以及物流成本的控制方法。

物流成本指物流活动中所消耗的物化劳动和活劳动的货币表现，即产品在包装、运输、储存、装卸搬运、流通加工、物流信息、物流管理等过程中所耗费的人力、物力和财力的总和以及与存货有关的资金占用成本、物品损耗成本、保险和税收成本。

物流成本按照对物流成本管理和控制的不同角度，可分为社会物流总费用、货主企业物流成本以及物流企业物流成本；物流成本按其范围，可分为狭义的物流成本和广义的物流成本；物流成本按物流功能，可分为仓储成本、运输成本、装卸搬运成本、包装成本、流通加工成本、物流信息成本、存货相关成本、物流管理成本；物流成本按其与物品流转量的关系，可分为可变成本和固定成本；物流成本按物流服务提供主体不同，可分为企业自营物流成本与委托物流成本。

物流成本的计算方法包括社会物流总费用的核算方法以及企业物流成本的计算方法。社会物流总费用划分为运输费用、保管费用、管理费用三大部分进行核算。企业物流成本以物流成本项目、物流范围和物流成本支付形态作为计算对象。

标准成本是通过调查、分析与技术测定制定的用来评价实际成本，衡量工作效率的预计成本。标准成本是一种“应该成本”，也可看成是企业经营管理的目标成本。物流企业成本控制就是力求将企业成本控制在标准成本之下。

标准成本系统是为克服实际成本计算系统的缺陷，提供有助于成本控制的确切信息而建立的一种成本计算和控制系统。标准成本系统把成本的事前计划、日常控制和最终成本的确定有机地结合起来，成为加强成本管理、全面提高企业经济效益的重要工具。

实际成本与标准成本之间的差额，称为标准成本的差异，或称为成本差异。标准成本差异是反映实际成本脱离预定目标程度的信息，为了消除这种偏差，要对产生的成本差异进行分析，找出原因，以便采取措施加以纠正。完整的差异分析包括三个步骤：计算标准成本差异的总数额并计算其各组成部分的成本差异；在此基础上进行差异调查，找出产生差异的具体原因；判明责任，采取措施，进行成本控制。

思考与练习

1. 物流成本的概念分类是什么？
2. 物流成本统计在微观与宏观管理层面上的意义是什么？
3. 简述社会物流总费用的核算方法。
4. 简述企业物流成本项目构成的内容。

5. 简述企业物流成本范围构成的内容。

6. 简述支付形态类别物流成本构成的内容。

7. 简述企业物流成本的计算方法。

8. 如何进行物流成本分析与控制?

第六章　物流产出统计

教学目的与要求

在市场经济条件下，物流业应以利润为中心，凭借产出参与市场竞争。正确统计物流业的产出数量对于评价物流企业的经济效益，认识物流企业的竞争能力，调整物流企业生产经营策略具有重要意义。反映物流业产出的指标有四类，分别为实物量指标、价值量指标、企业利润和服务质量指标。实物量指标是物流业产出的基础指标，价值量指标是物流业产出的综合指标，利润指标是物流业的终极目标指标，质量指标是物流业产出的竞争力指标。

物流业投入各种生产要素就是为了获取产出。正确统计物流业的产出数量可以反映国内物流市场的规模，可以在一定程度上反映物流需求的增长变化；正确统计物流业的产出数量还对评价物流企业的经济效益，认识物流企业的竞争能力，调整物流企业生产经营策略具有重要意义。通过本章的学习，要求学生：①熟练掌握物流业产出实物量指标的计算与分析方法；②熟练掌握物流业产出价值量指标的计算与分析方法；③掌握物流业产出服务质量指标的计算与分析方法；④熟练掌握物流业产出利润指标的计算与主营业务利润的因素分析方法。

第一节　物流实物量统计

物流业投入各种生产要素就是为了获取产出。而反映物流业产出最基本的指标则是物流服务产品的实物量指标。产品实物量是以符合产品的物理、化学性能或外部特征并能体现其使用价值的实物单位所表示的产品数量。物流服务产品实物量反映了物流业的生产规模、水平及可向社会提供的具有使用价值的产品数量，也是研究物流供求关系及计算其他一些经济指标的基础。因此，准确计算物流服务产品实物量具有重要意义。

一、产品的概念及分类

（一）产品的概念

企业产品是指企业进行生产经营活动而产生的直接有效成果。它必须具备以下三个条件。

(1) 必须是本企业生产活动的成果，即必须是本企业的劳动成果。那些未经本企业赋予劳动而转卖出去的产品，如转卖的原材料、机器设备、货运车辆等，不能视为企业产品。

(2) 必须是符合质量要求的产品，即必须是有效成果。那些不符合质量要求的产品不能视为企业产品。如在货物运输中，将本应运往甲地的货物运往了乙地；在进行配送工作时，将本应配送给甲客户的货物配送给了乙客户等，这些不符合要求的运输、配送工作量不能视为企业产品。

(3) 必须是本企业生产经营活动的直接成果，也即必须是本企业生产经营活动预定要生产的产品。那些在生产过程中产生的废料残渣，如运输部门的废机油、制作包装品的边角余料等，虽可出售并获得一定的收入，但不是生产经营的目的，故不能计入企业产品中。

(二) 企业产品的分类

企业产品按物质形态可分为实物产品（物质产品）和劳务产品（服务产品）。

实物产品（物质产品）也称有形产品，是企业经过生产活动，改变了劳动对象原有的形态和结构，从而具有新的实物形态和新的使用价值的产品。

劳务产品（服务产品）又称无形产品，包括物质生产性服务产品和非物质生产性服务产品。其中：物质生产性服务具体表现为企业对外承做的各种直接为物质生产服务的作业活动，如工业中的机器设备的修理、对外来修理品的油漆、电镀等个别工序的加工，建筑业的房屋维修等。物质生产性服务不创造新的使用价值，只是恢复提高原有产品的使用价值。非物质生产性服务包括文化服务、教育服务、医疗卫生服务、生活旅游服务、金融服务等。非物质生产性服务也不创造新的使用价值。

实物产品与劳务产品区分的主要标志是有没有创造新的使用价值，此外，还可根据生产活动的工作量大小和难易程度加以判断。若对物质产品的全部工序进行复杂加工，则为实物产品；若只对外来品的个别工序进行加工或只进行简单加工的，则作为劳务产品。区别实物产品与劳务产品对计算产出具有重要意义。实物产品的价值量按产品的全价计算，而劳务产品则按追加价值计算，不包括作业或服务对象本身的价值。

物流企业的运输、仓储、配送、装卸、搬运、包装、流通加工和信息管理等活动不创造新的使用价值，它创造的是物品的空间效用、时间效用和部分形质效用。即通过运输、装卸、搬运、配送等克服供需之间的空间距离，创造物品的空间效用；通过仓储、保管克服供需之间的时间距离，创造物品的时间效用；通过包装、流通加工等改变物品的部分形状性质，创造物品的部分形质效用。通过物流活动，可实现物品的使用价值。因此，物流企业的产出是劳务产品（服务产品），属于物质生产性服务。在计算其价值量时，按追加价值计算，不包括作业或服务对象本身的价值。

物流企业的实物量指标能较直观地反映物流企业的运输能力、储存能力、配送能力以及流通加工等能力，是反映企业的生产经营规模的重要指标。

二、物流业实物量统计指标

(一) 货物运输实物量统计指标

货物运输不创造新的物质产品，它只是将物质产品做空间转移，只是增加原产品的价值。货物运输包括铁路、公路、水运、民航和管道多种运输方式。

运输是社会生产必备的一般条件，是整个经济的主要基础。生产、分配、交换和消费，必须通过运输的纽带才能得到有机的结合。生产的社会化程度越高，商品经济越发达，生产对流通的依赖性就越大，运输在再生产中的作用也就越重要。因此，货物运输是物流业的核心业务，货物运输实物量是反映物流业规模的重要指标。

指导运输管理和营运的两个基本原理分别是规模经济和距离经济。

规模经济是指随着装运规模的增长，每单位重量的运输成本下降，利润增加。这是因为转移一票货物的有关固定费用可以按整票货物的重量分摊，一票货物越重，每单位重量分摊到的固定费用就越低，其单位成本也就越低。例如，整车装运的单位成本低于零担装运的单位成本，铁路或水路等运输能力较大的运输工具的单位重量成本要低于如汽车或飞机等运输能力较小的运输工具的单位重量成本。

距离经济的特点是指每单位距离的运输成本随距离的增加而减少。这是因为距离也可以分摊固定成本，距离越长，平均每千米支付的固定成本越低，其平均每千米支付的总成本也就越低。例如，800km 的一次装运成本要低于 400km 的两次装运成本。

因此，在评价运输部门的生产经营成果时，既要考虑货物的运送重量，也要考虑运送距离。货物运输实物量统计指标主要有以下几个。

1. 货物运输量

货物运输量是指在报告期内，企业组织完成的利用各种运输工具实际运送到目的地并卸完的货物的数量。货物运输量按报告期到达量统计，其计量单位一般为“t”，管道运输天然气规定按 1000m^3 折合 1t 计算。

企业货物运输量包括自运货运量和委托代理货运量。自运货运量是指报告期内由本企业自行完成运输的货物数量，委托代理货运量则是指报告期内，委托本单位以外的企业(单位) 完成运输的货物数量。

1991 年以来，我国货物运输量增长很快，由 1991 年的 98.6 亿吨发展到 2013 年的 450.6 亿吨，后有所回落，2015 年为 417.1 亿吨。从构成来看，公路货运量所占比重最高，达到 75%左右；铁路货运量所占比重则从 1991 年以来一路震荡走低，到 2015 年，铁路货运量所占比重只有 8.06%；水运货运量所占比重与铁路货运量所占比重的变化相反，

1991 年以来一路震荡走高，到 2015 年，水运货运量所占比重为 14.72%。

1991—2015 年我国货物运输量及货运量构成如表 6-1 和表 6-2 所示。

表 6-1　　1991—2015 年我国货物运输量　　单位：亿吨

年份	铁路货运量	公路货运量	水运货运量	航空货运量	管道货运量	合计
1991	15.3	73.4	8.3	0.005	1.600	98.6
1992	15.8	78.1	9.3	0.006	1.500	104.7
1993	16.3	84.0	9.8	0.007	1.500	111.6
1994	16.3	89.5	10.7	0.008	1.500	118.0
1995	16.6	94.0	11.3	0.010	1.500	123.4
1996	17.1	98.4	12.7	0.012	1.600	129.8
1997	17.2	97.7	11.3	0.013	1.600	127.8
1998	16.4	97.6	11.0	0.014	1.700	126.7
1999	16.8	99.0	11.5	0.017	2.000	129.3
2000	17.9	103.9	12.2	0.020	1.900	135.9
2001	19.3	105.6	13.3	0.017	1.900	140.1
2002	20.5	111.6	14.2	0.020	2.000	148.3
2003	22.1	116.0	15.8	0.022	2.200	156.1
2004	24.9	124.5	18.7	0.027	2.500	170.6
2005	26.9	134.2	22.0	0.030	3.100	186.2
2006	28.8	146.6	24.9	0.035	3.300	203.6
2007	31.4	162.8	27.3	0.040	3.800	225.3
2008	33.1	181.7	29.7	0.041	4.500	249.0
2009	33.3	209.7	31.4	0.045	4.400	278.8
2010	36.4	242.5	36.4	0.056	4.900	320.3
2011	39.3	281.3	42.3	0.055	5.400	368.4
2012	39.0	322.1	45.6	0.054	5.300	412.1
2013	39.7	355.0	49.3	0.056	6.600	450.7
2014	38.1	334.3	59.6	0.059	6.900	439.0
2015	33.6	315.0	61.4	0.063	7.100	417.2

注：部分数据因四舍五入的原因，存在着与分项合计不等的情况。

资料来源：①中国物流与采购联合会．中国物流年鉴 2007［M］．北京：中国物资出版社，2007.

②国家统计局．2007—2015 年《中华人民共和国国民经济和社会发展统计公报》。

表 6-2　　1991—2015 年我国货运量构成　　单位:%

年份	铁路货运量	公路货运量	水运货运量	航空货运量	管道货运量	合计
1991	15.51	74.44	8.46	0.005	1.58	100
1992	15.07	74.67	8.84	0.006	1.41	100
1993	14.59	75.30	8.77	0.006	1.33	100
1994	13.83	75.81	9.07	0.007	1.28	100
1995	13.44	76.15	9.17	0.008	1.24	100
1996	13.17	75.78	9.81	0.009	1.23	100
1997	13.47	76.40	8.87	0.010	1.25	100
1998	12.96	77.00	8.65	0.011	1.37	100
1999	12.96	76.60	8.86	0.013	1.56	100
2000	13.14	76.46	9.01	0.014	1.38	100
2001	13.78	75.35	9.47	0.012	1.39	100
2002	13.82	75.25	9.56	0.014	1.36	100
2003	14.16	74.29	10.13	0.014	1.41	100
2004	14.59	72.96	10.98	0.016	1.45	100
2005	14.46	72.06	11.79	0.016	1.67	100
2006	14.15	71.98	12.21	0.017	1.64	100
2007	13.94	72.26	12.12	0.018	1.69	100
2008	13.29	72.97	11.93	0.016	1.81	100
2009	11.94	75.22	11.26	0.016	1.58	100
2010	11.36	75.71	11.36	0.017	1.53	100
2011	10.67	76.35	11.48	0.015	1.47	100
2012	9.46	78.16	11.07	0.013	1.29	100
2013	8.81	78.77	10.94	0.012	1.46	100
2014	8.68	76.15	13.58	0.013	1.57	100
2015	8.05	75.50	14.72	0.015	1.70	100

注：表中数据存在四舍五入的情况。

资料来源：①1991—2006 年数据——根据中国物流年鉴 2007 的资料计算而得。

②2007—2015 年数据——根据表 6-1 资料计算而得。

2. 货物周转量

运输部门所做的工作不仅表现在它运送了多少吨货物，还表现在这些货物被运送了多少距离。因此，要全面反映运输部门所完成的工作总量，就必须计算包含货物运输量和运输距离两个因素在内的综合性指标——货物周转量。

货物周转量是指报告期内，企业组织的利用各种运输工具实际完成运送过程的货物运输量，是运送的货物数量与其相应运输距离的乘积之总和，反映企业在报告期内所完成的货物运输工作总量。其计量单位为吨·公里（海运中的1n mile=1.852km）。1吨货物运输1公里称为1吨·公里，可写作1t·km。各种运输工具完成的货物周转量之和称为货物总周转量。

货物周转量的计算公式为：

$$货物周转量=\sum(每批货物重量\times该批货物运送距离) \tag{6-1}$$

企业货物周转量包括自运周转量和委托代理周转量。自运周转量是指报告期内，企业利用本单位各种运输工具实际完成运送过程的货物运输量，委托代理周转量则是指报告期内，委托本单位以外的企业（单位）利用各种运输工具实际完成运送过程的货物运输量。

货物周转量的计算包含货物运输量和运输距离两个因素，公路运输适合短距离运输，铁路运输和水路运输的特点是长距离运输。1991—2015年，水运货运量所占比重一路震荡走高，又是长距离运输，因此，水运运输货物周转量占货物运输周转量的比重最高；铁路运输虽然是长距离运输，但铁路货运量所占比重从1991年以来一路走低，导致铁路运输周转量占货物运输周转量的比重也一路走低；虽然表6-2数据显示，公路货运量占货运量比重最高，达到75%左右，但由于公路运输是短距离运输，因此，公路运输周转量占货物运输周转量的比重低于水运运输货物周转量占货物运输周转量的比重。

1991—2015年我国货物运输周转量如表6-3和表6-4所示。

表6-3　　1991—2015年我国货物运输周转量　　单位：亿吨·公里

年份	铁路运输周转量	公路运输周转量	水运运输周转量	航空运输周转量	管道运输周转量	合计
1991	10972	3428	12956	10	621	27987
1992	11576	3755	13256	13	617	29218
1993	11969	4071	13861	17	608	30524
1994	12471	4486	15687	19	612	33275
1995	13050	4695	17552	22	590	35909
1996	13106	5011	17863	25	585	36590
1997	13270	5272	19235	29	579	38345
1998	12560	5483	19406	33	606	38089
1999	12910	5724	21263	42	628	40568
2000	13771	6129	23734	50	636	44321

续 表

年份	铁路运输周转量	公路运输周转量	水运运输周转量	航空运输周转量	管道运输周转量	合计
2001	14694	6330	25989	44	653	47710
2002	15658	6783	27511	52	683	50686
2003	17247	7100	28716	58	739	53859
2004	19289	7841	41429	72	815	69446
2005	20726	8693	49672	79	1088	80258
2006	21954	9754	55486	94	1547	88835
2007	23797	11258	62182	116	1827	99180
2008	25112	12999	65218	120	2065	105513
2009	25239	36384	57440	126	2022	121211
2010	27644	43005	64305	177	2198	137329
2011	29466	51333	75196	172	2847	159014
2012	29187	59992	80654	162	3149	173145
2013	29174	67115	86521	169	3501	186478
2014	27530	61139	91881	186	3883	184619
2015	23754	57956	91345	207	4139	177401

注：部分数据因四舍五入的原因，存在着与分项合计不等的情况。

资料来源：①中国物流与采购联合会．中国物流年鉴 2007［M］．北京：中国物资出版社，2007.

②国家统计局．2007—2015 年《中华人民共和国国民经济和社会发展统计公报》。

表 6－4　　1991—2015 年我国货物运输周转量构成　　单位：%

年份	铁路运输周转量	公路运输周转量	水运运输周转量	航空运输周转量	管道运输周转量	合计
1991	39.20	12.25	46.29	0.04	2.22	100
1992	39.62	12.85	45.37	0.05	2.11	100
1993	39.21	13.34	45.41	0.05	1.99	100
1994	37.48	13.48	47.14	0.06	1.84	100
1995	36.34	13.07	48.88	0.06	1.64	100
1996	35.82	13.69	48.82	0.07	1.60	100
1997	34.61	13.75	50.16	0.08	1.51	100
1998	32.98	14.40	50.95	0.09	1.59	100
1999	31.82	14.11	52.41	0.10	1.55	100
2000	31.07	13.83	53.55	0.11	1.43	100

续 表

年份	铁路运输周转量	公路运输周转量	水运运输周转量	航空运输周转量	管道运输周转量	合计
2001	30.80	13.27	54.47	0.09	1.37	100
2002	30.89	13.38	54.28	0.10	1.35	100
2003	32.02	13.18	53.32	0.11	1.37	100
2004	27.78	11.29	59.66	0.10	1.17	100
2005	25.82	10.83	61.89	0.10	1.36	100
2006	24.71	10.98	62.46	0.11	1.74	100
2007	23.99	11.35	62.70	0.12	1.84	100
2008	23.80	12.32	61.81	0.11	1.96	100
2009	20.82	30.02	47.39	0.10	1.67	100
2010	20.13	31.32	46.83	0.13	1.60	100
2011	18.53	32.28	47.29	0.11	1.79	100
2012	16.86	34.65	46.58	0.09	1.82	100
2013	15.64	35.99	46.40	0.09	1.88	100
2014	14.91	33.12	49.77	0.10	2.10	100
2015	13.39	32.67	51.49	0.12	2.33	100

资料来源：①1991—2006 年数据——中国物流与采购联合会．中国物流年鉴 2007［M］．北京：中国物资出版社，2007.

②2007—2015 年数据——根据表 6－3 资料计算而得。

3. 港口货物吞吐量

港口货物吞吐量是指经由水路运进运出港区范围，并经过装卸的货物数量。作为港口货物吞吐量统计，必须同时具备以下条件。

（1）必须是货物，即必须是属于流通领域的商品。凡不属于流通领域的货物，如属于生产过程的渔船从江、海、湖泊中捕捞运进港口的水产品，挖掘的河泥，运往港外、倒入海内的废弃物等均不属于货物吞吐量。

（2）必须是经由水路运输的货物。

（3）必须是运进运出港区范围的货物。港区范围内的短途运输及作业区之间转库的驳运量均不属于港口货物吞吐量。

（4）必须是经过装卸的货物。凡由一条船运进港，未经装卸又运出港的货物不能计入港口货物吞吐量。

（5）按实际重量吨统计。

（6）调整船只，必须卸完装妥，并办完交换手续后，才能计算港口货物吞吐量。

2010—2015年，在经济下行压力不断加大的情况下，我国物流运行的增速放缓，港口物流也不例外，规模以上港口货物吞吐量、外贸货物吞吐量以及集装箱吞吐量虽然从总量看一直处于增加的态势，但增速明显放缓。

2010—2015年我国规模以上港口货物吞吐量及集装箱吞吐量如表6-5所示。

表6-5　　2010—2015年我国规模以上港口货物吞吐量及集装箱吞吐量

年份		2010	2011	2012	2013	2014	2015
货物吞吐量	总量（亿吨）	80.2	90.7	97.4	106.1	111.6	114.3
	同比增长（%）	15.00	11.90	6.80	8.50	4.80	1.60
外贸货物吞吐量	总量（亿吨）	24.6	27.5	30.1	33.1	35.2	35.9
	同比增长（%）	13.60	10.80	8.80	9.20	5.90	1.10
集装箱吞吐量	总量（万标准箱）	14500	16231	17651	18878	20093	20959
	同比增长（%）	18.80	11.40	8.10	6.70	6.10	4.10

资料来源：中国物流与采购联合会．中国物流年鉴2016［M］．北京：中国财富出版社，2016.

2015年全球前20大港口集装箱吞吐量排名情况如表6-6所示。

表6-6　　2015年全球前20大港口集装箱吞吐量排名情况

排名		港口名称	2015年（万标准箱）	2014年（万标准箱）	同比增长（%）
2015年	2014年				
1	1	上海港	3654	3529	3.5
2	2	新加坡港	3092	3387	−8.7
3	3	深圳港	2421	2403	0.7
4	5	宁波—舟山港	2063	1945	6.1
5	4	香港港	2011	2227	−9.7
6	6	釜山港	1943	1868	4.1
7	7	广州港	1759	1660	5.8
8	8	青岛港	1743	1658	5.1
9	9	迪拜港	1559	1525	2.2
10	10	天津港	1411	1405	0.4
11	11	鹿特丹港	1223	1230	−0.5
12	12	巴生港*	1170	1095	6.9
13	13	高雄港	1026	1059	−3.1
14	16	安特卫普港	965	898	7.5
15	14	大连港	945	1013	−6.7

续 表

排名		港口名称	2015年（万标准箱）	2014年（万标准箱）	同比增长（%）
2015年	2014年				
16	17	厦门港	918	857	7.1
17	19	丹戎帕拉帕斯港	910	850	7.1
18	15	汉堡港 *	897	973	−7.8
19	18	洛杉矶港	816	834	−2.2
20	20	长滩港	719	682	5.4

注：* 为预估值。

资料来源：中国物流与采购联合会．中国物流年鉴 2016 [M]．北京：中国财富出版社，2016.

（二）仓储实物量指标

仓储的目的是克服产品生产与消费在时间上的差异，创造商品的时间价值。在物流系统中，仓储是极其重要的构成要素，在物流系统中起着缓冲、调节和平衡的作用。仓储和运输长期以来被看作物流活动的两大支柱。

随着现代物流市场的迅速发展，仓储作为物流服务的节点，其功能发生了巨大的变化，其不仅具有储存、保管等传统功能，而且包括拣选、配货、检验、分类等作业，并具有多品种小批量、多批次小批量的配送功能以及附加标签、重新包装、流通加工等功能。因此，在评价仓储部门或仓储环节的生产经营成果时，不仅要计算货物的储存量，还要计算货物的配送量、货物的流通加工量、货物包装量、货物装卸搬运量等。

仓储实物量指标主要有以下几个。

1. 货物吞吐量

货物吞吐量是指企业仓储部门在报告期内货物的入库量与出库量之和，反映了仓储工作的强度。其计算公式为：

$$货物吞吐量=总入库量+总出库量 \tag{6-2}$$

货物吞吐量的大小取决于仓库的容积、设备、劳动力以及货物的周转速度。货物吞吐量越大，说明企业的生产经营成果越大，企业的经济效益越高。

2. 货物存储量

货物存储量是指企业仓储部门储存货物的数量。货物存储量反映仓库的储存能力及利用情况。货物存储量有期末存储量和平均存储量两种核算指标。

期末存储量是指在报告期末（通常指月末或年末）仓库储存货物的数量。期末存储量是时点指标。

平均存储量是指在报告期内，平均每天的货物储存量。平均存储量根据时点数列求序时平均数方法来计算。

(1) 连续、未分组时点资料。

如资料按每日的时间顺序排列，为连续、未分组时点资料，采用简单算术平均法计算平均存储量。其计算公式为：

$$\bar{a}=\frac{\sum a}{n} \tag{6-3}$$

式中：$\bar{a}$—— 平均存储量；

a—— 各日的存储量；

n—— 时间数列项数。

【例 6-1】 某物流企业 2017 年 6 月存储量资料如表 6-7 所示，求 2017 年 6 月的平均存储量。

表 6-7　　某物流企业 2017 年 6 月存储量资料

日期（日）	存储量（万吨）	日期（日）	存储量（万吨）	日期（日）	存储量（万吨）
1	15	11	30	21	26
2	15	12	30	22	26
3	15	13	30	23	26
4	20	14	30	24	26
5	20	15	30	25	26
6	20	16	30	26	18
7	20	17	30	27	18
8	20	18	30	28	18
9	20	19	30	29	18
10	20	20	30	30	18

解：

$$\bar{a}=\frac{\sum a}{n}=\frac{15+15+15+20+20+\cdots+18}{30}=23.5\text{(万吨)}$$

即该物流企业 2017 年 6 月的平均存储量为 23.5 万吨。

(2) 连续、已分组时点资料。

若掌握的时点资料是每日的，但不是直接罗列出来，而是已经作过统计分组，则为连续、已分组时点资料，可以时间间隔长度 f 为权数，采用加权算术平均数的方法计算平均存储量。其计算公式为：

$$\bar{a}=\frac{\sum af}{\sum f} \tag{6-4}$$

【例 6-2】 将表 6-7 的资料加以分组整理得到表 6-8 的资料，即可采用加权算术平均数的方法计算该物流企业 2017 年 6 月的平均存储量。

表 6-8　　某物流企业 2017 年 6 月存储量资料

日期（日）	存储量（万吨）	间隔时间（日）
1—3	15	3
4—10	20	7
11—20	30	10
21—25	26	5
26—30	18	5
合计	—	30

解：

$$\bar{a}=\frac{\sum af}{\sum f}=\frac{15\times3+20\times7+30\times10+26\times5+18\times5}{30}=23.5(\text{万吨})$$

即该物流企业 2017 年 6 月的平均存储量为 23.5 万吨。

（3）不连续、间隔相等的资料。

存储量资料有时是间隔一定时间登记一次得到的时点资料，若其间隔相等，则称为不连续、间隔相等的时点资料。假定其每一间隔的变化是均匀的，上期期末数即为本期期初数，其平均存储量的计算公式为：

$$\bar{a}=\frac{\frac{1}{2}a_1+a_1+a_2+a_3+\cdots+\frac{1}{2}a_n}{n-1} \tag{6-5}$$

这种计算方法得出的结果只是一个近似值。

【例 6-3】 某物流企业 2017 年第一季度各月末存储量资料如表 6-9 所示，求第一季度平均存储量。

表 6-9　　某物流企业 2017 年第一季度各月末存储量资料

时间	1 月末	2 月末	3 月末
月末存储量（万吨）	1200	1204	1208

注：2016 年 12 月末该企业存储量为 1202 万吨。

解：

$$\bar{a}=\frac{\frac{1}{2}a_1+a_1+a_2+\cdots+\frac{1}{2}a_n}{n-1}=\frac{\frac{1200}{2}+1200+1204+\frac{1208}{2}}{3}=1203(\text{万吨})$$

即该物流企业 2017 年第一季度平均存储量为 1203 万吨。

(4) 不连续、间隔不等的时点资料。

对于一系列不连续、时间间隔又不相等的存储量时点资料，计算其平均存储量，与第(3)种情况不同的是用时间间隔长度 f 为权数加权计算。其计算公式为：

$$\bar{a}=\frac{\frac{a_1+a_2}{2}f_1+\frac{a_2+a_3}{2}f_2+\frac{a_3+a_4}{2}f_3+\cdots+\frac{a_{n-1}+a_n}{2}f_{n-1}}{\sum f} \tag{6-6}$$

【例 6-4】 2017 年某物流企业存储量变动情况如表 6-10 所示，求该企业 2017 年平均存储量。

表 6-10　　2017 年某物流企业存储量变动情况

日期	1月1日	3月1日	7月1日	10月1日	12月31日
存储量（万吨）	1902	2040	2010	2100	2202

解：

$$\bar{a}=\frac{\frac{a_1+a_2}{2}f_1+\frac{a_2+a_3}{2}f_2+\frac{a_3+a_4}{2}f_3+\cdots+\frac{a_{n-1}+a_n}{2}f_{n-1}}{\sum f}$$

$$=\frac{\frac{1902+2040}{2}\times 2+\frac{2040+2010}{2}\times 4+\frac{2010+2100}{2}\times 3+\frac{2100+2202}{2}\times 2}{2+4+3+2}$$

$$=2055(\text{万吨})$$

即该物流企业 2017 年平均存储量为 2055 万吨。

在储存量变化均匀的情况下，也可使用下列近似公式计算平均存储量：

$$\text{月平均存储量}=\frac{\text{月初存储量}+\text{月末存储量}}{2} \tag{6-7}$$

$$\text{季平均存储量}=\frac{\text{季度内各月平均存储量之和}}{3} \tag{6-8}$$

$$\text{年平均存储量}=\frac{\text{各月平均存储量之和}}{12} \tag{6-9}$$

在计算货物存储量的基础上，为反映企业的经营效率，应计算平均存储周期。平均存储周期是指在报告期内，库存物品从入库到出库的平均时间，即仓储货物的平均存储时间。平均存储周期可参考以下公式计算：

平均存储周期＝报告期天数（全年按 360 天）÷周转次数　　(6-10)

周转次数＝报告期货物吞吐量÷报告期货物平均存储量　　(6-11)

平均存储周期越短，说明库存物品周转率越高，资金的使用率越高，企业的利润也随库存物品周转率的提高而增加。

3. 货物配送量和货物配送周转量

配送是从物流节点至用户的一种送货方式；是在全面配货的基础上，完全按照用户的要求，包括种类、品种搭配、数量、时间等方面的要求所进行的运送；是运输与配货活动共同构成的组合体。因此，反映货物配送工作量的主要指标是货物配送量和货物配送周转量。

货物配送量是指企业在报告期内，在经济合理区域范围内，根据用户要求，对物品进行拣选、加工、包装、分割、组配等作业，并按时送达指定地点的货物数量，其计量单位为吨。

货物配送周转量是指企业在报告期内配送的货物数量与其相应运输距离的乘积之总和，反映企业在报告期内所完成的货物配送工作总量，其计量单位为吨公里。

4. 货物流通加工量

流通加工是流通过程中的加工活动，是为了方便运输、方便储存、方便用户以及便于综合利用所进行的加工活动。货物流通加工量则是指报告期内，从生产地到消费地的过程中，经过施加包装、分割、计量、分拣、刷标志、栓标签、组装等流通加工过程的货物总量。

注意：货物配送量与货物流通加工量要界定清楚，不要重复计算。

5. 货物包装量

包装是生产物流的终点，同时也是社会物流的起点。通过包装，可以保护产品、便于储运、促进销售，在维持产品的存在价值和实现产品的使用价值方面发挥作用。货物包装量是指报告期内，从生产地到消费地过程中，经过企业施加包装过程的货物数量。

注意：包装量与配送量和流通加工量要界定清楚，不要重复计算。

6. 货物装卸搬运量

装卸搬运是伴随输送和保管而产生的必要的一种物流活动。在物流活动的转换中，起着承上启下的联结作用，装卸搬运收入在物流企业主营业务收入中占有一定比重。货物装卸搬运量是指在报告期内，企业装卸搬运的货物数量。

第二节　物流价值量统计

产品实物量指标是产出统计的基本指标，但其综合性差，不同种类的实物总量指标不能相加，如货物运输量加上货物运输周转量没有经济意义，故在应用上受到限制。为了反映物流市场的总规模，并对企业生产经营状况进行统计分析，在计算物流服务产品实物量指标的同时，还需要计算物流服务产品的价值量指标。价值量指标具有广泛的综合性和概括性。物流服务产品价值量指标主要有社会物流总额、社会物流业务总收入、物流企业主营业务收入、物流企业总产出、物流企业增加值等。

一、社会物流总额

（一）社会物流的物品

社会物流的物品是指报告期内，从供应地向接收地实体流动的全部物品，是社会物流产业活动的对象。

为避免重复计算，社会物流的物品按初次来源计算，即第一次进入国内需求领域，产生从供应地向接收地实体流动的物品。

从国内社会物流物品的初次来源看，主要有五个方面：①第一次进入国内需求领域的农林牧渔业产品，简称农产品；②第一次进入国内需求领域的工业产品，简称工业品；③进口货物；④进入需求领域的再生资源商品，简称再生资源；⑤单位与居民物品。包括铁路、航空运输中的行李、邮递业务中的包裹、信函、社会各界的各种捐赠物、单位与居民由于搬家迁居形成的物品装卸搬运与运输等。

（二）社会物流的物品总额

社会物流的物品总额简称社会物流总额，即报告期内，社会物流物品的价值总额。社会物流总额在很大程度上决定社会物流产业活动的规模，它的增长变化一定程度上反映着物流需求的增长变化。社会物流总额同样包括五个方面：①进入需求领域的农产品物流总额；②进入需求领域的工业品物流总额；③进口货物物流总额，也即进口总额；④进入需求领域的再生资源物流总额；⑤单位与居民物品物流总额。

1. 农产品物流总额

农产品物流总额是指报告期内，由农业生产部门提供，进入需求领域，产生从供应地向接收地实体流动的全部农林牧渔业产品的价值总额。也就是农业生产部门的农产品商品产值，但不包括不经过社会物流服务，由农业生产者直接通过集市贸易售与居民消费的部分。

农产品物流总额的计算公式为：

农产品物流总额=报告期内农产品商品产值－农业生产者直接通过集市贸易售与居民消费的部分 (6-12)

（数据来源：国家统计局现行农业统计、批发贸易统计资料及相关测算等）

2. 工业品物流总额

工业品物流总额是指报告期内，由国内工业生产部门提供，进入需求领域，产生从供应地向接收地实体流动的全部工业产品价值总额。即工业生产部门的销售产值，但不包括不能以具体产品体现的工业性作业销售产值，或不能通过一般性运输、装卸、搬运等物流服务形式完成的电力、蒸汽、热水的生产与供应业销售产值、煤气生产和供应业销售产值、自来水的生产和供应业销售产值。

工业品物流总额的计算公式为：

工业品物流总额＝报告期内工业销售产值－（工业性作业销售产值、电力、蒸汽、热水的生产与供应业销售产值、煤气生产和供应业销售产值、自来水的生产和供应业销售产值之和） （6－13）

（数据来源：国家统计局现行工业统计资料）

3. 进口货物物流总额

进口货物物流总额是指报告期内，以人民币表示的，通过我国海关进口的物品总额。

进口货物物流总额的计算公式为：

进口货物物流总额＝以美元表示的海关进口总额×报告期内人民币兑美元的平均汇率 （6－14）

（数据来源：国家现行海关及银行统计资料）

4. 再生资源物流总额

再生资源物流总额是指报告期内，进入需求领域，经再生产加工后可重复利用的废旧物资总额。

再生资源物流总额的计算公式为：

再生资源物流总额＝流通环节的再生资源商品销售额 （6－15）

（数据来源：国家统计局现行批发贸易统计资料）

5. 单位与居民物品物流总额

单位与居民物品物流额是指报告期内，进入需求领域，经社会物流服务，从提供地送达接收地的单位与居民的物品价值总额。包括铁路、航空等运输中的计费行李、邮政与快递业务中快件、包裹、信函、报刊等寄递物品、社会各界的各种捐赠物、单位与居民由于搬家迁居形成的物品装卸搬运与运输等。

（数据来源：寄递物品根据国家邮政业务额中的寄递业务收入核算）

自1991年以来，我国社会物流总额一直保持增长态势，与此同时，在经历了2000年以来的高速增长之后，我国社会物流总额增速自2012年后一路放缓。社会物流总额中工业品物流总额所占比重最高并一路上升，工业品物流总额占社会物流总额的比重由1991年的77.49％上升到2015年的93.04％；农产品物流总额占社会物流总额的比重和进口货物物流总额占社会物流总额的比重则一路下滑，农产品物流总额占社会物流总额的比重由1991年的10.76％下滑到2015年的1.57％；进口货物物流总额占社会物流总额的比重由1991年的11.24％下滑到2015年的4.76％。

1991—2015年我国社会物流总额及其构成如表6－11和表6－12所示。

表 6-11　　1991—2015 年我国社会物流总额　　单位：亿元

年份	工业品	农产品	进口货物	再生资源	单位与居民物品	合计
1991	23418	3252	3395	198	27	30291
1992	31121	3335	4444	255	33	39188
1993	43780	4281	5990	382	42	54475
1994	62571	6104	9964	548	50	79237
1995	82584	7951	11029	607	59	102230
1996	89730	8618	11523	673	69	110614
1997	102501	8996	11817	746	78	124138
1998	107688	9160	11626	827	86	129388
1999	115827	9138	13736	917	98	139717
2000	142000	9634	18660	1017	116	171427
2001	163739	10291	20159	1127	126	195442
2002	196799	10986	24431	1249	132	233597
2003	249570	11261	34193	1385	187	296595
2004	324876	11970	46467	1535	190	383829
2005	413161	12748	54093	1776	205	481983
2006	516864	13546	63267	2059	240	595976
2007	660878	15849	72627	2436	493	752283
2008	798622	18638	78603	2529	1402	899794
2009	874058	19439	68570	2840	1632	966539
2010	1131031	22355	94305	4464	1975	1254130
2011	1436409	26312	112430	5928	2463	1583542
2012	1620269	28891	115209	6751	2037	1773157
2013	1814701	31405	121058	7750	2726	1977640
2014	1968951	33101	120331	8455	3696	2134534
2015	2039833	34524	104448	8616	5078	2192499

注：按当年价格计算。

资料来源：①中国物流与采购联合会．中国物流年鉴 2007［M］．北京：中国物资出版社，2007.

②中国物流与采购联合会．“十二五”中国物流统计报告 2007［M］．北京：中国财富出版社，2016.

表 6-12　　1991—2015 年我国社会物流总额构成　　单位：%

年份	工业品	农产品	进口货物	再生资源	单位与居民物品	合计
1991	77.49	10.76	11.24	0.42	0.09	100
1992	79.62	8.53	11.37	0.4	0.09	100
1993	80.60	7.88	11.03	0.41	0.08	100
1994	78.97	7.70	12.58	0.69	0.06	100
1995	80.98	7.80	10.82	0.35	0.06	100
1996	81.36	7.81	10.45	0.31	0.06	100
1997	82.89	7.27	9.56	0.22	0.06	100
1998	83.65	7.12	9.03	0.13	0.07	100
1999	83.36	6.58	9.89	0.11	0.07	100
2000	83.25	5.65	10.94	0.09	0.07	100
2001	84.18	5.29	10.36	0.1	0.06	100
2002	84.61	4.72	10.50	0.1	0.06	100
2003	84.15	3.80	11.53	0.47	0.06	100
2004	84.64	3.12	12.11	0.4	0.05	100
2005	85.72	2.64	11.22	0.37	0.04	100
2006	86.73	2.26	10.62	0.35	0.04	100
2007	87.85	2.11	9.65	0.32	0.07	100
2008	88.76	2.07	8.74	0.27	0.16	100
2009	90.43	2.02	7.09	0.29	0.17	100
2010	90.18	1.78	7.52	0.36	0.16	100
2011	90.71	1.66	7.10	0.37	0.16	100
2012	91.38	1.63	6.50	0.38	0.11	100
2013	91.76	1.59	6.12	0.39	0.14	100
2014	92.24	1.55	5.64	0.4	0.17	100
2015	93.04	1.57	4.76	0.39	0.24	100

注：部分数据因四舍五入的原因，存在着与分项合计不等的情况。

资料来源：①中国物流与采购联合会．中国物流年鉴 2007 [M]．北京：中国物资出版社，2007.

②中国物流与采购联合会．“十二五”中国物流统计报告 2007 [M]．北京：中国财富出版社，2016.

二、社会物流业务总收入

社会物流业务总收入是指报告期内，物流相关行业参与社会物流活动提供社会物流服务所取得的业务收入总额，是物流相关行业的总产出，也是国内物流市场总规模。社会物流业务总收入包括参与社会物品物流过程中运输、储存、装卸搬运、包装、流通加工、配送、信息处理等各个方面业务活动的收入。

社会物流业务总收入根据参与过程，也可以简单划分为运输收入和保管收入两大部分来计算。

（一）运输收入

运输收入是指社会物流活动中，物流相关行业参与物品运输而取得的全部收入。包括物品运输承运企业的货运收入；装卸搬运保管等辅助服务企业的货运业务收入；货运代理服务企业的货运代理业务收入。运输管理与投资部门收取的各种交通建设基金、过路费、过桥费、过闸费等货物运输附加费用，虽然不能直接计入物流相关行业的业务收入之中，但属于社会物流运输活动的成果，应计入社会物流业务总收入中。

社会物流业务总收入不包括生产、流通、消费企业拥有的，非独立核算的物流业务部门完成的业务收入。

（二）保管收入

保管收入是指社会物流活动中，物流相关行业参与物品从配送、流通加工、包装、信息及相关服务、仓储保管和其他属于保管环节活动所取得的业务收入。

三、物流企业主营业务收入

物流企业主营业务收入是指企业在报告期内从事物流活动所获得的收入，包括运输、仓储、装卸搬运、包装、流通加工、配送、物流信息服务以及物流代理等业务而追加到物质产品中去的价值。

物流企业主营业务收入＝配送收入＋流通加工收入＋包装收入＋物流信息服务收入＋物流代理收入＋仓储收入＋运输收入＋装卸搬运收入 (6-16)

上式中：配送收入指报告期内，企业完成货物配送业务所取得的业务收入；流通加工收入指报告期内，企业完成货物流通加工业务所取得的业务收入；包装收入指报告期内，企业完成货物包装业务所取得的业务收入；物流信息服务收入指报告期内，企业完成信息及相关服务业务所取得的业务收入；代理收入指报告期内，企业完成物流代理业务所取得的业务收入；仓储收入指报告期内，企业完成货物仓储业务所取得的业务收入；运输收入指报告期内，企业完成各种运输活动所取得的收入（含监管收入）。装卸搬运收入指报告期内，企业完成货物装卸搬运业务所取得的业务收入。

物流企业主营业务收入根据会计的“损益表”或“利润表”的资料填列。

计算物流企业主营业务收入时应注意以下问题。

(1) 客运收入部分不能计入物流企业主营业务收入。

在实际工作中，有些物流企业是货运与客运兼营，计算物流企业主营业务收入时，只计算货运收入部分，客运收入部分不能计入物流企业主营业务收入。

(2) 物流业务以外的产值不能计入物流企业主营业务收入。

物流企业所从事的工业、餐饮业或其他除货物的运输、仓储、装卸搬运、包装、流通加工、配送以及物流信息服务等业务以外的产值不能计入物流企业主营业务收入。

四、物流企业总产出

物流企业总产出是物流企业在一定时期内生产经营活动的总成果，既包括企业在一定时期内从事物流活动所获得的收入（主营业务收入），也包括企业在一定时期内从事非物流活动所获得的收入（附营业务收入），以及废品废料的销售价值。其中，附营业务收入是指物流企业所从事的客运、工业、餐饮业或其他除货物的运输、仓储、装卸搬运、包装、流通加工、配送以及物流信息服务以外业务的收入。

五、物流企业增加值

(一) 国内生产总值的基本概念和计算方法

国内生产总值是常用的国民经济综合指标。从价值形态分析，国内生产总值是生产活动的最终成果，不包括中间消耗的物质产品和服务价值，体现了当期生产过程中的新增价值。

借助马克思主义对物质产品的价值构成分析，国内生产总值的价值构成可以分解为 C_1+V+M。其中，C_1为固定资产折旧，V为劳动者报酬，M为利润与税金。国内生产总值的价值形态涵盖物质产品和服务在内的全部生产活动，而其实物形态仅对物质产品而言。服务作为一种生产成果不具备实物形态。因此，从实物形态分析，国内生产总值的实物形态包括：①用于消费的消费品；②用于积累的生产资料，其中包括用于替换固定资产磨损部分的生产资料；③净出口，即出口与进口的差额。

国内生产总值的核算方法有生产法、分配法（收入法）和支出法三种。

1. 生产法

生产法是从生产过程中生产的货物和服务总产品价值入手，剔除生产过程中投入的中间产品的价值，得到增加价值的一种方法。其计算公式为：

$$增加值=总产出-中间消耗 \tag{6-17}$$

增加值是常住单位在核算期内从事生产经营活动所获得的以货币表现的最终成果，它是常住单位在生产经营过程中创造的新增价值和固定资产的转移价值。国民经济各行业增加值之和为国内生产总值。

总产出是核算期内一个国家（或地区）常住单位生产的所有货物和服务的价值，既包括新增价值，也包括转移价值，反映常住单位生产活动的总规模。

中间消耗是指常住单位在生产或提供货物与服务过程中消耗和使用的所有非固定资产货物和服务的价格。

准确计算中间消耗是准确计算增加值的基础和前提。计算中间消耗应遵循以下原则。

（1）中间消耗的计算内容应与总产出一致。即凡是总产出所包含的外购的中间消耗均予以计算，反之，则不能计算。

（2）中间消耗的计算范围应与总产出一致。即总产出计算到哪里，作为中间投入的消耗就扣除到哪里。中间消耗不仅包括物质性消耗，还包括服务消耗。

（3）中间消耗的计算时间应与总产出一致。即总产出作为本期生产活动的总成果，中间消耗也必须是本期投入生产，并且是一次性消耗掉的物质产品和服务价值，但不包括固定资产等的转移价值。

2. 分配法（收入法）

分配法（收入法）是按照各生产要素在生产中得到的收入份额来计算的方法，或者说是按国内生产总值初次分配份额计算的方法。

按照这种计算方法，增加值由劳动者报酬、生产税净额、营业盈余、固定资产折旧四个部分组成。其计算公式为：

$$增加值=劳动者报酬+生产税净额+营业盈余+固定资产折旧 \quad (6-18)$$

（1）劳动者报酬。指劳动者因从事生产活动所获得的全部报酬。它包括劳动者获得的各种形式工资、奖金和津贴。既包括货币形式的，也包括实物形式的，还包括劳动者所享受的上、下班交通补贴和单位支付的社会保险费等。单位支付的社会保险费，就是单位直接支付给负责社会保险的政府单位（一般指劳动部门）的社会保险金或为本单位职工离退休、发生死亡、伤残、医疗保险等而支付的保险费。

在计算劳动者报酬时，需要注意作为劳动者报酬的实物性收入与中间消耗的界限。如果企业对为其从事生产活动的劳动者提供的货物或服务，可以满足劳动者在自己闲暇的时间里的需要，并且可以改善和提高他们的实际生活水平，同时，其他普通消费者也可以在市场上购买到这些货物和服务，那么这些货物和服务就属于劳动者的实物收入。如果企业为了保证生产能正常进行，为劳动者购买的货物或提供的服务，如因特殊工作需要为劳动者提供服装或鞋，或者为劳动者因公出差提供运输和旅馆服务费用等，属于中间消耗。

本项目可从统计报表中“财务状况”表的“应付工资”“应付福利费”“劳动、待业保险费”项目取得。

（2）生产税净额。指企业向政府缴纳的生产税与政府给企业的生产补贴相抵后的差额。

生产税是政府向企业征收的有关生产、销售和从事经营活动以及因从事生产活动使用某些生产要素，如固定资产、土地、劳动力所征收的各种税、附加费和规费。具体包括销售税金及附加、增值税、管理费中开支的各种税、应交纳的养路费、排污费和水电费附加，烟酒专卖上缴政府的专项收入等。生产税的具体数值可从统计报表中财务状况或会计报表的“损益”中“产品销售税金及附加”项和“管理费用”科目中的“税金”项及会计“应交税金”科目取得。这里的税金指的是应纳税金。

生产补贴与生产税相反，是政府既为控制价格又要扶持生产而支付给生产部门的补贴，是政府对生产单位的单方面收入转移，因此，视为负生产税处理，包括政策亏损补贴、粮食系统价格补贴、外贸企业出口退税收入等。生产补贴可从统计报表中“财务状况”表或会计“损益表”中的“补贴收入”项取得。

（3）营业盈余。营业盈余体现生产要素在生产过程中创造的剩余价值，是指增加值中扣除固定资产折旧、劳动者报酬、生产税净额后的余额，即应得利润（不是会计报表中的已实现的利润），这部分正是生产单位生产的目的，企业经营效益的具体体现。它相当于企业的营业利润加上生产补贴，但要扣除从利润中开支的工资和福利等。

营业盈余的计算公式为：

营业盈余＝总产出－中间投入－固定资产折旧－劳动者报酬－生产税净额　（6－19）

（4）固定资产折旧。固定资产折旧是指一定时期内为弥补固定资产损耗（包括有形损耗和无形损耗）按照核定的固定资产折旧率提取的固定资产折旧，或按照国民经济核算统一规定的折旧率虚拟计算的固定资产折旧，它反映了固定资产在当期生产中的转移价值。各种类型企业和企业化管理的事业单位的固定资产折旧指实际计提并计入成本费用中的折旧费；不计提折旧的单位，如政府机关、非企业化管理的事业单位和居民住房的固定资产折旧则是按照统一规定的折旧率和固定资产原值计算虚拟折旧。原则上，固定资产折旧应按固定资产的重置价值来计算，但是我国目前尚不具备对全社会固定资产进行重估价的基础，所以，暂时只能采用上述方法来计算。各种类型企业和企业化管理的事业单位的固定资产折旧可直接从统计报表中“财务状况”表中的“本年折旧”项直接取得。

3. 支出法

支出法是从最终使用的角度反映国内生产总值最终使用去向的一种方法。最终使用包括货物和服务的最终消费支出、资本形成总额及货物和服务净出口三部分，其计算公式为：

国内生产总值＝最终消费支出＋资本形成总额＋货物和服务净出口　（6－20）

国民经济发展需要现代物流业的支持，从1991年到2015年，国民经济发展对物流的依赖程度明显增大，1991年，我国每单位GDP产出需要1.4个单位的社会物流总额来支持，而到了2015年，我国每单位GDP产出则需要3.24个单位的社会物流总额来支持。2008年以来，我国单位GDP的物流需求系数不断上升，2013年达到3.48的较高水平。2014年单位GDP的物流需求系数为3.35，2015年为3.24，连续两年呈现下降态势，显示出创造单位GDP所需的物流规模有所下降。由此表明，传统的依靠“高物耗、高物流”的增长模式正在发生积极转变。

每单位GDP的物流需求系数是指实现一个单位的GDP所需要耗费的物流费用，其计算公式为：

每单位GDP的物流需求系数=社会物流总额÷国内生产总值　　(6-21)

【例6-5】　2005年国内生产总值为183085亿元，社会物流总额为481000亿元，则：

2005年每单位GDP的物流需求系数=481000÷183085≈2.63

1991—2015年我国每单位GDP的物流需求系数如表6-13所示。

表6-13　**1991—2015年我国每单位GDP的物流需求系数**

年份	工业品	农产品	进口货物	再生资源	单位与居民物品	合计
1991	1.083	0.150	0.157	0.009	0.001	1.400
1992	1.168	0.125	0.167	0.010	0.001	1.471
1993	1.239	0.121	0.170	0.011	0.001	1.542
1994	1.298	0.127	0.207	0.011	0.001	1.644
1995	1.358	0.131	0.181	0.010	0.001	1.681
1996	1.261	0.121	0.162	0.009	0.001	1.554
1997	1.298	0.114	0.150	0.009	0.001	1.572
1998	1.276	0.109	0.138	0.010	0.001	1.534
1999	1.292	0.102	0.153	0.010	0.001	1.558
2000	1.431	0.097	0.188	0.010	0.001	1.727
2001	1.493	0.094	0.184	0.010	0.001	1.782
2002	1.635	0.091	0.203	0.010	0.001	1.940
2003	1.837	0.083	0.252	0.010	0.001	2.183
2004	2.032	0.075	0.291	0.010	0.001	2.409
2005	2.257	0.070	0.295	0.010	0.001	2.633
2006	2.468	0.065	0.302	0.010	0.001	2.846
2007	2.680	0.064	0.294	0.010	0.002	3.050
2008	2.543	0.059	0.250	0.008	0.004	2.864
2009	2.606	0.058	0.204	0.008	0.005	2.881

续 表

年份	工业品	农产品	进口货物	再生资源	单位与居民物品	合计
2010	2.817	0.056	0.235	0.011	0.005	3.124
2011	3.038	0.056	0.238	0.013	0.005	3.350
2012	3.120	0.056	0.222	0.013	0.004	3.431
2013	3.190	0.055	0.213	0.014	0.005	3.477
2014	3.094	0.052	0.189	0.013	0.006	3.354
2015	3.014	0.051	0.154	0.013	0.008	3.240

资料来源：①中国物流与采购联合会．中国物流年鉴 2007［M］．北京：中国物资出版社，2007.
②中国物流与采购联合会．“十二五”中国物流统计报告 2007［M］．北京：中国财富出版社，2016.

自 2006 年以来，我国物流业增加值一直保持增长态势，物流业增加值中交通运输业物流增加值所占比重最高，但自 2008 年后一路下滑，交通运输业物流增加值占物流业增加值的比重由 2006 年的 72%下滑到 2015 年的 67.8%；仓储业物流增加值占物流业增加值的比重与贸易业物流增加值占物流业增加值的比重相对平稳；邮政业物流增加值占物流业增加值的比重则由 2006 年的 2.2%提高到 2015 年的 6.2%。

物流业增加值与 GDP 的比重在 2012 年达到 6.9%后，连续两年快速下滑，到 2015 年，物流业增加值与 GDP 的比重为 5.3%。物流业增加值与第三产业增加值的比重在 2008 年达到 16.4%后，一路走低，到 2015 年，物流业增加值与第三产业增加值的比重为 10.6%。由此可看出，传统的依靠“高物耗、高物流”的增长模式已经发生积极转变，经济结构调整的效应逐步显现。

2006—2015 年我国物流业增加值有关资料如表 6-14～表 6-17 所示。

表 6-14　　2006—2015 年我国物流业增加值　　单位：亿元

年份	交通运输业物流增加值	仓储业物流增加值	贸易业物流增加值	邮政业物流增加值	物流业增加值
2006	10386	1033	2697	313	14429
2007	13612	1265	2940	383	18200
2008	15854	1570	3648	437	21509
2009	16809	1737	4035	498	23079
2010	19746	2084	4897	582	27309
2011	22820	2421	5951	703	31895
2012	25257	2694	6646	901	35498
2013	27530	2975	7256	1159	38920
2014	23995	2479	6457	2269	34730
2015	24556	2591	6813	2269	36229

资料来源：中国物流与采购联合会．“十二五”中国物流统计报告［M］．北京：中国财富出版社，2016.

表 6-15　2006—2015 年我国物流业增加值构成　单位：%

年份	交通运输业物流增加值	仓储业物流增加值	贸易业物流增加值	邮政业物流增加值	物流业增加值
2006	72	7.2	18.6	2.2	100
2007	74.8	7	16.1	2.1	100
2008	73.7	7.3	17	2	100
2009	72.8	7.5	17.5	2.2	100
2010	72.4	7.6	17.9	2.1	100
2011	71.5	7.6	18.7	2.2	100
2012	71.2	7.6	18.7	2.5	100
2013	68.1	7.1	19.3	5.5	100
2014	67.5	7	19.1	6.4	100
2015	67.8	7.2	18.8	6.2	100

资料来源：中国物流与采购联合会．“十二五”中国物流统计报告［M］．北京：中国财富出版社，2016.

表 6-16　2006—2015 年我国物流业增加值与 GDP 的比重　单位：%

年份	交通运输业物流增加值	仓储业物流增加值	贸易业物流增加值	邮政业物流增加值	物流业增加值
2006	4.9	0.5	1.3	0.1	6.8
2007	5.1	0.5	1.1	0.1	6.8
2008	5	0.5	1.2	0.1	6.8
2009	5	0.5	1.2	0.1	6.8
2010	4.9	0.5	1.2	0.1	6.7
2011	4.8	0.5	1.3	0.1	6.7
2012	4.9	0.5	1.3	0.2	6.9
2013	4.8	0.5	1.3	0.2	6.8
2014	4.1	0.5	1.3	0.2	6.1
2015	3.6	0.4	1.0	0.3	5.3

资料来源：中国物流与采购联合会．“十二五”中国物流统计报告［M］．北京：中国财富出版社，2016.

表 6-17　2006—2015 年我国物流业增加值与第三产业增加值的比重　单位：%

年份	交通运输业物流增加值	仓储业物流增加值	贸易业物流增加值	邮政业物流增加值	物流业增加值
2006	12.3	1.2	3.2	0.4	17.0
2007	12.2	1.1	2.6	0.3	16.3
2008	12.1	1.2	2.8	0.3	16.4
2009	11.8	1.2	2.8	0.3	16.1

续 表

年份	交通运输业物流增加值	仓储业物流增加值	贸易业物流增加值	邮政业物流增加值	物流业增加值
2010	11.5	1.2	2.9	0.3	16.0
2011	11.2	1.2	2.9	0.3	15.7
2012	10.9	1.2	2.9	0.4	15.3
2013	10.6	1.2	2.9	0.5	15.2
2014	10.1	1.2	2.9	0.4	14.9
2015	7.2	0.8	2.0	0.7	10.6

资料来源：中国物流与采购联合会．“十二五”中国物流统计报告［M］．北京：中国财富出版社，2016.

（二）物流企业增加值

物流企业增加值是物流企业在报告期内从事生产经营活动所获得的以货币表现的最终成果。

物流企业增加值的计算方法有生产法和分配法（收入法）两种。

1．生产法

$$物流企业增加值=物流企业总产出-物流企业中间消耗$$

$$物流企业总产出=物流企业的营运收入 \quad (6-22)$$

物流企业生产经营活动主要可分为三类：第一类是运输活动；第二类是仓储活动（含装卸搬运、包装、流通加工、配送以及物流信息服务等活动）；第三类是附营业务活动。

运输活动产出是物流企业运输部门核算期内从事生产活动的总成果。运输部门担负着把货物由生产地点转移到使用地点，使货物的使用价值和价值得以实现的职能。这种服务的生产与使用是同时发生的，它的生产活动所得到的全部收入就是其产出的价值表现。运输活动产出具体包括公路货物运输营运收入、水路货物运输营运收入、航空货物运输营运收入、铁路货物运输营运收入、管道货物运输营运收入以及货物运输代理收入等。

仓储活动产出是物流企业仓储部门核算期内从事生产活动的总成果。仓储是指储存各种生产和生活资料及特种储备物质的活动，是为保持货物原有形态及性能的持续性而进行的一种必要活动，也是为使货物的使用价值和价值得以实现的一种活动。仓储活动的产出有两种情况：一是代客户储存货物，代客户储存货物收取储存费用，以其收费收入作为产出，并包含从事货物储存代理、装卸搬运、包装、流通加工、配送以及物流信息服务等业务活动所获取的收入；二是国家储备，国家储备不收取费用，而是在储存过程中发生一些支出，以储存活动经费支出为其产出。仓储活动产出不包括被储存货物的自身价值。

附营业务活动产出是指物流企业核算期内所从事的客运、工业、餐饮业或其他除货物的运输、仓储、装卸搬运、包装、流通加工、配送以及物流信息服务以外业务活动的总成果。包括从事客运、工业、餐饮业等业务活动获取的收入。

物流企业中间消耗＝物流企业中间物质消耗＋物流企业中间劳务消耗　(6－23)

运输活动的中间消耗是核算期内企业运输活动所消耗的外购物质产品和服务费，具体包括外购材料、外购燃料、外购动力、外购备品备件、外付修理费、邮电费、印刷费、书报文具费、水电费、金融与保险服务费、会议费、技术转让费、广告费等。

仓储活动的中间消耗是核算期内企业在仓储、装卸搬运、包装、流通加工、配送以及物流信息服务等业务活动中所消耗的物质产品和非物质服务，主要有外购材料、外购燃料、外购动力、库存物质损耗、低值易耗品摊销、印刷费、书报文具费、水电费、向外单位支付的运输费、邮电费、金融及保险服务费、广告费、会议费、商品检验费、咨询费、技术转让费等。

附营业务活动的中间物质消耗是核算期内企业从事附营活动消耗的外购物质产品和服务费。

2. 分配法（收入法）

增加值＝劳动者报酬＋生产税净额＋营业盈余＋固定资产折旧

利用会计制度中的科目，按分配法计算物流企业增加值的具体方法如下：

劳动者报酬＝职工工资总额＋本年提取职工福利费＋劳动保险费＋工会经费（60%）＋差旅费中支付给个人部分＋待业保险费＋住房公积金　(6－24)

生产税净额＝营运税金及附加＋印花税＋土地使用税＋房产税＋车船使用税＋排污费＋增值税　(6－25)

固定资产折旧＝本年提取的固定资产折旧

营业盈余＝营业利润＋坏账损失＋工会经费（40%）＋其他　(6－26)

第三节　物流企业利润统计

利润是产品价值的一个组成部分，是企业生产经营活动的最终财务成果，获取利润是企业生产经营活动的终极目标。同时，利润是国家和企业积累的来源，是扩大再生产、改善人民生活水平的重要保证，也是反映企业经营管理水平高低的重要统计指标。因此，利润是反映企业综合产出的一个非常重要的指标。

一、物流企业利润的构成

（一）主营业务利润

主营业务利润是指物流企业从事物流活动所获取的利润。其基本计算公式如下：

主营业务利润＝主营业务收入－主营业务成本－营业费用－主营业务税金及附加　(6－27)

主营业务收入是指物流企业在一定时期内完成货物的运输、仓储、装卸搬运、包装、流通加工、配送、物流信息服务以及物流代理等业务而追加到物质产品中去的价值。即物流企业进行各项物流活动的总收入。

主营业务成本是指物流企业在一定时期内从事物流业务活动所发生的实际业务成本。即企业为获取主营业务收入而发生或支付的能直接归属于主营业务的费用耗费，包括以下几个方面。

（1）企业为完成货物配送业务而发生的全部费用。如支付外部配送费和企业自身完成配送业务所发生的费用、业务人员的工资福利、配送设施年折旧、燃料与动力消耗、设施设备维修保养费、业务费。

（2）企业为完成货物流通加工业务而发生的全部费用。如支付外部流通加工费和自有设备流通加工费、业务人员的工资福利、加工设施年折旧、燃料与动力消耗、设施设备维修保养费、业务费。

（3）企业为完成货物包装业务而发生的全部费用。如运输包装费和集装、分装包装费、业务人员的工资福利、包装设施年折旧、包装材料消耗、设施设备维修保养费、业务费。

（4）企业为完成信息及相关服务业务而发生的全部费用。如支付外部信息及相关业务费和本企业内部信息及相关服务业务费、业务人员工资福利、信息及相关业务设施年折旧、燃料与动力消耗、设施设备维修保养费、业务费。

（5）企业为完成国际货代等代理业务而发生的全部费用。

（6）企业为完成货物储存业务而发生的全部费用。如业务人员的工资福利、仓库设施年折旧、水电费、燃料与动力消耗、设施设备维修保养费、业务费。

（7）企业为完成其他保管业务而发生的全部费用。

（8）企业为完成货物运输业务而发生的全部费用。如支付外部运输费和自有车辆运输费以及从事货物运输业务人员的工资福利、车辆（船舶、飞机、管道）年折旧、燃料与动力消耗、过路过桥费、维修保养费、年检费、企业货物运输业务费。

（9）企业为完成货物装卸搬运业务而发生的全部费用。如业务人员的工资福利、装卸搬运设施年折旧、燃料与动力消耗、设施设备维修保养费、业务费。

营业费用是指物流企业为获取主营业务收入而发生的，并应计入该主营业务收入当期的费用开支，如广告费、保险费等。

主营业务营业税金指一定时期内，企业从事物流业务活动，按规定向财税部门交纳的各种税金。包括损益表中的主营业务（经营、营业）税金及附加、应交增值税，财务成本表中属于物流业务部分的房产税、车船税、土地使用税、印花税以及养路费、排污费、水电费附加、上交管理费等。

(二) 营业利润

物流企业营业利润是指物流企业从事生产经营活动所获取的利润。它既包括主营业务利润，也包括附营业务利润。其计算公式为：

$$营业利润=主营业务利润+附营业务利润-管理费用-财务费用 \quad (6-28)$$

附营业务利润又称为其他业务利润，是指企业从事物流业务活动以外的其他经营性业务活动所获取的利润，由附营业务收入扣除附营业务成本、费用、税金后形成。

管理费用是指企业行政管理部门为组织和管理生产经营活动而发生的各项费用。包括管理人员的工资和福利费、折旧、工会经费、业务招待费、房产税、车船使用税、印花税、技术转让费、职工教育经费、劳动保险费、待业保险费、研究开发经费、坏账损失以及其他管理费用。

财务费用是指企业为筹集生产经营所需资金等所发生的费用，包括利息支出（减利息收入）、汇兑损失（减汇兑收益）以及相关手续费。

(三) 利润总额

物流企业的利润总额是物流企业生产经营活动取得的净收入。它集中反映了企业生产经营活动各方面的效益，是衡量企业管理水平的重要综合指标，也是计算所得税的基础。利润总额若为正数，则表明该企业为盈利企业；若为负数，则表明该企业为亏损企业。

利润总额一般由营业利润、投资净收益、营业外收支净额三项构成，有补贴收入的企业，还应该加上“补贴收入”一项。其计算公式为：

$$利润总额=营业利润+投资净收益+（营业外收入-营业外支出）+补贴收入 \quad (6-29)$$

式中：投资净收益是指投资收益扣除投资损失后的数额。其计算方法是用企业的投资收益（投资利润、债券投资利息、股票投资的股息红利等）扣除投资损失；

投资收益包括对外投资分得的利润、股利和债券利息，投资到期收回或者中途转让取得款项高于账面价值的差额，以及按照权益法核算的股权投资在被投资单位增加的净资产中所拥有的数额等。

投资损失包括对外投资到期收回或者中途转让取得款项低于账面价值的差额，以及按照权益法核算的股权投资在被投资单位减少的净资产中所拥有的数额等。

对外投资分得的利润是指以现金、实物、无形资产等进行投资分得的利润，以及联营、合作分得的利润。

股利是指以购买股票形式投资包括优先股和普通股分得的股息和红利收入。

债券利息是指以购买债券形式投资获得的利息收入。

投资到期收回或者中途转让取得款项与账面价值的差额，是指投资到期收回款项或者中途转让取得款项与投资账面价值的差额。

按照权益法核算的股权投资的收益或损失，其实质是按权益法计价的长期投资的增加额或减少额。

“营业外收支净额”是指营业外收入扣减营业外支出后的数额。企业的营业外收入和营业外支出是指与企业生产经营无直接关系但与企业有一定联系的各项收入和支出。

“营业外收入”的主要项目有以下几个。

（1）固定资产的盘盈和出售净收益。盘盈的固定资产的净收益是按照原价减估计折旧后的差额；出售固定资产净收益是指转让或者变卖固定资产所取得的价款减去清理费用后的数额与固定资产账面净值的差额。

企业出售固定资产的净收益之所以列为营业外收入，是因为企业的固定资产是企业的劳动手段，固定资产是为用而买，而不是为卖而买，因此，不应作为销售收入，而应作为营业外收入。

（2）罚款收入。指企业取得的对方违反国家有关行政管理法规支付的罚款，包括因供应单位不履行合同而向其收取的赔款，因购买单位不履行合同、协议支付货款而向其收取的赔偿金、违约金等各种形式的罚款收入。

（3）因债权人原因确实无法支付的款项。主要指因债权人单位变更登记或撤销等无法支付的应付款项等。

“营业外支出”项目主要有以下几个。

（1）固定资产盘亏、报废、毁损和出售的净损失。固定资产盘亏、毁损是指按照原价扣除累计折旧、过失人及保险公司赔款后的差额；固定资产报废是指清理报废的变价收入减去清理费用后与账面净值的差额。

（2）非季节性和非大修理期间的停工损失。指相对于季节性和大修理期间的停工损失而言，非季节性和非大修理的停工损失计入营业外支出。

（3）非常损失。是指自然灾害造成的各项资产净损失（扣除保险赔款及残值），还包括由此造成的停工损失和善后清理费用。

（4）公益救济性捐赠。是指国内重大救灾或慈善事业的救济性捐赠支出。

（5）赔偿金、违约金。是指企业因未履行经济合同、协议而向其他单位支付的赔偿金、违约金、罚息等罚款性支出。

“补贴收入”是指企业按规定收取的政策性亏损和其他补贴。

主营业务利润、营业利润以及利润总额之间的数量关系，可以从损益表（见表6－18）中清楚地反映出来。

表 6-18 损益表

2017年10月 单位：元

项目	本月数	本年累计数
主营业务收入	2 460 000	
减：主营业务成本	1 168 500	
营业费用	61 500	
主营业务税金及附加	123 000	
主营业务利润	1 107 000	
加：附营业务利润	131 600	
减：管理费用	118 440	
财务费用	205 000	
营业利润	915 160	
加：投资净收益	25 000	
营业外收入	13 000	
减：营业外支出	33 160	
利润总额	920 000	

(四) 净利润

净利润也称税后利润，即利润总额扣除缴纳的所得税后的余额。净利润是企业当期实现的可供投资者分配的净收益。

二、企业利润的统计分析

企业利润的统计分析从分析对象上来分，包括企业利润总额与企业主营业务利润的统计分析；从分析方法上来分，包括企业利润的对比分析、企业利润的构成分析以及主营业务利润的因素分析。

(一) 企业利润的对比分析

企业利润的对比分析主要有以下三项。

(1) 本期实际利润与本期计划利润的对比。本期实际利润与本期计划利润的对比，可以促进企业改进工作，挖掘潜力，提高经济效益。

(2) 本期实际利润与上期实际利润的对比。本期实际利润与上期实际利润的对比，可以说明企业利润的发展变化情况。通过本期利润水平比上期的增减变动情况，反映企业经营管理水平。

(3) 本期实际利润与同类先进企业利润的对比。本期实际利润与同类先进企业利润的对比，可以反映本企业与同行业先进企业之间的差距，寻找问题的症结，提出改进措施，为企业经营管理提供信息服务。

根据某物流企业利润资料（见表 6-19），可进行本期实际利润与本期计划利润的对比分析、本期实际利润与上期实际利润的对比分析。

表 6-19　　某物流企业利润资料

2017 年度　　单位：元

项目	本年计划	本年实际	上年实际
主营业务收入	1 678 000	2 064 000	1 594 000
减：主营业务成本	865 000	1 096 000	822 000
营业费用	94 000	105 000	89 000
主营业务税金及附加	143 000	189 000	136 000
主营业务利润	576 000	674 000	547 000
加：附营业务利润	7 000	7 000	6 000
减：管理费用	28 000	32 000	26 000
财务费用	85 000	93 000	81 000
营业利润	470 000	556 000	446 000
加：投资净收益	15 000	85 000	14 000
营业外收入	1 000	1 000	1 000
减：营业外支出	38 000	38 000	36 000
利润总额	448 000	604 000	425 000

（二）企业利润的构成分析

企业利润的构成分析主要有两项。

（1）计算各利润项目占企业利润总额的比重。通过计算各利润项目占企业利润总额的比重，可以分析主营业务利润与附营业务利润的构成变动情况、投资净收益的构成变动情况以及营业外收入与营业外支出的构成变动情况等。

根据表 6-19，可进行上述构成分析。

（2）计算运输、仓储等物流活动利润分别占企业主营业务利润的比重。通过构成分析，有利于企业发现问题，抓住主要矛盾，为进一步提高企业的利润水平，采取有针对性的措施。

（三）主营业务利润的因素分析

主营业务利润是指物流企业从事物流活动所产生的利润，是构成利润总额的基础。通过对主营业务利润进行因素分析，揭示影响主营业务利润变化的各种因素，采取措施挖掘企业内部潜力，改善经营管理，提高企业生产经营的经济效益。

计算主营业务利润的基本公式为：

主营业务利润＝主营业务收入－主营业务成本－营业费用－主营业务税金　　(6-30)

从主营业务利润的基本公式中可以看出，影响主营业务利润的主要因素有四个：物流活动业务量(Q)、单位业务量的服务价格(P)、主营业务成本和营业费用(Z)(简称“主营业务成本”)、主营业务税金及附加(S)。现结合实例进行分析。

【例 6-6】 某物流企业 2017 年 1 月主营业务资料如表 6-20 所示，试对其主营业务利润进行因素分析。

表 6-20 某物流企业 2017 年 1 月主营业务资料

2017 年 1 月

项目	业务量(万吨)		单价(万元)		单位业务量成本(万元)		单位业务量税金(万元)	
	Q_0	Q_1	P_0	P_1	Z_0	Z_1	S_0	S_1
运输	340	350	100	95	90	80	4.8	5.2
仓储	300	310	120	110	95	90	5.7	5.5

解：报告期主营业务利润$=\sum(P_1-Z_1-S_1)Q_1$

$=3430+4495$

$=7925$(万元)

基期主营业务利润$=\sum(P_0-Z_0-S_0)Q_0$

$=1768+5790$

$=7558$(万元)

$$\frac{\sum(P_1-Z_1-S_1)Q_1}{\sum(P_0-Z_0-S_0)Q_0}=\frac{7925}{7558}=104.86\%$$

$$\sum(P_1-Z_1-S_1)Q_1-\sum(P_0-Z_0-S_0)Q_0=7925-7558=367(\text{万元})$$

计算结果表明：报告期主营业务利润比基期增长了 4.86%，绝对额增加了 367 万元。其中：

(1) 价格变动对主营业务利润变动的影响。

$$\frac{\sum(P_1-Z_1-S_1)Q_1}{\sum(P_0-Z_1-S_1)Q_1}=\frac{7925}{12775}=62.04\%$$

$$\sum(P_1-Z_1-S_1)Q_1-\sum(P_0-Z_1-S_1)Q_1=7925-12775=-4850(\text{万元})$$

计算结果表明：由于价格的变动，使报告期主营业务利润比基期下降了 37.96%，绝对额减少了 4850 万元。

(2) 成本变动对主营业务利润变动的影响。

$$\frac{\sum(P_0-Z_1-S_1)Q_1}{\sum(P_0-Z_0-S_1)Q_1}=\frac{12775}{7725}=165.37\%$$

$$\sum(P_0-Z_1-S_1)Q_1-\sum(P_0-Z_0-S_1)Q_1=12775-7725=5050(\text{万元})$$

计算结果表明：由于成本的变动，使报告期主营业务利润比基期增长了 65.37%，绝对额增加了 5050 万元。

(3) 税金变动对主营业务利润变动的影响。

$$\frac{\sum(P_0-Z_0-S_1)Q_1}{\sum(P_0-Z_0-S_0)Q_1}=\frac{7725}{7803}=99.00\%$$

$$\sum(P_0-Z_0-S_1)Q_1-\sum(P_0-Z_0-S_0)Q_1=7725-7803=-78(\text{万元})$$

计算结果表明：由于税金的变动，使报告期主营业务利润比基期下降了 1%，绝对额减少了 78 万元。

(4) 产量变动对主营业务利润变动的影响。

$$\frac{\sum(P_0-Z_0-S_0)Q_1}{\sum(P_0-Z_0-S_0)Q_0}=\frac{7803}{7558}=103.24\%$$

$$\sum(P_0-Z_0-S_0)Q_1-\sum(P_0-Z_0-S_0)Q_0=7803-7558=245(\text{万元})$$

计算结果表明：由于产量的变动，使报告期主营业务利润比基期增长了 3.24%，绝对额增加了 245 万元。

上述 5 个指数之间的关系如下：

$$\frac{\sum(P_1-Z_1-S_1)Q_1}{\sum(P_0-Z_0-S_0)Q_0}=\frac{\sum(P_1-Z_1-S_1)Q_1}{\sum(P_0-Z_1-S_1)Q_1}\times\frac{\sum(P_0-Z_1-S_1)Q_1}{\sum(P_0-Z_0-S_1)Q_1}$$

$$=\frac{\sum(P_0-Z_0-S_1)Q_1}{\sum(P_0-Z_0-S_0)Q_1}\times\frac{\sum(P_0-Z_0-S_0)Q_1}{\sum(P_0-Z_0-S_0)Q_0}$$

$$104.86\%=62.04\%\times165.37\%\times99.00\%\times103.24\%$$

$$\begin{aligned}&\sum(P_1-Z_1-S_1)Q_1-\sum(P_0-Z_0-S_0)Q_0=\\&\left[\sum(P_1-Z_1-S_1)Q_1-\sum(P_0-Z_1-S_1)Q_1\right]+\\&\left[\sum(P_0-Z_1-S_1)Q_1-\sum(P_0-Z_0-S_1)Q_1\right]+\\&\left[\sum(P_0-Z_0-S_1)Q_1-\sum(P_0-Z_0-S_0)Q_1\right]+\\&\left[\sum(P_0-Z_0-S_0)Q_1-\sum(P_0-Z_0-S_0)Q_0\right]\\&=-4850\text{ 万元}+5050\text{ 万元}-78\text{ 万元}+245\text{ 万元}\\&=367\text{ 万元}\end{aligned}$$

三、企业利润的预测

利润预测是物流企业在营业收入预测的基础上，通过对经营业务量、业务成本、营业费用以及其他对利润发生影响的因素的分析和研究，对企业在未来某一段时期可以实现的利润的预计和测算。正确的利润预测可以为企业未来的经营找到利润目标，便于按利润目标对企业经营效果进行考核。

企业的利润总额由营业利润、投资净收益和营业外收支净额三部分构成，故利润的预测也包括营业利润的预测、投资净收益的预测和营业外收支净额的预测。在利润总额中，一般情况下营业利润所占比重最大，是利润预测的重点，投资净收益和营业外收支净额可以采取较为简便的方法进行预测。

(一) 营业利润的预测

营业利润预测的方法很多，常用的有以下几种。

1. 本量利分析法

本量利分析法是利用物流业务量、成本、利润之间的关系预测营业利润的一种方法。本量利分析法既可预测保本点的物流业务量，也可在物流业务量、成本设定的前提下预测利润。其计算公式为：

$$\text{营业利润}=\sum\left[\begin{array}{l}\text{物流业务量}\times\text{（单位业务量价格}-\text{单位业}\\\text{务量变动成本}-\text{单位业务量营业税金）}\end{array}\right]-\text{固定成本} \quad (6-31)$$

【例6-7】 某物流企业预计2018年可完成货运周转量35000吨·公里，每吨·公里运价为150元，其价内营业税率为10%，营业税附加为营业税的10%，每吨·公里的变动成本为95元，全年预计发生固定成本620000元，则2018年营业利润的预测数为：

营业利润＝35000×［150－150×10%×（1＋10%）－95］－620000

＝727500（元）

2. 比例计算法

比例计算法是根据利润与其他指标的比例关系，在获取该指标后，预测未来某一时期的利润数额。例如，根据营业收入利润率，在获取营业收入的预测数据后，即可预测营业利润。

$$\text{营业利润}=\text{营业收入}\times\text{营业收入利润率} \quad (6-32)$$

【例6-8】 某物流企业最近若干年以来，营业利润率平均稳定在18%的水平上，经预测，该企业2018年可获得营业收入1250万元，其营业利润预计为：

营业利润＝1250×18%＝225（万元）

(二) 投资净收益与营业外收支净额的预测

投资净收益与营业外收支净额在利润总额中的比例一般不太大，在预测时可采用一些较为简便的方法。例如，可以按上期的实际发生额作为预测期的预测数；也可以在上期实际发生额的基础上，根据预测期有关因素的变化情况，适当进行调整。

第四节　物流服务质量统计

一、物流服务质量的概念

物流服务是企业为了满足客户的物流需求而开展的一系列物流活动的结果。物流服务主要是创造物品的空间效用和时间效用，并创造部分形质效用。对于专门提供物流服务的物流企业来说，物流服务本身就是企业的产品，产品的内容也就是物流企业的服务内容。现代物流管理的实质就是以顾客满意为基础，向物流需求方有效地、迅速地提供物品。

随着全面质量管理在企业中的普遍开展，质量战略被提升到企业战略的高度。从某种角度来讲，服务质量是企业的生命。即使企业其他方面都有出色的表现，一旦出现交付延迟或运输时损坏了物品等，客户还是不可接受的。因此，企业必须重视物流服务质量的管理，努力提高物流服务的质量，这样才能在客户心中树立良好的信誉，促进企业的发展，给企业带来更大的效益。而那些服务质量低下的企业最终将失去客户被市场淘汰。

物流服务质量是指物流企业能满足客户预期或潜在物流需求的服务特性和特征的水平。它是向社会提供的物流服务符合原定功能特性、项目特征等要素的标准。

物流服务需做到以下三点：

第一，拥有客户所期望的物品；

第二，在客户所期望的时间内传递物品；

第三，符合客户所期望的质量。

因此，物流服务质量包括的要素有安全性、准确性、及时性、满意性等。反映物流服务质量的统计指标则有安全性指标、准确性指标、及时性指标、满意性指标。

二、物流服务质量统计指标

（一）安全性指标

物流企业在为客户提供物流服务时，必须保障客户的物品安全。将货物完好无损地交付到客户手中，是物流活动的最基本的要求。反映物流服务安全性的指标主要有：

1. 货物运输质量事故次数

货物运输质量事故是指货物在从托运方交给承运方起，至承运方将货物交收货单位签证止的承运责任期内，发生货物丢失、短少、变质、污染、损坏、误期、错运，以及由于工作失职、借故刁难、敲诈勒索等，而造成的不良影响或经济损失等的现象。

货物运输质量事故次数是指在报告期内发生的事故总次数。货物运输质量事故要分类统计，定期上报运输行政管理机构，重大恶性事故要立即上报。

货物运输事故分类：

重大事故：事故造成损失金额3000元以上，或经省级有关部门鉴定为珍贵、尖端、保密物品的货物发生灭失、损坏；

大事故：事故造成损失金额500～3000元；

一般事故：事故造成损失金额50～500元；

小事故：事故造成损失金额20～50元。

2. 货物运输质量事故频率

货物运输质量事故频率是报告期内发生货物运输质量事故次数与总运输次数之比，是该物流企业在货物运输过程中发生运输质量事故次数所占比重。货物运输质量事故频率越高，货物运输质量越差，物流企业的信誉也就越差，客户选择其作为物流服务商的可能性就越小。对此，物流企业管理层应引起高度关注。货物运输质量事故频率的计算公式为：

$$\text{货物运输质量事故频率}=\frac{\text{报告期货物运输质量事故次数}}{\text{报告期货物运输总次数}}\times 100\% \tag{6-33}$$

3. 运输损失率

运输损失率是指报告期物流企业在运输过程中造成客户物品丢失、短少、变质、污染、损坏、报废的数量占运输总量的比重。该指标可按实物量计算单一物品的损失率，也可按价值量计算各种物品的综合损失率。此外，还可计算报告期运输损失之和与本期运输业务收入之和的比率。其计算公式分别为：

$$\text{运输损失率}=\frac{\text{报告期某物品运输损失量}}{\text{报告期该物品运输总量}}\times 100\% \tag{6-34}$$

$$\text{运输损失率}=\frac{\text{报告期货物运输损失价值之和}}{\text{报告期运输的货物价值之和}}\times 100\% \tag{6-35}$$

$$\text{运输损失率}=\frac{\text{报告期运输损失之和}}{\text{报告期运输业务收入之和}}\times 100\% \tag{6-36}$$

4. 货物完好送达率

货物完好送达率是报告期内完好送达的次数与运输总次数之比，是货物完好送达所占的比重。货物完好送达率越高，物流服务质量越高。其计算公式为：

$$\text{货物完好送达率}=\frac{\text{报告期内完好送达的次数}}{\text{报告期内运输总次数}}\times 100\% \tag{6-37}$$

5. 物品完好率

储存和保管是仓库的最基本的传统功能。在搬运和堆放时不能碰坏或压坏物品，在保管过程中，应保证物品不丢失、不损坏、不变质。保证物品完好无损是储存环节最基本的任务。物品完好率是指物品在储存过程中，未出现短缺、损坏现象的物品数量所占比重。物品完好率越高，仓储服务质量越好。其计算公式为：

$$物品完好率=\frac{报告期内物品入库量-出现缺损物品数量}{报告期内物品入库量}\times 100\% \quad (6-38)$$

6. 库存物品缺损率

库存物品缺损率是指物品在储存过程中，出现短缺、损坏现象的物品数量所占比重。库存物品缺损率是逆指标，库存物品缺损率越低，仓储服务质量越好。库存物品缺损率的计算公式为：

$$库存物品缺损率=\frac{报告期内出现缺损物品的数量}{报告期内物品入库量}=1-物品完好率 \quad (6-39)$$

7. 货损货差率

配送是从物流据点至客户的一种送货方式，是在全面配货的基础上，完全按照客户的要求，包括种类、品种搭配、数量、时间等方面的要求所进行的运送。若配送物品的种类不全、数量不够、时间不及时或货物损坏都将导致客户的生产经营活动或消费不能正常进行。货损货差率是在配送过程中，货损货差次数占总次数的比重。货损货差率越高，物流企业的信誉越差。其计算公式为：

$$货损货差率=\frac{货损货差次数}{配送总次数}\times 100\% \quad (6-40)$$

8. 货损货差赔偿率

货损货差赔偿率是指报告期在运输、仓储、配送等物流活动中，由于货物丢失、损坏而赔偿给客户的金额与本期业务收入总额的比率。货损货差赔偿率越高，企业的经济效益就越低。其计算公式为：

$$货损货差赔偿率=\frac{报告期货损货差赔偿费总额}{报告期业务收入总额}\times 100\% \quad (6-41)$$

（二）准确性指标

1. 物品收发正确率

仓库是生产和消费领域中物资集散的中心环节，其功能已不单纯是保管、储存，从现代物流系统观点来看，仓库是物流系统的调运中心。仓库是“河流”而不再只是“水库”或“蓄水池”，库存的“流速”已成为评价仓库职能的重要指标。因此，现代物流活动中，仓库物品是大量、频繁的进进出出。应尽量降低物品收发中出现差错的次数，提高物品收发准确率。

物品收发正确率是报告期仓库吞吐量中，未出现差错的数量占报告期吞吐量的比率。其计算公式为：

$$物品收发正确率=\frac{报告期内吞吐量-报告期内出现差错数量}{报告期内吞吐量}\times 100\% \quad (6-42)$$

2. 差错率和准确率

在提供物流服务时，通常要求不出差错，准确送达目的地。但在实际工作中，由于粗心大意，有时会出现该运往甲地的物品运往了乙地，该送给甲客户的物品送给了乙客户；在配送活动中出现分拣差错等现象。这些差错的出现，将直接影响到客户的生产经营或消费，而且，也将增加企业的物流成本，应尽量减少。因此，需计算差错率和准确率。

差错率是指在物流服务的过程中出现差错的业务笔数或金额占全部业务笔数或金额的比率。准确率则是指在物流服务的过程中未出差错的业务笔数或金额占全部业务笔数或金额的比率。差错率和准确率的计算公式分别为：

$$差错率=\frac{报告期发生差错的业务笔数（或金额）}{报告期全部业务笔数（或金额）}\times 100\% \tag{6-43}$$

$$\begin{aligned}准确率&=\frac{报告期未发生差错的业务笔数（或金额）}{报告期全部业务笔数（或金额）}\times 100\%\\&=1-差错率\end{aligned} \tag{6-44}$$

（三）及时性指标

1. 正点运输率

正点运输率是报告期内货物运输正点次数与货物运输总次数之比，是该物流企业在货物运输中准点到达客户指定地点的次数所占比重。正点运输率越高，运输服务质量越好。正点运输率的计算公式为：

$$正点运输率=\frac{报告期内正点运输次数}{报告期内运输总次数}\times 100\% \tag{6-45}$$

货物能否正点到达，对货主企业的生产经营将产生很大的影响。因此，运输正点率是反映物流企业运输质量的一个重要指标，也是货主企业在选择物流企业时非常关注的一个指标。

2. 延误率

通过配送中心的集中库存，可使生产和流通企业实现低库存或零库存。但这必须以配送中心能做到准点配送为前提。若配送中心不能准点配送，将给生产和流通企业的生产经营活动带来非常不利的影响，也将给消费者的生活带来不便。延误率是指在配送过程中，延误次数占总次数的比重。延误率越高，服务质量越低。其计算公式为：

$$延误率=\frac{延误次数}{配送总次数}\times 100\% \tag{6-46}$$

（四）满意性指标

1. 运输信息及时跟踪率

客户将自己的货物交给物流企业运输后，很关心自己的货物是否完好无损，货物运到了什么地方，什么时候可以收到货物，等等。这需要物流企业提供货物运输信息服务。运输信息及时跟踪率是跟踪运输信息次数占总运输次数的比重。其计算公式为：

$$运输信息及时跟踪率=\frac{跟踪运输信息次数}{总运输次数}\times 100\% \tag{6-47}$$

2. 缺货率

对于具有储存功能的配送中心来说，应具备一定的货物供应保证程度，以降低客户因缺货而影响生产的风险，这需要有一定的库存。但库存并不是越多越好。因为库存是一种资金占用，对存货还要负担管理费、承担库存损失和库存风险等。配送中心应通过科学运作，做到既要保障供应，又要降低成本。缺货率是缺货次数与配送总次数之比，反映配送中心对客户需求的满足程度。缺货率越低，客户的满意程度就越高。缺货率的计算公式为：

$$缺货率=\frac{缺货次数}{配送总次数}\times 100\% \tag{6-48}$$

3. 满意率

客户的“满意”是对物流服务安全性、准确性、及时性、满意性等特征、特性均感到满意的总和。

上述 14 个统计指标是物流企业对服务质量安全性、准确性、及时性、满意性的自我评价。满意率指标则是客户对物流企业服务质量的综合评价，直接体现了被调查客户对该物流企业的满意程度。

满意率是对该物流企业满意的客户占全部被调查客户的比重，其计算公式为：

$$满意率=\frac{对该物流企业满意的客户数}{全部被调查客户数}\times 100\% \tag{6-49}$$

满意率指标一般由物流企业委托调查公司实施问卷调查后整理得出。

本章小结

本章主要介绍了反映物流业产出的四类指标，分别为实物量指标、价值量指标、服务质量指标和利润指标。

反映物流业产出最基本的指标是实物量指标。物流业的实物量指标主要包括货物运输量、货物周转量、港口货物吞吐量、货物吞吐量、货物存储量、货物配送量和货物配送周转量、货物流通加工量、货物包装量、货物装卸搬运量等。

产品实物量指标是产出统计的基本指标，但其综合性差，故在应用上受到限制。因此，在计算物流业实物量指标的同时，还需计算物流业的价值量指标。价值量指标具有广泛的综合性和概括性。物流业的价值量指标主要有社会物流总额、社会物流业务总收入、物流企业主营业务收入、物流企业总产出、物流企业增加值等。

社会物流总额是报告期内，社会物流物品的价值总额。社会物流总额包括5个方面：①进入需求领域的农产品物流总额；②进入需求领域的工业品物流总额；③进口货物物流总额，也即进口总额；④进入需求领域的再生资源物流总额；⑤单位与居民物品物流总额。

社会物流业务总收入是指报告期内，物流相关行业参与社会物流活动，提供社会物流服务所取得的业务收入总额，是物流相关行业的总产出，也是国内物流市场总规模。社会物流业务总收入包括参与社会物品物流过程中运输、储存、装卸搬运、包装、流通加工、配送、信息处理等各个方面业务活动的收入。

物流企业主营业务收入指物流企业在一定时期内完成货物的运输、仓储、装卸搬运、包装、流通加工、配送、物流信息服务以及物流代理等业务而追加到物质产品中去的价值。

物流企业总产出是指物流企业在一定时期内生产经营活动的总成果，既包括企业在一定时期内从事物流活动所获得的收入（主营业务收入），也包括企业在一定时期内从事非物流活动所获得的收入（附营业务收入），以及废品废料的销售价值。

物流企业增加值是物流企业在一定时期内从事生产经营活动所获得的以货币表现的最终成果。物流企业增加值的计算方法有生产法和分配法两种。

物流企业的利润总额是物流企业生产经营活动取得的净收入。利润总额一般由营业利润、投资净收益、营业外收支净额三项构成。

反映物流服务质量的统计指标则相应主要有安全性指标、准确性指标、及时性指标、满意性指标。

思考与练习

一、思考题

1. 简述货物运输量、货物周转量的定义及计算公式。
2. 计算港口货物吞吐量必须具备哪些条件?
3. 平均存储量有哪几个计算公式?
4. 简述社会物流总额的定义及统计意义。
5. 什么叫增加值？有哪几种计算方法?
6. 简述物流业增加值的定义及计算方法。
7. 计算中间投入应注意哪些问题?
8. 何谓主营业务利润、营业利润和利润总额？相互间有何联系?
9. 物流服务质量应从哪几个方面来进行评价?

二、计算题

1. 某物流企业2017年上半年库存情况如下表所示，求其平均库存量。

某物流企业 2017 年上半年库存情况

时间	1月1日	2月1日	3月1日	4月1日	5月1日	6月1日	7月1日
库存量（吨）	660	610	680	700	650	710	700

2. 某物流企业 2017 年利润资料如下表所示，试对该物流企业的利润进行对比分析和构成分析。

某物流企业 2017 年度利润资料　　单位：元

项目	本年计划	本年实际	上年实际
主营业务收入	1 678 000	2 064 000	1 594 000
减：主营业务成本	865 000	1 096 000	822 000
营业费用	94 000	105 000	89 000
主营业务税金及附加	143 000	189 000	136 000
主营业务利润	576 000	674 000	547 000
加：附营业务利润	7 000	7 000	6 000
减：管理费用	28 000	32 000	26 000
财务费用	85 000	93 000	81 000
营业利润	470 000	556 000	446 000
加：投资净收益	15 000	85 000	14 000
营业外收入	1 000	1 000	1 000
减：营业外支出	38 000	38 000	36 000
利润总额	448 000	604 000	425 000

3. 某物流企业生产和财务成本资料如下表所示。

项目	业务量（吨）		单位业务量成本（元）		单价（元）	
	基期	报告期	基期	报告期	基期	报告期
甲	900	800	55	58	60	62
乙	2000	2200	39	38	45	42
丙	400	450	100	110	105	120

【要求】

（1）计算报告期和基期的主营业务利税额并作动态对比。

（2）对主营业务利税额的变动作因素分析。

第七章　物流企业经营状况的综合评价

教学目的与要求

物流企业经营状况的综合评价不仅能够从总体上对企业生产经营活动做出明确的定量评价，而且能够解决企业生产经营状况的纵向对比和横向对比问题，解决多个企业生产经营状况的考核和排序问题，促使企业寻找差距，采取措施，迅速提高自己的经济实力和竞争能力。通过本章的学习，要求学生：①了解物流企业经营状况综合评价的意义；②掌握物流企业经营状况综合评价统计指标体系的设计原则；③熟练掌握物流企业经营状况综合评价指标体系及各指标的具体内容；④熟练掌握物流企业经营状况综合评价的基准值与权数的设定方法；⑤熟练运用综合评分法、综合指数法、功效系数法三种综合评价方法对物流企业的经营状况进行综合评价。

在市场经济条件下，企业生产经营的好坏，直接影响企业自身的生存和发展。因此，物流企业在生产经营活动中，要用最少的劳动耗费与占用，取得最大的经济效益。以经济核算为基础，以经济效益为核心，对企业生产经营状况进行综合评价，是了解企业生产经营现状，改善经营管理，提高决策科学性的重要依据。

第一节　物流企业经营状况综合评价概述

一、物流企业经营状况综合评价的意义

物流企业经营状况的综合评价是指根据综合评价目的，建立一套反映物流企业生产经营状况的统计指标体系，构建科学合理的综合评价模型，并据此计算出综合评价值，从而对企业的经营状况进行判别、比较与排序的一种统计分析方法。物流企业经营状况的综合评价不仅能够从总体上对企业生产经营活动做出明确的定量评价，而且能够解决企业生产经营状况的纵向对比和横向对比问题，解决多个企业生产经营状况的考核和排序问题，促使企业寻找差距，采取措施，迅速提高自己的经济实力和竞争能力。同时，可为行业管理部门考核、评价、比较、掌握企业生产经营状况提供科学的依据。企业经营状况的综合评价能够充分发挥企业统计的监督作用。

在市场经济条件下，物流企业作为独立的经营者，其生产经营活动既受企业内部机制的制约，又受企业外部条件包括市场、政策等诸多因素的影响。因此，仅以任何一个单一指标来评价企业经营活动过程的总体状况都是片面的，不足以如实反映企业经营过程的全貌，并且，其结果还可能会因为对某一指标的强调而忽略了企业经营活动过程的整体效益的提高。要对物流企业经营活动过程这一复杂的社会经济现象进行全面、综合的评价，需要选择若干统计指标构建企业经营状况综合评价统计指标体系。通过对多个指标的综合评价，可以认识企业生产经营活动的本质和规律，从而对企业的整体经营活动做出全面正确的评价。

对物流企业生产经营状况进行综合评价，可以从横向与纵向两个方面进行比较分析：

一方面是通过对多个物流企业生产经营状况的考核和排序，可在同行业、同规模、同类型的物流企业之间进行横向比较，以反映本企业与同类型企业在生产经营水平上的差距，促使企业采取措施，迅速提高自己的经济实力和竞争能力。

另一方面是将报告期企业经营状况的综合评价值，与本企业在不同时期内经营状况的综合评价值进行纵向对比，可比较企业报告期生产经营状况与不同时期的生产经营状况是进步了，还是退步了？有利于企业的总结经验，挖掘潜力。

二、物流企业经营状况综合评价的基本步骤

对物流企业的经营状况进行综合评价，首先，必须根据综合评价的目的，选择若干统计指标建立企业经营状况综合评价的统计指标体系；其次，确定在综合评价中所涉及的基准值、权数；最后，选择合适的综合评价方法对企业的经营状况进行综合评价。

（一）建立企业经营状况综合评价统计指标体系

综合评价是对复杂社会经济现象总体的定量描述，这种描述只有在科学地概括总体多方面特征的条件下，才能取得满意结果。总体多方面的特征要予以确切的定量描述，必须借助于综合评价统计指标体系。在物流企业经营状况综合评价过程中，建立一套科学的综合评价统计指标体系，一般应遵循以下原则：

1. 导向性原则

对物流企业经营状况进行评价，是为了有助于物流企业完善和提高自身的管理水平，挖掘自身潜力，提高经济效益，同时也可以为优势企业提供决策支持，而不仅仅是为了评出企业的名次。因此，应通过物流企业经营状况综合评价统计指标体系的设计，引导企业改善经营管理，提高经济效益，而不是鼓励企业利用短期行为来谋求名利。要通过对经营状况的评价考核工作，引导物流企业向着“集约型”和“内涵型”扩大再生产方向发展。

2. 科学性原则

企业经营状况涉及的因素很多，如何在对物流企业经营状况的全面概括中抓住最重

要、最有代表性的问题，是设计物流企业经营状况综合评价统计指标体系的关键和难点。对物流企业经营状况的客观实际描述越清楚、越全面，其科学性越强。因此，物流企业经营状况综合评价统计指标体系要能够客观地反映企业经营状况本身的性质、特点、内在联系和变动过程，且统计指标体系内部各指标之间要具有一定的逻辑关系。同时，物流企业经营状况综合评价统计指标的概念要科学、确切，要有精确的内涵和外延，要避免指标在概念上的重叠性和统计上的相关性。

3. 全面性原则

由于物流企业经营管理是合理配置资源、提供适合市场需要的物流服务的运动过程，而其经营活动本身受多种因素的影响，因此，企业经营状况综合评价统计指标体系必须全面地反映被研究现象本质特征的内在要求。企业经营状况综合评价统计指标体系在设计时既要突出重点，又要照顾企业经营的各个环节，以使综合评价统计指标体系全面反映各有关要素和各有关环节的关联及彼此间的相互作用过程。

4. 相对性原则

由于企业完成的物流服务量、主营业务收入、实现的利税额等总量指标不能反映企业资源使用的真实水平，掩盖了企业的生产效率，因而不能从真正意义上反映企业的投入产出效益。而相对指标则克服了总量指标的这些缺陷，如采用净资产收益率、总资产报酬率来评价企业的收益性，则可以真实地反映资本与资产的投入产出水平。因此，企业经营状况综合评价统计指标体系的指标应采用相对指标。

5. 可比性原则

物流企业经营状况是相对而言的，是通过比较而得来的。物流企业经营状况综合评价统计指标应具有动态可比和横向可比的功能，可以与市场中同类优秀竞争对手企业的经营状况相比较，可以与企业自身过去的经营状况相比较。

6. 兼顾当前和长远原则

物流企业经营状况综合评价统计指标设计时，既要充分反映当前生产经营活动的情况，也要重视其今后的发展有无充足的后劲。

7. 可操作性原则

可操作性，是指在满足评价目的需要的前提下，企业经营状况综合评价统计指标在设计时要从实际情况出发，概念要清晰，表达方式要简单易懂，数据来源要易于采集。物流企业经营状况指标体系的设计应尽量与现行的统计指标、会计指标、业务核算指标相统一，以便数据资料的收集、加工、处理。同时，综合评价统计指标体系应简单、明了，便于物流企业和管理部门操作使用。

（二）确定企业经营状况综合评价的基准值

评价基准就是指用以比较和衡量各项评价指标优劣的基本指标值。对物流企业经营状况进行综合评价必须选择合适的评价基准。评价基准主要有两方面的重要作用：一是作为衡量各项评价指标优劣的标准；二是利用评价基准可将计量单位不同的、性质不同的各项指标进行无量纲化处理，转化为可以综合的评价值。

目前，采用的评价基准主要有如下几种。

1. 计划基准

若综合评价的目的是分析企业的计划完成情况，可选择同期计划值作为基准值。计划基准是以计划指标值作为评价研究对象实际状况的尺度，也就是将某项评价指标实际达到的水平与同期计划指标值进行比较。计划基准的优点在于制订计划时已经综合考虑到各方面的影响因素，基准比较切合被评价对象的实际情况。因此，与计划基准比较能够反映该项评价指标的计划完成情况，并在一定程度上反映企业经营的管理水平。但是，计划指标值的制定容易受主观因素的影响，计划指标因空间不同而存在差异，且随着时间的推延而需要经常修正，影响了综合评价值纵向与横向的可比性。

2. 历史基准

若综合评价的目的是对企业的经营状况进行动态分析，可选择历史基准。历史基准是以历史水平作为评价现象实际状况的尺度，也就是将某项评价指标报告期水平同所选择的历史水平进行比较。历史基准一般有如下三种：①以上年同期水平为评价基准；②以某一特定年份的同期水平为评价基准；③以历史最好水平为评价基准。

历史基准通过纵向比较能够反映某项评价指标报告期水平与基期水平相比的变动方向、幅度以及变动趋势，为进一步总结经验、发现问题、解决矛盾提供依据。但是，横向比较往往显露出“鞭打快牛”的倾向。

3. 社会基准

若综合评价的目的是分析企业在行业内、全国或者国际上所处的地位与差距，可选择社会基准。社会基准是将评价对象置于广泛的社会范围中分析比较而设立的评价与衡量标准。社会基准一般又可分为行业基准、地区基准、国内基准与国际基准，也就是将某项评价指标的实际水平与本行业、本地区、本国以及国际同类指标的一般水平或先进水平进行比较。

利用社会基准进行横向比较易于观察和表明本企业某项评价指标与社会一般水平或先进水平的差距，而且由于各企业的评价基准统一，因而具有较强的横向可比性。同时，如将各个时期这种横向比较的结果编制成动态数列，也可以在一定程度上进行动态对比即纵向比较。因此，社会基准是一种较为理想的也是较常用的评价基准。

本章在第四节物流企业经济效益综合评价的实例分析中，将采用社会基准中的行业基准作为评价基准。

(三) 确定企业经营状况综合评价的权数

所谓权数，是指在一个特定的统计指标体系中，各项指标所占有的比重，是权衡各项指标在统计指标体系中的作用、地位和重要程度的数值。在物流企业经营状况综合评价中，用来反映物流企业经营状况某一侧面的评价指标对总体综合状况的影响存在着不同的差异，因而必须确定综合评价统计指标体系中各个统计指标的权数。对评价指标赋予不同的权数体现了各评价指标对综合评价结果的影响程度和重要程度，在多指标综合评价中起着举足轻重的作用。

确定物流企业经营状况综合评价的权数，既要考虑其科学性，又要考虑其可操作性。根据目前物流企业经营管理水平，一般采用以下方法。

1. 经验判断法

经验判断法是根据实际经验进行判断的一种方法。首先是由企业组织和邀请各方面对被研究对象有丰富经验的专家开会，请他们根据所掌握的资料发表意见，做出判断与估计；然后把各种意见汇总起来，进行分析研究和综合处理，选择确定较为合适的综合评价的权数。这种确定权数的方法，其权数精度取决于专家的业务熟悉程度、综合分析能力和讨论时的民主气氛，容易屈从于领导、权威与多数人的意见。

2. 德尔菲法

德尔菲法又称专家咨询法，这种方法以预先选定的专家为征询意见的对象，企业以匿名的方式分别致函征询专家们的意见，将收集到的专家意见汇总整理，再将整理后的资料作为参考资料发给每个专家，供他们再次分析、判断，提出新的论证意见。如此多次反复，专家的意见逐步趋于一致，以此来提供较为合适的综合评价的权数。

3. 指标两两比较法

指标两两比较法，是由专家对 m 个同一层次的各评价指标对目标层的重要程度大小的定性排序，并算出逐对指标比较重要性后的比值系数，经综合计算得出各指标权重系数的一种权数确定方法。

为叙述简便，现以某专家组对反映企业财务状况的五个评价指标权数的确定为例，说明指标两两比较法的基本原理和操作程序。其步骤如下。

(1) 专家 A 根据五个评价指标对总目标的重要程度，排序为指标 B＞指标 C＞指标 A＞指标 E＞指标 D。

(2) 专家 A 对两两比较的指标做出相对重要程度的比值判断，具体如下。

指标 B：指标 C=2

指标 C：指标 A=1.5

指标 A：指标 E=1

指标 E：指标 D=1.8

指标 D：指标 D=1

(3) 对专家 A 的比值判断作归一化的数学处理，得到专家 A 对各评价指标的权数系数。两两比较法的归一化数学处理过程如表 7-1 所示。

表 7-1　两两比较法的归一化数学处理过程

指标	相比较的指标	专家 A 判定的重要性比值	未归一化权重系数 T_i	归一化权重系数 $W_i=\frac{T_i}{\sum T_i}$
B	B：C	2	1×1.8×1×1.5×2=5.4	0.4252
C	C：A	1.5	1×1.8×1×1.5=2.7	0.2126
A	A：E	1	1×1.8×1=1.8	0.1417
E	E：D	1.8	1×1.8=1.8	0.1417
D	D：D	1	1=1	0.0788
合计	—	—	12.7	1.0000

(4) 各指标再采用简单平均的方法求各专家意见的平均值，即得出各指标权重系数的平均数。

(5) 进行方差检验。如果专家评价的权重系数离差过大，说明意见不一致，需经几轮反复，直到专家意见相对一致为止。

4. 层次分析法

层次分析法是一种定性分析与定量分析相结合、系统化和层次化的分析方法，主要解决由众多因素构成且因素之间相互关联、相互制约的系统分析问题。运用层次分析法确定权数，首先是由专家团将所有的指标进行两两对比确定重要性，然后构造一个判断矩阵，利用该矩阵进行计算就可以得到各指标权数。层次分析法虽然需要通过专家团来初步确认各项指标的权重值，但由于该方法中设定了一致性检验环节，对专家判断的结果通过设立矩阵的方式进行了一致性检验，计算结果是科学合理的。如果无法通过一致性检验，则需要专家团重新讨论设定权重值，直至通过一致性检验为止。因此，层次分析法具有降低主观干扰，纠正不一致观点的优势。

5. 主成分分析法

利用主成分分析法确定权数，是依据参加评价的各指标的方差大小来确定的。在进行主成分分析时，首先要对数据标准化，然后计算相关矩阵，再计算其特征值，相关矩阵的特征值即为相应指标的方差，方差大的贡献率高，方差小的贡献率低。一般情况下，多数人都使用特征值的贡献率作为权数。

(四) 选择合适的综合评价方法对企业的经营状况进行综合评价

选择合适的综合评价方法对物流企业的经营状况进行综合评价、对比、排序和分析。

第二节　物流企业经营状况综合评价统计指标体系设计

物流企业生产经营是一个复杂的系统，应该从多角度、多层面、整体上评价物流企业的经营状况。要对物流企业进行综合评价，首先要明确评价目的，明确评价的对象系统。综合评价的目的不同，评价的对象系统就不同，综合评价的统计指标体系也就不同。因此，应根据不同的综合评价目的设计不同的综合评价统计指标体系。本节主要介绍如何设计企业物流系统综合评价统计指标体系、物流企业竞争力综合评价统计指标体系以及物流企业经济效益综合评价统计指标体系。

一、企业物流系统综合评价统计指标体系构建

所谓物流系统是指由多个既互相区别又互相联系的单元结合起来，以物资为工作对象，以完成物资实体流动为目的的有机结合体。企业物流系统建立运行以后，应定期对其进行综合评价。通过对企业物流系统的评价，可以了解系统是否按预定的轨道运行，系统中存在哪些薄弱环节等。通过对企业物流系统综合评价值的纵向比较和横向比较，有助于提高企业物流系统的运行效率与经济效益；有助于企业了解自身物流系统与同行其他企业物流系统相比的优势与差距，为进一步完善企业物流系统提供依据。

企业物流系统具有输入、处理（转化）、输出等基本功能。与物流系统的三个基本功能相对应，企业物流系统综合评价指标体系可分为三个子体系：物流成本指标子体系、生产效率指标子体系和物流服务质量指标子体系。为使物流系统综合评价值能纵向比较和横向比较，物流系统综合评价指标宜采用相对指标和平均指标。

（一）反映物流成本的指标

企业物流系统的输入是指外部环境向企业物流系统提供劳动力、原材料、能源、设备、信息等。企业物流系统的各项输入，在价值形态上统一表现为物流成本。由于物流系统运行中的一个典型特点是存在“效益背反”关系，不同物流活动之间在成本目标、运作上存在冲突，在设计反映物流成本的指标时，不能独立考察运输成本、仓储成本、装卸搬运成本、包装成本、流通加工成本、配送成本、物流信息服务成本等，而应从企业物流大系统角度，考察企业物流总成本的支出情况。然而，由于不同业务量的物流成本总量不可比，因而可以通过物流成本与企业产出价值量的比较来反映单位货物的物流成本和单位产出的物流成本。运用以物流总成本为中心的经济指标来衡量企业物流系统，可以达到降低企业物流总成本的目的。反映物流成本的指标主要有：

$$\text{吨货物物流成本}=\frac{\text{报告期内物流总成本}}{\text{报告期货物流通量}}\times 100\% \tag{7-1}$$

$$\text{物流成本占产值的比重}=\frac{\text{报告期内物流总成本}}{\text{报告期总产值}}\times 100\% \tag{7-2}$$

$$物流成本利润率=\frac{报告期利润总额}{报告期物流总成本}\times100\% \tag{7-3}$$

（二）反映物流生产效率的指标

从输入到输出之间进行的生产、供应、销售、服务等活动中的物流业务活动如运输、仓储、装卸搬运、流通加工、包装、配送、物流信息处理等称为企业物流系统的处理或转化。物流系统的处理（转化）过程，是以投入一定的劳动消耗和劳动占用，完成某种预定的物流服务产出的过程，其生产效率越高，物流系统越好。反映企业物流生产效率的指标主要有：

$$全员劳动生产率=\frac{报告期企业增加值}{报告期企业从业人员平均人数} \tag{7-4}$$

$$流动资产周转率(次)=\frac{报告期主营业务收入净额}{报告期平均流动资产总额} \tag{7-5}$$

式中，主营业务收入净额是指企业报告期提供物流服务取得的收入减去折扣与折让后的数额。

$$平均流动资产总额=\frac{期初流动资产总额+期末流动资产总额}{2} \tag{7-6}$$

$$总资产周转率(次)=\frac{报告期主营业务收入净额}{报告期平均资产总额} \tag{7-7}$$

$$平均资产总额=\frac{期初资产总额+期末资产总额}{2} \tag{7-8}$$

（三）反映物流系统服务质量的指标

企业物流系统的输出是物流系统以其本身所具有的各种手段与功能，对外部环境的输入进行各种处理后所提供的物流服务，如产品位置与场所的转移、合同的履行等其他服务等。没有优质的物流服务，企业的生产经营将会受到不利影响，甚至有可能造成生产停顿、企业客户流失等，物流服务质量对企业生产经营有着非常重要的作用。不论企业是采取自营物流还是利用第三方物流的形式，物流服务主要是围绕拥有客户所期望的商品、在客户所期望的时间内传递商品和符合客户所期望的质量展开的。因此，反映物流服务质量的统计指标主要有：

$$物品收发正确率=\frac{报告期内吞吐量-报告期内出现差错数量}{报告期内吞吐量}\times100\% \tag{7-9}$$

$$物品完好率=\frac{报告期内物品入库量-报告期出现缺损物品数量}{报告期内物品入库量}\times100\% \tag{7-10}$$

$$正点运输率=\frac{正点运输次数}{运输总次数}\times100\% \tag{7-11}$$

$$货物完好送达率=\frac{完好送达的次数}{运输总次数}\times100\% \tag{7-12}$$

$$供货满足率=\left(1-\frac{缺货次数}{供货总次数}\right)\times 100\% \tag{7-13}$$

$$货损货差赔偿费率=\frac{报告期货损货差赔偿费总额}{报告期业务收入总额}\times 100\% \tag{7-14}$$

二、物流企业竞争力评价统计指标体系构建

物流企业竞争力是独立经营的物流企业在市场经济环境中相对于其竞争对手所表现出来的生存能力和发展能力的总和。随着我国融入经济全球化以及对外开放程度的不断提高，我国物流企业面临国内与国际两个市场的激烈竞争。在激烈的市场竞争中，只有那些经营灵活、不断创新、富有竞争力的物流企业才能长期生存，而那些缺乏活力、不善于创新、没有竞争力的物流企业只能被市场无情淘汰。因此，物流企业要生存、要发展，就必须提高企业竞争力。对物流企业竞争力进行综合评价，有助于物流企业挖掘自身潜力，提高经济效益；有助于物流企业完善和提高自身的管理水平。

在激烈的市场竞争中，物流企业的首要目标是生存，然后才可能得到发展。因此，物流企业竞争力指标体系，一方面需要有反映物流企业生存能力的指标，另一方面需要有反映物流企业发展能力的指标。

(一) 反映物流企业生存能力的基本统计指标

1. 市场控制能力指标

常用的市场控制能力指标是市场占有率，它反映的是物流企业对市场的适应能力以及物流企业服务在市场上的占有广度。其计算公式为：

$$市场占有率=\frac{本企业报告期主营业务收入}{同期同行业主营业务收入}\times 100\% \tag{7-15}$$

2. 营运能力指标

物流企业的营运能力反映的是物流企业资产的管理水平和使用效率，常用企业总资产的流动效率来评估。其计算公式为：

$$总资产周转率（次）=\frac{报告期主营业务收入净额}{报告期平均资产总额} \tag{7-16}$$

3. 盈利能力指标

总资产贡献率反映企业全部资产的获利能力，是物流企业经营业绩和管理水平的集中体现，是评价和考核物流企业盈利能力的核心指标。其计算公式为：

$$总资产贡献率=\frac{利润总额+税金总额+利息支出}{平均资产总额}\times 100\% \tag{7-17}$$

4. 经营安全能力指标

资产负债率是衡量企业负债水平及风险程度的重要判断标准。适度的资产负债率既能

表明企业投资人、债权人的投资风险较小，又能表明企业经营安全、稳健、有效，具有较强的筹资能力。比较保守的经验判断一般为不高于50%，国际上一般公认60%比较好。资产负债率的计算公式为：

$$资产负债率=\frac{负债总额}{资产总额}\times100\% \tag{7-18}$$

（二）反映物流企业发展能力的基本统计指标

1. 资本积累能力指标

资本积累率表示企业报告期资本的积累能力，是评价物流企业发展潜力的重要指标。其计算公式为：

$$资本积累率=\frac{报告期所有者权益增长额}{期初所有者权益}\times100\% \tag{7-19}$$

2. 主营业务增长能力指标

主营业务增长率表示与基期相比，企业主营营业收入的增减变动情况，是评价物流企业成长状况和发展能力的重要指标。其计算公式为：

$$主营业务增长率=\frac{报告期主营业务收入增长额}{基期主营业务收入总额}\times100\% \tag{7-20}$$

3. 技术创新能力指标

企业的竞争，越来越集中于技术优势的竞争。物流企业为了增强技术优势，必须加大技术开发经费的投入。技术开发经费占企业主营业务收入的比重反映企业在技术创新活动中的投入情况。其计算公式为：

$$技术开发经费占企业主营业务收入的比重=\frac{报告期技术开发经费}{报告期主营业务收入}\times100\% \tag{7-21}$$

4. 人力资本状况指标

企业的竞争归根结底是人才的竞争，从业人员平均受教育程度越高，企业拥有的人力资本的质量就越高。其计算公式为：

$$从业人员平均文化程度=\frac{\sum（在校学习年限\times从业人员人数）}{全部从业人员人数} \tag{7-22}$$

根据物流企业以某项服务功能为主要特征，并向物流服务其他功能延伸的不同状况，国家标准将物流企业划分为运输型物流企业、仓储型物流企业、综合服务型物流企业。不同类型的物流企业的竞争力指标体系略有不同。

（三）运输型物流企业竞争力评价统计指标体系

作为企业“第三利润源”的物流，完成其改变“物”的空间位置功能的主要手段是运输，运输在物流活动中占有重要地位。运输型物流企业在进行物资运输的过程中，要做到及时、准确、安全、经济。根据运输型物流企业的经营特点，运输型物流企业竞争力评价指标体系除包括上述 8 个基本评价指标以外，还应加上运输损失率和运输费用效益两个指标。计算公式如下：

$$运输损失率=\frac{报告期运输损失之和}{报告期运输业务收入之和}\times 100\% \quad (7-23)$$

$$运输费用效益=\frac{报告期经营盈利额}{报告期运输费用支出额}\times 100\% \quad (7-24)$$

(四) 仓储型物流企业竞争力评价统计指标体系

仓储是物流系统中不可或缺的构成要素，仓储型物流企业要以尽量少的代价来保管好在库货物，为企业经营活动的正常运转提供可靠的货物供应，保证不短缺、不积压、不破损、不变质。根据仓储型物流企业的经营特点，仓储型物流企业竞争力评价指标体系除包括上述 8 个基本评价指标以外，还应加上库存周转率和货损货差赔偿费率两个指标。计算公式如下：

$$库存周转率（次）=\frac{报告期货物吞吐量}{报告期平均存储量} \quad (7-25)$$

$$货损货差赔偿费率=\frac{报告期货损货差赔偿费总额}{报告期业务收入总额}\times 100\% \quad (7-26)$$

(五) 综合服务型物流企业竞争力评价统计指标体系

综合服务型物流企业从事多种物流服务业务，可以为客户提供运输、货运代理、仓储、配送、流通加工等多种物流服务，其竞争力评价指标体系应包括市场占有率、总资产周转率、总资产贡献率、资产负债率、资本积累率、主营业务增长率、技术开发经费占创业主营业务收入的比重、从业人员平均文化程度、运输损失率、运输费用效益、库存周转率、货损货差赔偿费率 12 个指标。

三、物流企业经济效益综合评价统计指标体系构建

经济效益是指企业在一定时期内经营活动中投入与产出的比率。其中，物流企业的投入，按投入的内容不同，可以分为活劳动的投入与物化劳动的投入。活劳动的投入是指人力的投入；而物化劳动的投入是指物力、财力的投入。按投入的性质不同，可以分为劳动的消耗量和劳动的占用量。前者是指生产经营中已经消耗掉的人力、物力、财力的数量；后者是指生产经营中占用的人力、物力、财力的数量。物流企业的产出则是指物流活动经营的成果，如企业总产出、增加值、主营业务收入、利税总额等。

在社会主义市场经济条件下，经济效益是企业的生存之本，是衡量一切经济活动的终极目标，现代企业经济管理目标的中心也就是要提高企业的经济效益。企业只有以有限的资源投入获得相对丰富的产出，也就是投入产出比率能在同行中占据领先地位才能在市场

竞争中立于不败之地。

评价经济效益高低的基本方法有两种：一种是按“最大效果原则”评价，另一种是按“最小支出原则”评价。

“最大效果原则”评价，即在相同投入的基础上，产出的成果越大，则经济效益越高，用公式表示为：

$$企业经济效益=\frac{企业生产经营活动产出量}{企业生产经营活动相应投入（或占用）量} \tag{7-27}$$

该指标是正指标，数值越大，说明企业的经济效益越好。

“最小支出原则”评价，即在取得相同成果的前提下，投入越少则经济效益越高，用公式表示为：

$$企业经济效益=\frac{企业生产经营活动相应投入（或占用）量}{企业生产经营活动产出量} \tag{7-28}$$

该指标是逆指标，数值越小，说明企业的经济效益越好。

物流企业经济效益评价是一项比较复杂的工作，涉及企业经济运行中各生产要素的投入、产出、效率等诸多方面的问题。一套科学、合理、易行的物流企业经济效益评价统计指标体系的构建应主要从四个方面加以考虑，即应能反映物流企业的盈利能力、营运能力、产出效率以及发展能力。

（一）反映物流企业盈利能力的评价指标

盈利能力主要评价企业经营的最终成果，衡量企业获取利润的多少和获取利润能力的大小。无论是物流企业的投资者、债权人，还是企业职工和管理者，都非常重视企业的盈利能力。因为物流企业盈利能力的大小，与投资者的投资收益、债权人的债权安全、企业职工的工资水平、管理人员工作业绩和整个国家的财政收入等都是息息相关的。因此盈利能力指标是对物流企业经济效益进行评价的首要方面。评价物流企业盈利能力的统计指标主要有总资产贡献率、净资产收益率等。

1. 总资产贡献率

总资产贡献率反映企业全部资产的获利能力，是企业经营业绩和管理水平的集中体现，是评价和考核企业盈利能力的核心指标。其计算公式为：

$$总资产贡献率=\frac{利润总额+税金总额+利息支出}{平均资产总额}\times100\% \tag{7-29}$$

2. 净资产收益率

净资产收益率反映企业的资产运用和增值能力，是衡量企业盈利能力的重要指标。该指标值越高，说明投资所带来的收益越高。其计算公式为：

$$净资产收益率=\frac{净利润}{平均净资产}\times100\% \tag{7-30}$$

(二) 反映物流企业营运能力的评价指标

物流企业营运能力是指物流企业充分利用现有资源创造财富的能力，具体表现为企业各项营运资产的周转效率。营运能力分析有时也称为资产运用效率分析，其主要目的是分析评价企业资产的利用程度和效率，因此是评价物流企业经济效益的重要指标。衡量物流企业营运能力的指标主要有总资产周转率、流动资产周转率、应收账款周转率等。

1. 总资产周转率

总资产周转率是评价企业全部资产经营质量和利用效率的指标，是衡量企业资产管理效率的重要指标，在财务分析指标体系中也占有重要地位。如果总资产周转率高，说明全部资产经营效率好，取得的收入高；如果总资产周转率低，则说明全部资产经营效率差，取得的收入也少。其计算公式为：

$$\text{总资产周转率（次）}=\frac{\text{报告期主营业务收入净额}}{\text{报告期平均资产总额}} \tag{7-31}$$

2. 流动资产周转率

流动资产周转率是从企业总资产中流动性较强的流动资产角度对企业资产利用效率进行的分析，进一步揭示了影响企业资产经营质量的主要因素。流动资产周转率是指一定时期内流动资产完成的周转次数，反映投入到企业中的流动资金的周转速度。其计算公式为：

$$\text{流动资产周转率（次）}=\frac{\text{报告期主营业务收入净额}}{\text{报告期平均流动资产总额}} \tag{7-32}$$

3. 应收账款周转率

应收账款周转率反映年度内应收账款的变现速度。应收账款周转率越快（即比值越大），说明应收账款周转所需要的时间越短，企业的应收账款回收速度越快，信用管理工作的效率越高，企业资产的流动性和企业短期债务的偿还能力也越高。其计算公式为：

$$\text{应收账款周转率（次）}=\frac{\text{报告期主营业务收入总额}}{\text{平均应收账款余额}} \tag{7-33}$$

(三) 反映物流企业产出效率的评价指标

产出效率反映物流企业的投入与所获利润之间的关系。产出效率越高，表明企业以一定的投入所获得的利润越大，因而其获利能力也就越强。反映物流企业产出效率的指标主要有成本费用利润率、全员劳动生产率等。

1. 成本费用利润率

成本费用利润率是企业一定时期内的利润总额与企业成本费用总额的比率，反映物流企业投入的运营成本及费用的经济效益，同时也反映企业降低成本所取得的经济效益。该指标通过企业收益与支出的比较，评价企业为取得收益所付出的代价，从耗费角度评价企业收益状况，以利于促进企业加强内部管理，节约支出。其计算公式为：

$$成本费用利润率=\frac{利润总额}{成本费用总额}\times100\% \tag{7-34}$$

其中：成本费用总额是指物流企业的运营成本、运营费用、管理费用、财务费用之和。

2. 全员劳动生产率

全员劳动生产率反映企业的生产效率和劳动投入的经济效益，是根据企业增加值指标计算的平均每一个从业人员在单位时间内所贡献的增加值，是企业生产技术水平、经营管理水平、职工技术熟练程度和劳动积极性的综合表现。其计算公式为：

$$全员劳动生产率=\frac{企业增加值}{企业从业人员平均人数} \tag{7-35}$$

（四）反映物流企业发展能力的评价指标

发展能力状况是反映企业未来发展走向和企业发展潜力的重要指标。发展能力的评价指标主要有资本保值增值率、主营业务增长率等。

1. 资本保值增值率

资本保值增值率反映企业净资产的运营效益和变动状况，是企业发展能力的集中体现。其计算公式为：

$$资本保值增值率=\frac{报告期期末所有者权益}{基期期末所有者权益}\times100\% \tag{7-36}$$

2. 主营业务增长率

主营业务增长率是本期主营业务收入与基期主营业务收入之差与基期主营业务收入的比值，是反映企业发展能力的又一重要指标，当其数值较高时，表明企业处于成长阶段，将继续保持较好的增长势头，发展能力较强。其计算公式为：

$$\begin{aligned}主营业务增长率&=\frac{本期主营收入增长额}{上期主营收入总额}\times100\%\\&=\frac{本期主营收入总额-上期主营收入总额}{上期主营收入总额}\times100\%\end{aligned} \tag{7-37}$$

第三节 物流企业经营状况综合评价方法

综合评价方法是指将经过规范化处理的各统计指标评价值与相应权数结合，形成一个最终的综合评价值，并根据此综合评价值对总体进行评价。常用的综合评价方法有以下四种。

一、综合评分法

综合评分法是指在给定的综合评价统计指标体系中，先确定各指标的权数，然后将规范化处理后的多指标无量纲值结合相应权数进行综合评价。

综合评分法的一般步骤如下：

第一步，根据对企业经营状况进行综合评价的目的，从不同侧面选择若干个统计指标建立综合评价统计指标体系。

第二步，确定每一类别与每一指标的权数。

各类别的权数之和为 100，同一类别各指标的权数之和也为 100。

第三步，无量纲化处理。无量纲化处理也即将计量单位不同、性质不同的各指标实际值做规范化处理，转化为统一的无量纲值。无量纲化处理的步骤为：

首先，将各指标报告期数值与其基期水平相比较，按三档记分，即报告期指标值有所改善的计 1 分，两者持平的计 0.5 分，退步的计 0 分；

其次，将所得计分与各指标的权数相乘，这样就可以将计量单位不同、性质不同的各指标值进行无量纲化处理，得到各指标实际的无量纲得分。

第四步，计算企业经营状况综合评价的总得分。

将上一步计算所得的各指标实际无量纲得分加总，即得评价的总得分，以总分的高低即可评价企业的经营状况。

综合评分法以 100 分为满分，评价总得分越接近 100 分，说明被评价对象的经营状况越好。此方法具有概念明确，计算方法简单，实际操作简便易行，分析评价一目了然的特点。将不同时期的评价总得分进行动态分析，可以反映被评价对象的发展趋势。但是，该方法不能反映企业经营状况总的变动幅度，特别是以历史基准作为比较尺度会使横向对比出现“鞭打快牛”的情况。

二、综合指数法

综合指数法是指在设置一套合理的综合评价统计指标体系和确定评价基准的基础上，将评价指标的实际值与该指标的基准值进行比较，计算出各评价指标的个体指数，然后按各评价指标在整个指标体系中的影响大小确定权数，最后将各评价指标个体指数结合其相应权数进行综合评价的方法。

综合指数法的一般步骤如下：

第一步，根据对企业经营状况进行综合评价的目的，从不同侧面选择若干个统计指标建立综合评价统计指标体系。反映企业生产经营状况的指标有很多，有偏有全，有主有次，在选择统计指标时，要结合物流企业生产经营的特点，选择那些最能综合反映企业生产经营状况的主要指标。

第二步，确定各评价指标的评价基准，即根据评价的目的与要求，选择企业的历史水平或同行业水平为评价指标对比的基准数值。

第三步，计算各评价指标的个体指数，即将计量单位不同、性质不同的各指标实际值作规范化处理，转化为统一的无量纲值。

由于各评价指标的性质不同，计算个体指数的方法也存在差别。可分为以下三种情况：

（1）当评价指标为正指标时（即指标数值增加，企业生产经营状况得到改善），则：

$$\text{评价指标个体指数}=\frac{\text{评价指标的实际值}}{\text{评价指标的基准值}} \tag{7-38}$$

（2）当评价指标为逆指标时（即指标数值增加，企业生产经营状况反而下降），则：

$$\text{评价指标个体指数}=\frac{\text{评价指标的基准值}}{\text{评价指标的实际值}} \tag{7-39}$$

（3）当评价指标为适度指标时，则以一标准值为中心，允许有一定的离差。实际值愈接近标准值时，表示企业经营状况越好，否则反之。此时，个体指数的计算公式为：

$$\text{评价指标个体指数}=\frac{a-|a-\text{实际值}|}{a-b} \tag{7-40}$$

式中：

a ——评价指标的标准值；

b ——评价指标标准值的允许离差。

即评价指标的标准区间为（$a-b$，$a+b$）。计算中，当实际值正好等于标准区间的临界值（$a-b$）或（$a+b$）时，说明实际值刚刚达到标准区间的要求，则评价指标个体指数为100%；当实际值在标准区间（$a-b$，$a+b$）之内且趋近于a，说明实际值接近标准区间的中心，评价指标反映的经营状况良好，则评价指标个体指数大于100%；当实际值在标准区间（$a-b$，$a+b$）之外，说明实际值偏离标准区间，评价指标反映的经济状况较差，则评价指标个体指数小于100%。

以上三个公式分别适用于不同属性的评价指标，且当实际值优于基准值时，评价指标个体指数大于100%；否则反之。这样就能保证各评价指标个体指数以100%为基准的统一性。

第四步，结合各类别指标在指标体系、各指标在本类别指标中的重要程度来确定各评价指标的权数。

各类别的权数之和为100，同一类别各指标的权数之和也为100。

第五步，计算综合评价总指数。

根据每一评价指标个体指数与其相应的权数进行综合计算，即可得出报告期企业经营状况评价总指数。其计算过程如下。

(1) 计算各类指数。其计算公式为：

$$某评价类指数=\frac{\sum(某评价指标个体指数\times该指标在类别中的权数)}{100}\times100\% \tag{7-41}$$

(2) 计算综合评价总指数。其计算公式为：

$$企业经营状况评价总指数=\frac{\sum(某评价类指数\times该类别的权数)}{100}\times100\% \tag{7-42}$$

综合指数法以100%作为基准，企业的评价总指数超过100%，说明企业经营状况良好，经济效益有所提高；否则反之。与综合计分法相比，综合指数法不仅能反映企业经营状况与经济效益的变动方向和趋势，而且能反映其变动的幅度。同时还能对适度指标进行无量纲处理，扩大了它的应用范围，显示了综合指数法的优势。因此，综合指数法也是目前运用较多的一种方法。然而，综合指数法突出了权数较大的指标的作用，往往诱导被评价单位采用倾斜发展战略，提高该指标的评价值。同时该方法不能消除由于指标间相关性而带来的对评价对象信息重复的影响，因而对指标的选取要求较高。

三、功效系数法

功效系数法是多目标规划中的常用方法之一，是用多目标规划的原理去评价企业总的经营状况。其基本思想是把各种不同度量的评价指标，通过一定形式的函数关系转化成为同度量的功效分数后再计算总功效系数，用总功效系数去评价企业总的经营状况。

功效系数法的具体步骤如下。

(1) 选择若干评价指标建立统计指标体系，评价指标用 x_1，x_2，…，x_m 表示；按重要程度确定各评价指标的权数，各评价指标的权数以 P_1，P_2，…，P_m 表示。

(2) 对每项指标都确定一个满意值和一个不允许值作为评价标准，这两个标准是部门、行业或全国统一的水平。

(3) 以不允许值为下限，根据功效函数 $d_i=f(x_i)$ 把每个指标转化为可以同度量的功效分数，功效函数如下：

$$d_i=f(x_i)=\frac{x_i-x_i^{(s)}}{x_i^{(h)}-x_i^{(s)}}\times40+60 \tag{7-43}$$

式中：

d_i—— 指标 i 的功效分数；

x_i—— 第 i 个指标的实际值；

$x_i^{(s)}$—— 指标 i 的不允许值；

$x_i^{(h)}$—— 指标 i 的满意值。

一般情况下，x_i 的具体数值介于不允许值 $x_i^{(s)}$ 和满意值 $x_i^{(h)}$ 之间，即有

$$0 < \frac{x_i - x_i^{(s)}}{x_i^{(h)} - x_i^{(s)}} \leqslant 1$$

因此，功效分数介于 60～100。当 x_i 达到满意值 $x_i^{(h)}$ 时，d_i 为 100 分；当 x_i 等于不允许值 $x_i^{(s)}$ 时，d_i 则为 60 分。在特殊情况下，x_i 的值大于 $x_i^{(h)}$ 或小于 $x_i^{(s)}$，则功效分数 d_i 可以大于 100 分或小于 60 分，但不会成为负数。

式（7-43）中满意值与不允许值确定得是否科学、正确、可行，直接影响到这种方法的使用效果。一般来说，可以采用同行业该指标的国际先进水平或国内先进水平为满意值，以同行业的落后水平为不允许值。本章物流企业经济效益综合评价实例中，就是以同行业上年的最高值为满意值，以同行业上年的最低值为不允许值。

（4）将各指标的评价分数进行加权几何平均或加权算术平均，求出总功效系数，作为最终的综合评价值。

①加权几何平均法。

加权几何平均法计算总功效系数的公式为：

$$D = \sqrt[p]{d_1^{p_1} d_2^{p_2} \cdots d_m^{p_m}} \left(p = \sum p_i \right) \tag{7-44}$$

式中：

D ——总功效系数；

d_i —— 第 i 项指标的功效分数；

p_i —— 第 i 项指标的权数。

当某个指标的功效分数为零或为负值时不能采用加权几何平均法，不过在功效系数法的计分方法中，一般不可能出现零分和负分的情况。加权几何平均法对单项指标功效分数下降的反应较为灵敏，而对单项指标功效分数提高的反应则不如加权算术平均法。采用这种方法考核企业的经营状况有利于企业对所考核的各项指标都加以注意，不能放弃其中任何一个指标不管，从而促使企业全面、均衡地完成各项计划。

②加权算术平均法。

加权算术平均法计算总功效系数的公式为：

$$D = \frac{\sum d_i p_i}{\sum p_i} \tag{7-45}$$

采用加权算术平均法可以不对 d_i 作任何限制，d_i 可以取 0 或负值（实际中很少见），但此法计算的总功效系数对单项指标功效分数下降的反应则不如加权几何平均法灵敏。加权算术平均法的计算过程比加权几何平均法更加简便，因此在实际工作中应用较为广泛。

四、主成分分析法

主成分分析也称主分量分析。主成分分析是利用降维的思想，把多指标转化为少数几个综合指标的多元统计分析方法。

在考核物流企业的经营状况时，为了全面、系统地分析问题，必须考虑众多的对物流企业经营状况有影响的因素，因此，必须设计一套指标体系。由于企业经营状况指标体系中的每个指标都在不同程度上反映了企业经营状况的某些信息，并且指标之间彼此有一定的相关性，因而，所得到的统计数据反映的信息在一定程度上有重叠。在考核物流企业的经营状况时，指标太多既增加了计算量又增加了分析问题的复杂性，主成分分析是解决这一问题的理想工具。因为在考核物流企业经营状况的指标体系中，众多指标之间既然有一定的相关性，就必然存在着起支配作用的共同因素。根据这一点，通过对原始变量相关矩阵内部结构关系的研究，找出反映影响企业经营状况主要因素的几个综合指标，使综合指标为原来变量的线性组合。综合指标不仅保留了原始变量的主要信息，彼此之间又不相关，又比原始变量具有某些更优越的性质，容易抓住主要矛盾。也就是说，利用主成分分析可以从错综复杂的经济关系中找出影响物流企业经营状况的主要成分，剔除影响微弱的成分，把分析研究引向深入。

主成分分析法的核心是通过主成分分析，选择 m 个主成分 y_1，y_2，y_3，…，y_m，以每个主成分 y_i 的方差贡献率 a_i 作为权数，构造综合评价函数：

$$F=a_1\hat{y}_1+a_2\hat{y}_2+\cdots+a_m\hat{y}_m \tag{7-46}$$

式中，$\hat{y}_i(i=1, 2, 3, \cdots, m)$——第 i 个主成分的得分。

综合评价函数值越大，企业的经营状况就越好。采用主成分分析法综合评价物流企业经营状况的步骤如下。

(1) 计算参与经营状况评价的各物流企业相应的经营状况评价指标（设 n 为参评物流企业个数，p 为经营状况评价指标个数，$n>p$）。

逆指标需转为正向指标，一般用指标的倒数代替原指标值即可。建立原始数据矩阵$\boldsymbol{X}$。

(2) 为消除各指标不同量纲及不同数量可能带来的不合理影响，将原始数据矩进行标准化处理，建立标准化数据矩。指标标准化的公式为：

$$x_{ij}^*=\frac{x_{ij}-\bar{x}_j}{\sqrt{\operatorname{var}(x_j)}}(i=1, 2, 3, \cdots, n; j=1, 2, 3, \cdots, p) \tag{7-47}$$

其中：

$$\bar{x}_j=\frac{1}{n}\sum_{i=1}^{n}x_{ij} \tag{7-48}$$

$$\operatorname{var}(x_j)=\frac{1}{n-1}\sum_{i=1}^{n}(x_{ij}-\bar{x}_j)^2 \tag{7-49}$$

(3) 计算标准化数据矩阵的相关系数矩阵 $\boldsymbol{R}$。

(4) 计算相关系数矩阵 $\boldsymbol{R}$ 的特征值和特征向量。

令$|\boldsymbol{R}-\boldsymbol{\lambda I}|=0$，求得特征值、特征值方差贡献率、累积贡献率。

第 i 个主成分 y_i 的方差贡献率为：

$$a_i = \frac{\lambda_i}{\sum_{i=1}^{p} \lambda_i} \tag{7-50}$$

前 m 个主成分的累积贡献率为：

$$a = \frac{\sum_{i=1}^{m} \lambda_i}{\sum_{i=1}^{p} \lambda_i} \tag{7-51}$$

（5）以累积贡献率为85％为宜，选取前 $m(m<p)$ 个主成分(一般情况下，当 $m=3$ 时可使所选主成分保持信息总量的比重达85％以上)，列出前 m 个主成分的线性组；将标准化后的数据代入前 m 个主成分线性组合，便可计算出各物流企业在 m 个主成分上的得分：

$$F = a_1 \hat{y}_1 + a_2 \hat{y}_2 + \cdots + a_m \hat{y}_m \tag{7-52}$$

（6）企业经营状况的综合评价和排队。

以每个主成分的方差贡献率为权数，根据综合评价函数可计算出各物流企业经营状况的综合得分，并排出名次。

采用主成分分析法综合评价各物流企业经营状况的主要优点有：

①全面性。应用主成分分析法时，在满足 $n>p$ 的条件下，不限制指标的个数。在选择了前 m 个主成分后，仍能保留原始数据信息的85％以上。因此，可以克服片面追求某个指标而忽略全面分析的倾向。

②合理性。在综合评价函数中，各综合因子的权数不是人为确定的，而是根据其方差贡献率确定的，克服了某些评价方法中人为确定权数的缺陷，使得综合评价结果唯一，而且客观、合理。

③可行性。在进行物流企业经营状况综合评价的主成分分析时，可以利用主成分分析的计算机软件。只要按照一定的指令输入原始数据，计算机便可以完成主成分的全部计算并打印出计算结果。

第四节　物流企业经济效益综合评价实例

本章第二节设计了物流企业经济效益综合评价统计指标体系，下面将根据两个物流企业的具体数据，对两个物流企业的经济效益进行综合评价、分析与比较。

秦皇岛渤海物流控股股份有限公司（简称“渤海物流”）和中外运空运发展股份有限公司（简称“外运发展”）两个物流企业某年及其上一年的9个经济效益综合评价统计指标值如表7-2和表7-3所示；且将物流行业上市公司中上年各指标的最高值作为该指标的满意值，最低值作为该指标的不允许值，平均值作为该指标的基准值；各指标的权数，则根据这 9 个指标在经济效益综合评价过程中的重要程度来确定。基准值和权数具体数据如表 7 - 2 和表 7 - 3 所示。

表 7 - 2　　渤海物流 9 个经济效益综合评价统计指标值

序号 (1)	指标 (2)	基期值 (3)	报告期值 (4)	基准值 (5)	不允许值 (6)	满意值 (7)	权数 (8)
1	总资产贡献率（%）	6.51	4.38	4.341	−23.42	20.03	5
2	净资产收益率（%）	10.98	11.62	6.32	−55.65	37.29	10
3	总资产周转率（次）	0.46	0.46	1.095	0.109	3.299	10
4	流动资产周转率（次）	0.943	0.593	0.758	0.169	2.018	15
5	应收账款周转率（次）	32.106	24.965	14.401	1.359	52.073	10
6	成本费用利润率（%）	14.55	14.68	3.051	−55.4	45.24	10
7	全员劳动生产率（万元/人）	9.55	11.79	10.67	2.25	20.36	15
8	资本保值增值率（%）	0.86	0.99	1.1	−0.826	2.93	10
9	主营业务收入增长率（%）	29.81	13.07	22.31	−59.07	70.68	15
合计	—	—	—	—	—	—	100

表 7 - 3　　外运发展 9 个经济效益综合评价统计指标值

序号 (1)	指标 (2)	基期值 (3)	报告期值 (4)	基准值 (5)	不允许值 (6)	满意值 (7)	权数 (8)
1	总资产贡献率（%）	25.46	21.99	4.341	−23.42	20.03	5
2	净资产收益率（%）	21	15.75	6.32	−55.65	37.29	10
3	总资产周转率（次）	0.724	0.695	1.095	0.109	3.299	10
4	流动资产周转率（次）	0.888	0.854	0.758	0.169	2.018	15
5	应收账款周转率（次）	5.963	6.606	14.401	1.359	52.073	10
6	成本费用利润率（%）	26.83	23.22	3.051	−55.4	45.24	10
7	全员劳动生产率（万元/人）	8.58	12.39	10.67	2.25	20.36	15
8	资本保值增值率（%）	1.02	1.13	1.1	−0.826	2.93	10
9	主营业务收入增长率（%）	33.08	40.76	22.31	−59.07	70.68	15
合计	—	—	—	—	—	—	100

根据以上 9 项指标数值，采用综合评分法、综合指数法、功效系数法，分别对这两个物流企业的经济效益状况进行综合评价，并将两者进行比较分析。

(一) 综合评分法

运用综合评分法进行经济效益综合评价的步骤如下。

1. 对各评价指标进行无量纲化处理

将计量单位不同、性质不同的各评价指标报告期数值与其基期水平相比较，按 3 档记分，即：报告期指标值有所改善的计 1 分，两者持平的计半分，退步的计 0 分。

2. 计算各评价指标的无量纲得分

将各评价指标的所得记分与其权数相乘，就可以得到各评价指标的无量纲得分。

以表 7-2 中第 2 个指标净资产收益率为例。由于渤海物流当年的净资产收益率为 11.62，而上一年的数值为 10.98，两者相比较本年度有所改善，因此该评价指标计 1 分。将该评价指标的权数与 1 相乘：1×10=10，即得净资产收益率的无量纲得分为 10 分。其余评价指标的得分见表 7-4 和表 7-5 中的第 9 列。

3. 计算经济效益评价总得分

将所有 9 项经济效益评价指标的无量纲得分加总，可以得到该企业的经济效益评价总得分，详细数据见表 7-4 和表 7-5 的第 9 列合计栏。

表 7-4　　渤海物流经济效益评价计算表

序号 (1)	基期值 (3)	报告期值 (4)	基准值 (5)	不允许值 (6)	满意值 (7)	权数 (8)	综合评分法得分 (9)	个体指数 (10) = (4) / (5)	(11) = (10) × (8)	功效分数 (12)
1	6.51	4.38	4.341	−23.42	20.03	5	0	1.009	5.045	85.593
2	10.98	11.62	6.32	−55.65	37.29	10	10	1.839	18.386	88.952
3	0.46	0.46	1.095	0.109	3.299	10	5	0.420	4.201	64.401
4	0.943	0.593	0.758	0.169	2.018	15	0	0.782	11.735	69.173
5	32.106	24.965	14.401	1.359	52.073	10	0	1.734	17.336	78.619
6	14.55	14.68	3.051	−55.4	45.24	10	10	4.812	48.115	87.854
7	9.55	11.79	10.67	2.25	20.36	15	15	1.105	16.575	81.071
8	0.86	0.99	1.10	−0.826	2.93	10	10	0.900	9.000	79.340
9	29.81	13.07	22.31	−59.07	70.68	15	0	0.586	8.788	82.240
合计	—	—	—	—	—	100	50	—	139.181	—

表 7 - 5　外运发展经济效益评价计算表

序号 (1)	基期值 (3)	报告期值 (4)	基准值 (5)	不允许值 (6)	满意值 (7)	权数 (8)	综合评分法得分 (9)	个体指数 (10) = (4) / (5)	(11) = (10) × (8)	功效分数 (12)
1	25.46	21.99	4.341	−23.42	20.03	5	0	5.066	25.328	101.804
2	21.00	15.75	6.32	−55.65	37.29	10	0	2.492	24.921	90.730
3	0.724	0.695	1.095	0.109	3.299	10	0	0.635	6.347	67.348
4	0.888	0.854	0.758	0.169	2.018	15	0	1.127	16.900	74.819
5	5.963	6.606	14.401	1.359	52.073	10	10	0.459	4.587	64.139
6	26.83	23.22	3.051	−55.4	45.24	10	0	7.611	76.106	91.248
7	8.58	12.39	10.67	2.25	20.36	15	15	1.161	17.418	82.396
8	1.02	1.13	1.10	−0.826	2.93	10	10	1.027	10.273	80.831
9	33.08	40.76	22.31	−59.07	70.68	15	15	1.827	27.405	90.776
合计	—	—	—	—	—	100	50	—	209.285	—

由表 7 - 4、表 7 - 5 中数据可知 2 个企业由综合评分法所得的经济效益得分都是 50 分，都偏低。直观判断的结果是两个企业的经济效益状况都不佳。可以看出，这 2 个物流企业的这 9 项经济效益评价统计指标中，都有 4 项指标与上期相比有所提高，其余都是下降（或持平）的，从而导致总得分都偏低。但由于该方法不能反映企业经营状况总的变动幅度，因此，通过综合评分法并没有比较出这 2 个物流企业经济效益的高低，本例体现了综合评分法的不足之处。

（二）综合指数法

运用综合指数法进行经济效益综合评价的步骤如下。

1. 计算个体指数

由于所选择的 9 项经济效益评价统计指标都是正指标，则个体指数的计算公式为：

$$\text{评价指标个体指数}=\frac{\text{评价指标的实际值}}{\text{评价指标的基准值}}$$

将各指标的报告期数值与评价基准值——上年行业平均值相比，可计算出各指标的个体指数。例如以渤海物流的第一个指标总资产贡献率为例：

$$\text{总资产贡献率个体指数}=\frac{4.38}{4.341}=1.009$$

其余评价指标的个体指数见表 7 - 4 和表 7 - 5 中的第 10 列。

2. 将各评价指标的个体指数乘以该指标的权数

将各评价指标的个体指数乘以该指标的权数，得出第 11 列的数据。

3. 计算该企业经济效益综合评价总指数

企业经济效益综合评价总指数的计算公式为：

$$\text{经济效益综合评价总指数}=\frac{\sum(\text{某评价指标个体指数}\times\text{该指标的权数})}{100}\times 100\%$$

根据表 7－4 中数据，可得渤海物流的经济效益综合评价总指数为：

$$\text{渤海物流经济效益综合评价总指数}=\frac{139.181}{100}\times 100\%=139.181\%$$

同理得到外运发展的综合评价总指数为：

$$\text{外运发展经济效益综合评价总指数}=\frac{209.285}{100}\times 100\%=209.285\%$$

以上计算结果表明，渤海物流和外运发展的经济效益综合评价总指数都高于 100%，说明两个物流企业的经济效益均比上期有所提高。渤海物流与外运发展经济效益综合评价总指数提高的幅度分别为 39.18%和 109.285%，外运发展的经济效益好于渤海物流的经济效益。

（三）功效系数法

运用功效系数法进行经济效益综合评价的步骤如下。

1. 计算各评价指标的功效分数

各评价指标功效分数的计算公式为：

$$d_i=f(x_i)=\frac{x_i-x_i^{(s)}}{x_i^{(h)}-x_i^{(s)}}\times 40+60$$

如以渤海物流的第 1 个评价指标总资产贡献率为例，计算其功效分数：

$$d_1=\frac{4.38-(-23.42)}{20.03-(-23.42)}\times 40+60=85.593$$

其余评价指标的功效分数见表 7－4 和表 7－5 的第（12）列。

2. 计算企业的总功效系数

（1）加权几何平均法。

运用加权几何平均法计算企业总功效系数的计算公式为：

$$D=\sqrt[p]{d_1^{p_1}d_2^{p_2}\cdots d_n^{p_n}}\quad(p=\sum p_i)$$

渤海物流的总功效系数为：

$$D_1=\sqrt[100]{85.593^{5}\times 88.952^{10}\times 64.401^{10}\times 69.173^{15}\times 78.619^{10}\times 87.854^{10}\times 81.071^{15}\times 79.340^{10}\times 82.240^{15}}$$
$$=78.684$$

外运发展的总功效系数为：

$$D_2 = \sqrt[100]{101.804^5 \times 90.730^{10} \times 67.348^{10} \times 74.819^{15} \times 64.139^{10} \times 91.248^{10} \times 82.396^{15} \times 80.831^{10} \times 90.776^{15}}$$
$$= 81.718$$

计算结果表明，渤海物流和外运发展的经济效益状况都较好，外运发展的经济效益好于渤海物流的经济效益。

(2) 加权算术平均法 。

运用加权算术平均法计算企业总功效系数的计算公式为：

$$D = \frac{\sum d_i p_i}{\sum p_i}$$

运用加权算术平均法计算的渤海物流和外运发展的经济效益的总功效系数，分别用 D_1' 和 D_2' 表示。

渤海物流经济效益的总功效系数为：

$$D_1' = (85.593 \times 5 + 88.952 \times 10 + 64.401 \times 10 + 69.173 \times 15 + 78.619 \times 10 + 87.854 \times 10 + 81.071 \times 15 + 79.34 \times 10 + 82.24 \times 15)/100$$
$$= 79.069$$

外运发展经济效益的总功效系数为：

$$D_2' = (101.804 \times 5 + 90.73 \times 10 + 67.348 \times 10 + 74.819 \times 15 + 64.139 \times 10 + 91.248 \times 10 + 82.396 \times 15 + 80.831 \times 10 + 90.776 \times 15)/100$$
$$= 81.718$$

计算结果表明，渤海物流和外运发展的经济效益状况都较好，外运发展的经济效益好于渤海物流的经济效益。

采用算术平均法与几何平均法计算的结果虽不同，但数值差异不太大，且对两个物流企业的经济效益综合评价结果都一样：渤海物流和外运发展经济效益的总功效系数都在 80 左右，表明两个物流企业的经济效益状况都良好，且外运发展的经济效益好于渤海物流的经济效益。

综合比较以上三种综合评价方法可得出以下结论：综合评分法的评价效果明显比综合指数法和功效系数法要差。一方面，综合评分法是以企业自身的上期水平作为评价标准，这样对原本水平就高的企业是不利的。哪怕这样的企业本期水平仍然居于同行业前列，但却比自己的上期水平要低，就会导致其评价分数较低。相反，那些原本水平比较低的企业，只要本期水平有所提高，其评价分数就会相对显得较高。这就出现了以历史基准作为比较尺度会使横向对比出现“鞭打快牛”情况的弊病，以致不能真实地评价企业的经济效益状况。另一方面，综合评分法的记分方法比较粗糙，不能精确地反映指标的变化程度。也就是说，无论某指标提高 5%还是 50%，都是记满分。因而单从得分上看不出企业经济效益变化程度上的差别。

综合指数法和功效系数法所采用的评价基准都是行业基准，这使得两种方法都具有较高的科学性和合理性。不同的是综合指数法只有一个基准值，而功效系数法则有两个评价基准值，即满意值和不允许值。因此，在实际运用功效系数法进行企业经济效益综合评价时计算过程相对要复杂一些，但由于功效系数法运用两个基准值来对本期指标进行调整，其科学性和合理性相对更高。并且，通过运用计算机办公软件，其计算的难度也不会太大。

本章小结

本章主要介绍了物流企业经营状况综合评价的意义、综合评价统计指标体系的设计原则、综合评价的基准值与权数的设定以及常用的三种企业综合评价的方法：综合评分法、综合指数法、功效系数法。

物流企业经营状况的综合评价是指根据综合评价目的，建立一套反映物流企业生产经营状况的指标体系，构建科学合理的综合评价模型，并据此计算出综合评价值，从而对企业的经营状况进行判别、比较与排序的一种统计分析方法。

在物流企业经营状况综合评价过程中，建立一套科学的综合评价统计指标体系时一般应遵循导向性原则、科学性原则、全面性原则、相对性原则、可比性原则、兼顾当前和长远原则、可操作性原则等。

对物流企业经营状况进行综合评价必须选择合适的评价基准。所谓评价基准就是指用以比较和衡量各项评价指标优劣的基本指标值。目前，主要采用计划基准、历史基准和社会基准。

所谓权数，是指以数量形式表示对比与衡量被评价总体中诸因素或各个组成部分相对重要程度的量值。根据目前物流企业经营管理水平，可采用以下方法来确定物流企业经营综合评价的权数：经验判断法、德尔菲法、指标两两比较法、层次分析法、主成分分析法等。

在进行物流企业经营状况综合评价时常用的综合评价方法有以下三种：综合评分法、综合指数法、功效系数法。

综合评分法是在给定的综合评价统计指标体系中，先确定各指标的权数，然后将规范化处理后的多指标无量纲值结合相应权数进行综合评价。

综合指数法是指在设置一套合理的综合评价统计指标体系和确定评价基准的基础上，将评价指标的实际值与该指标的基准值进行比较，计算出各评价指标的个体指数，然后按各评价指标在整个指标体系中的影响大小确定权数，最后将各评价指标个体指数结合其相应权数进行综合评价的方法。

功效系数法是多目标规划中的常用方法之一，是用多目标规划的原理去评价企业总的经营状况。其基本思想是把各种不同度量的评价指标，通过一定形式的函数关系转化成为同度量的功效分数后再计算总功效系数，用总功效系数去评价企业总的经营状况。

思考与练习

一、思考题

1. 为什么要对物流企业的经营活动进行综合评价？

2. 在进行综合评价指标体系设计时应遵循什么原则？

3. 何为评价基准？目前较常用的评价基准有哪些？各有什么优缺点？

4. 权数的大小极大地影响着综合评价的结果，如何来确定权数的大小？

5. 综合指数法中在求个体指数时，针对不同性质的指标有哪些不同的求解方法？

6. 比较三种综合评价方法的优缺点。

7. 通过本章的学习，你对物流企业经济效益评价有何理解？

二、计算题

1. 设某物流企业经济效益指标的有关资料如下：

序号 (1)	指标 (2)	基期值 (3)	报告期值 (4)	基准值 (5)	不允许值 (6)	满意值 (7)	权数 (8)
1	总资产贡献率（%）	12.39	9.34	9.86	−18.62	22.59	5
2	净资产收益率（%）	9.51	10.16	8.74	−26.38	30.82	10
3	总资产周转率（次）	1.04	0.96	1.81	0.23	4.25	10
4	流动资产周转率（次）	0.98	1.24	1.59	1.13	3.57	15
5	应收账款周转率（次）	22.36	28.69	15.24	2.58	45.37	10
6	成本费用利润率（%）	12.58	15.38	8.96	−35.76	50.18	10
7	全员劳动生产率（万元/人）	11.39	8.58	15.37	1.96	35.34	15
8	资本保值增值率（%）	1.059	1.36	1.19	0.136	2.93	10
9	主营业务收入增长率（%）	15.89	18.75	30.46	−40.55	118.62	15
合计	—	—	—	—	—	—	100

试根据上述资料采用本章所讲的三种综合评价方法，分别计算该企业的经济效益评价指标：综合评分法的总得分、综合总指数、总功效系数。

2. 仿照本章第三节中的实例，自己收集两个物流企业去年的 9 个经济效益评价指标，并采用第 1 题的基准值、不允许值、满意值和权数（也可自己收集），用综合指数法和功效系数法对这两个企业的经济效益状况进行分析，并将两者进行比较。

参考文献

[1] 蔡定萍．物流企业竞争力评价［J］．中国物流与采购，2003（17）：32－34.

[2] 蔡定萍．企业物流系统综合评价指标体系设计［J］．物流技术，2006（3）：186－187.

[3] 蔡定萍．现代物流业与国民经济发展关系的统计分析［J］．中国物流与采购，2006（22）：74－75.

[4] 蔡定萍．物流企业统计［M］．北京：清华大学出版社，2006.

[5] 蔡定萍，魏和清．统计学新编［M］．南昌：江西人民出版社，2000.

[6] 国家发改委经济运行局，国家统计局贸易外经司，中国物流与采购联合会．社会物流统计手册［M］．北京：中国物资出版社，2007.

[7] 中华人民共和国国家质量监督检验检疫总局，中国国家标准化管理委员会．GB/T20523—2006 企业物流成本构成与计算［M］．北京：中国标准出版社，2007.

[8] 丁俊发．建立中国制造业采购经理指数（PMI）具有重要意义［C］．中国物流与采购联合会会员通讯总第 85—95 期，2005.

[9] 中国物流与采购联合会．中国物流年鉴 2007［M］．北京：中国物资出版社，2007.

[10] 李宝瑜，刘洪．企业经营统计学［M］．北京：科学出版社，2006.

[11] 徐建邦．工商经营统计［M］．大连：东北财经大学出版社，1998.

[12] 董逢谷，陈慧琴，胡清友．企业统计学［M］．上海：上海财经大学出版社，1999.

[13] 冯虹，王静．现代企业统计分析［M］．上海：经济管理出版社，2006.

[14] 徐国祥．统计预测和决策［M］．上海：上海财经大学出版社，1998.

[15] 财政部统计评价司．企业效绩评价问答［M］．北京：经济科学出版社，1999.

[16] 何晓群．现代统计分析方法与应用［M］．北京：中国人民大学出版社，1998.

[17] 吴清一．现代物流概论［M］．北京：中国物资出版社，2003.

[18] 王槐林．物流管理学［M］．武汉：武汉大学出版社，2002.

[19] 詹姆斯·C. 约翰逊，唐纳德·F. 伍德，丹尼尔·L. 沃德洛，等．现代物流学［M］．北京：社会科学文献出版社，2003.

[20] 中国物流与采购联合会．“十二五”中国物流统计报告［M］．北京：中国财富出版社，2016.

[21] 中国物流与采购联合会．中国物流年鉴 2016［M］．北京：中国财富出版社，2016.

附录1　标准正态分布概率度表

概率度	概率	概率度	概率	概率度	概率	概率度	概率	概率度	概率
0.00	0.0000	0.25	0.1974	0.50	0.3829	0.75	0.5467	1.00	0.6827
0.01	0.0080	0.26	0.2051	0.51	0.3899	0.76	0.5527	1.01	0.6875
0.02	0.0160	0.27	0.2128	0.52	0.3969	0.77	0.5587	1.02	0.6923
0.03	0.0239	0.28	0.2205	0.53	0.4039	0.78	0.5646	1.03	0.6970
0.04	0.0319	0.29	0.2282	0.54	0.4108	0.79	0.5705	1.04	0.7017
0.05	0.0399	0.30	0.2358	0.55	0.4177	0.80	0.5763	1.05	0.7063
0.06	0.0478	0.31	0.2434	0.56	0.4245	0.81	0.5821	1.06	0.7109
0.07	0.0558	0.32	0.2510	0.57	0.4313	0.82	0.5878	1.07	0.7154
0.08	0.0638	0.33	0.2586	0.58	0.4381	0.83	0.5935	1.08	0.7199
0.09	0.0717	0.34	0.2261	0.59	0.4448	0.84	0.5991	1.09	0.7243
0.10	0.0797	0.35	0.2731	0.60	0.4515	0.85	0.6047	1.10	0.7287
0.11	0.0876	0.36	0.2812	0.61	0.4581	0.86	0.6102	1.11	0.7330
0.12	0.0955	0.37	0.2886	0.62	0.4647	0.87	0.6157	1.12	0.7373
0.13	0.1034	0.38	0.2961	0.63	0.4713	0.88	0.6211	1.13	0.7415
0.14	0.1113	0.39	0.3035	0.64	0.4778	0.89	0.6265	1.14	0.7457
0.15	0.1192	0.40	0.3108	0.65	0.4843	0.90	0.6319	1.15	0.7499
0.16	0.1271	0.41	0.3182	0.66	0.4907	0.91	0.6372	1.16	0.7540
0.17	0.1350	0.42	0.3255	0.67	0.4971	0.92	0.6424	1.17	0.7580
0.18	0.1428	0.43	0.3328	0.68	0.5035	0.93	0.6476	1.18	0.7620
0.19	0.1507	0.44	0.3401	0.69	0.5098	0.94	0.6528	1.19	0.7660
0.20	0.1585	0.45	0.3473	0.70	0.5161	0.95	0.6579	1.20	0.7699
0.21	0.1663	0.46	0.3545	0.71	0.5223	0.96	0.6929	1.21	0.7737
0.22	0.1741	0.47	0.3616	0.72	0.5285	0.97	0.668	1.22	0.7775
0.23	0.1819	0.48	0.3688	0.73	0.5346	0.98	0.6729	1.23	0.7813
0.24	0.1897	0.49	0.3759	0.74	0.5407	0.99	0.6778	1.24	0.7850

续 表

概率度	概率	概率度	概率	概率度	概率	概率度	概率	概率度	概率
1.25	0.7887	1.52	0.8715	1.79	0.9265	2.12	0.9660	2.66	0.9922
1.26	0.7923	1.53	0.8740	1.80	0.9281	2.14	0.9676	2.68	0.9926
1.27	0.7959	1.54	0.8764	1.81	0.9297	2.16	0.9692	2.70	0.9931
1.28	0.7995	1.55	0.8789	1.82	0.9312	2.18	0.9707	2.72	0.9935
1.29	0.8030	1.56	0.8812	1.83	0.9328	2.20	0.9722	2.74	0.9939
1.30	0.8064	1.57	0.8836	1.84	0.9342	2.22	0.9736	2.76	0.9942
1.31	0.8098	1.58	0.8859	1.85	0.9357	2.24	0.9749	2.78	0.9946
1.32	0.8132	1.59	0.8882	1.86	0.9371	2.26	0.9762	2.80	0.9949
1.33	0.8165	1.60	0.8904	1.87	0.9385	2.28	0.9774	2.82	0.9952
1.34	0.8198	1.61	0.8926	1.88	0.9399	2.30	0.9786	2.84	0.9955
1.35	0.8230	1.62	0.8948	1.89	0.9412	2.32	0.9797	2.86	0.9958
1.36	0.8262	1.63	0.8969	1.90	0.9426	2.34	0.9807	2.88	0.996
1.37	0.8293	1.64	0.8990	1.91	0.9439	2.36	0.9817	2.90	0.9962
1.38	0.8324	1.65	0.9011	1.92	0.9451	2.38	0.9822	2.92	0.9965
1.39	0.8355	1.66	0.9031	1.93	0.9464	2.40	0.9836	2.94	0.9967
1.40	0.8385	1.67	0.9051	1.94	0.9476	2.42	0.9845	2.96	0.9969
1.41	0.8415	1.68	0.9070	1.95	0.9488	2.44	0.9853	2.98	0.9971
1.42	0.8444	1.69	0.9090	1.96	0.95	2.46	0.9861	3.00	0.9973
1.43	0.8473	1.70	0.9109	1.97	0.9512	2.48	0.9869	3.20	0.9986
1.44	0.8501	1.71	0.9127	1.98	0.9523	2.50	0.9876	3.40	0.9993
1.45	0.8529	1.72	0.9146	1.99	0.9534	2.52	0.9883	3.60	0.99968
1.46	0.8557	1.73	0.9164	2.00	0.9545	2.54	0.9889	3.80	0.99986
1.47	0.8584	1.74	0.9181	2.02	0.9566	2.56	0.9895	4.00	0.99994
1.48	0.8611	1.75	0.9199	2.04	0.9587	2.58	0.9902	4.50	0.999993
1.49	0.8638	1.76	0.9216	2.06	0.9606	2.60	0.9907	5.00	0.999999
1.50	0.8674	1.77	0.9233	2.08	0.9625	2.62	0.9912		
1.51	0.8690	1.78	0.9249	2.10	0.9643	2.64	0.9917		

附录 2　t 分布临界值表

α	单侧	0.100	0.050	0.025	0.010	0.005
	双侧	0.200	0.100	0.050	0.020	0.010
自由度	1	3.078	6.314	12.706	31.821	63.657
	2	1.886	2.920	4.303	6.965	9.925
	3	1.638	2.353	3.182	4.541	5.841
	4	1.533	2.132	2.776	3.747	4.604
	5	1.476	2.015	2.571	3.365	4.032
	6	1.440	1.943	2.447	3.143	3.707
	7	1.415	1.895	2.365	2.998	3.499
	8	1.397	1.860	2.306	2.896	3.355
	9	1.383	1.833	2.262	2.821	3.250
	10	1.372	1.812	2.228	2.764	3.169
	11	1.363	1.796	2.201	2.718	3.106
	12	1.356	1.782	2.179	2.681	3.055
	13	1.350	1.771	2.160	2.650	3.012
	14	1.345	1.761	2.145	2.624	2.977
	15	1.341	1.753	2.131	2.602	2.947
	16	1.337	1.746	2.120	2.583	2.921
	17	1.333	1.740	2.110	2.567	2.898
	18	1.330	1.734	2.101	2.552	2.878
	19	1.328	1.729	2.093	2.539	2.861
	20	1.325	1.725	2.086	2.528	2.845
	21	1.323	1.721	2.080	2.518	2.831
	22	1.321	1.717	2.074	2.508	2.819
	23	1.319	1.714	2.069	2.500	2.807
	24	1.318	1.711	2.064	2.492	2.797
	25	1.316	1.708	2.060	2.485	2.787
	26	1.315	1.706	2.056	2.479	2.779
	27	1.314	1.703	2.052	2.473	2.771
	28	1.313	1.701	2.048	2.467	2.763
	29	1.311	1.699	2.045	2.462	2.756
	30	1.310	1.697	2.042	2.457	2.750
	40	1.303	1.684	2.021	2.423	2.704
	50	1.299	1.676	2.009	2.403	2.678
	60	1.296	1.671	2.000	2.390	2.660
	70	1.294	1.667	1.994	2.381	2.648
	80	1.292	1.664	1.990	2.374	2.639
	90	1.291	1.662	1.987	2.368	2.632
	100	1.290	1.660	1.984	2.364	2.626
	125	1.288	1.657	1.979	2.357	2.616
	150	1.287	1.655	1.976	2.351	2.609
	200	1.286	1.653	1.972	2.345	2.601
	∞	1.282	1.645	1.960	2.326	2.576